# ROSE SOUS LES CANONS

*Témoignage et réflexions
sur les amours cachés et interdits
entre des femmes et des prêtres*

**Données de catalogage avant publication (Canada)**

Vallée, Angélyne

Rose sous les canons : témoignage et réflexions sur les amours cachés et interdits entre des femmes et des prêtres

2e éd.

ISBN 2-89436-126-2

1. Célibat – Aspect religieux – Église catholique. 2. Église catholique – Clergé – Sexualité. 3. Femmes dans l'Église catholique. 4. Vallée, Angélyne. 5. Prêtres – Québec (Province) – Biographhies. I. Titre.

BV4390.V34 2004          253'.252          C2004-941787-8


Nous reconnaissons l'aide financière du Gouvernement du Canada par l'entremise du programme d'aide au développement de l'édition (PADIÉ) pour nos activités d'édition.

Nous remercions la Société de Développement des Entreprises Culturelles du Québec (SODEC) pour son appui à notre programme de publication.

Infographie :

Caron & Gosselin

Mise en pages :

Composition Monika, Québec

Révision linguistique :

Jocelyne Vézina

Éditeur :

Éditions Le Dauphin Blanc
C.P. 55, Loretteville, Qc, G2B 3W6
Tél. : (418) 845-4045 – Fax (418) 845-1933
Courriel : *dauphin@mediom.qc.ca*

ISBN 2-89436-126-2

1re édition, 289564-003-3, Éditions Terres Fauves, 2000.

Dépôt légal :

4e trimestre 2004
Bibliothèque nationale du Québec
Bibliothèque nationale du Canada

Angélyne Vallée

# ROSE SOUS LES CANONS

*Témoignage et réflexions
sur les amours cachés et interdits
entre des femmes et des prêtres*

Édition revue et enrichie

Le Dauphin Blanc

À Michelle, Louise, Lise, Odette, Françoise, Andréa et Simone,

à Paul, Suzanne, Carole, Fernande, Délicia, Yvonne, Julie et à Raymond,

à Cécile, Clémence et Gratien,

à Pierre, Jean, Renée, Micheline et Marie-Thérèse,

à Françoise, Gisèle, Anne, Patricia, Roseline et Isabelle,

à Sandrine, Claire, Florence,

à Margaret, Marie, Denise, Geneviève, Pauline et Lucille,

à Édith, Fanny, Claudine, Maryse, Ralph, Véronique, Thérèse et Linda,

à Jacques, Maya, Adrien, Jocelyne,

à une sœur, une gouvernante, une fille, une cousine, une servante, une mère,

à toi, homme de Dieu,

à une anonyme en amour, à toi femme de l'ombre,

à un évêque, à une religieuse,

à Gilles, Jean-Guy, Marie-Brigitte, Francine, Bernard et Émilie,

à David, Edouardo, Lucie, Monique, Émilia, Jean-Marie, Jeannine et Brian,

à une Brésilienne, à une Péruvienne, une Américaine, une Allemande et une Française, à une Canadienne, une Québécoise, une Africaine, une Australienne,

à Kathy, Michaël, Joe, Nansh et Élaine,

à Renata, Anthony, Lauro, Claudette et Lynda...,

... à ces femmes et à ces prêtres ayant traversé ou traversant une expérience d'amour humain véritable ou de néfaste séduction dominatrice, vécue dans la clandestinité, les contraintes et une étrange souffrance,

... à tous les membres du clergé catholique.

# PRÉFACE

Ce livre interpelle non seulement l'Église dans sa position séculaire face aux femmes et au célibat des prêtres, mais, plus universellement, l'homme dans sa relation avec le pouvoir, l'amour et la sexualité. Au même titre qu'une sexualité sans tendresse devient génitalité perverse, outil de domination et expression de mépris, prêcher l'amour en s'élevant au-dessus de la sexualité conduit à l'exercice d'un pouvoir piégeant et outrageant pour la femme.

L'auteure vous dira comment l'obéissance à une loi canonique peut tronquer la vie du cœur. À l'inverse, il serait tout aussi vrai de dire que des hommes au cœur tronqué ont pu choisir cette voie, très tôt dans leur vie. N'est-ce pas tentant, pour un homme qui a été blessé ou humilié dans les premières expressions de sa sexualité, de trouver refuge dans une position de pouvoir aussi prestigieuse que celle dans laquelle était installée la prêtrise chez nous, Canadiens-Français, en cette première moitié du vingtième siècle ? C'est là une thèse fort intéressante (texte non publié) présentée par Denis Royer, psychothérapeute et directeur de l'Institut québécois d'analyse bioénergétique : une position de pouvoir désincarné pour réparer une blessure narcissique fort douloureuse dans l'expression la plus charnelle qui soit de son identité, la sexualité. C'est ce qu'il a compris après avoir regroupé ses observations sur l'expérience d'une partie importante de sa clientèle, des religieux et ex-religieux devenus incapables de supporter pareille amputation à leur identité d'homme. Quoi qu'il en soit, on ne peut brider une si puissante énergie toute une vie sans se faire violence à soi-même ou aux autres, que cela s'exprime par le mode des conduites perverses ou par la projection de sa propre faiblesse, sur la femme en particulier. Considérant également le nombre élevé d'infractions à la loi du célibat, réalité à laquelle l'auteure fait référence à quelques reprises, on peut s'interroger sur la façon dont les candidats à la prêtrise ont été préparés pour assumer une telle discipline.

Voici donc le récit d'une expérience profondément humaine, faite d'illusions et de déceptions, d'espoirs et de dés-illusions, d'amour et de trahison, face à soi, face à l'autre. Dans une démarche responsable, face à elle d'abord, Angélyne entre-prend courageusement le chemin le moins fréquenté, celui des orties, celui du risque de dire, celui qui dérange, mais aussi le seul qui permette une saine réparation du cœur, une réappro-priation de soi et une véritable croissance spirituelle.

On voit bien ici toute la différence entre deux façons de gérer notre souffrance d'êtres humains. L'une, plus typique-ment masculine, consiste à nier la blessure pour ne pas en souf-frir, à se réfugier dans une position de pouvoir et à boiter toute sa vie parce qu'amputé d'une partie importante de soi. L'autre, plus typiquement féminine, celle empruntée par l'auteure, passe par la reconnaissance de sa douleur et de sa faiblesse, et consiste à plonger au cœur de cette souffrance pour la nommer, pour la dire, la crier parfois, en prose ou en poésie, redonnant à l'autre ce qui ne lui appartient pas (les canons), se réappro-priant ce qui lui appartient et se donnant du pouvoir (le pardon) pour en faire un bouquet de roses.

C'est là une belle démonstration de responsabilité. Ceux et celles qui ont fait, de la recherche de la vérité et de la justice, une ligne de vie importante trouveront matière à se nourrir. Je considère, pour ma part, comme un privilège d'avoir été invité à préfacer ce livre. C'est là une occasion extraordinaire de m'asso-cier à ce mouvement d'alliance des hommes et des femmes auquel nous convie l'auteure et qui, loin de nous niveler, devrait nous permettre de nous apprécier davantage dans nos diffé-rences, de nous instruire de nos forces respectives et, somme toute, de devenir des êtres encore plus complets, à l'aube de ce 21e siècle.

Merci, Angélyne, pour ton invitation. Ton témoignage constitue une source d'inspiration, voire même de libération, pour tous ceux et celles qui ont vécu ou vivent une expérience similaire et qui, isolés, souffrent encore du silence.

Réjean Thibodeau, psychologue

# AVANT DIRE

*Je n'ai peut-être écrit « Un amour libre » que pour me replacer dans la lumière originelle.*

Pierre Vadeboncœur

*Toutefois, si un prêtre bien intentionné me réprimandait en disant : « Ces choses-là ne vous concernent pas », je lui répondrais : « Si mon cœur souffre pour l'humanité, qu'il en soit ainsi ».*

*Il me semble juste de mettre l'humanité dans mon cœur, ou hors de mon cœur pour l'examiner et en être soulagée.*

Florida Scott-Maxwell

La douceur et la tendresse partagées avec un prêtre catholique m'ont emportée sur le plus tortueux des chemins de la vie. Après avoir surmonté d'extrêmes bouleversements intérieurs et spirituels, j'en suis sortie profondément transformée. Maintenant, je peux comprendre et dévoiler l'inacceptable et subtile violence psychologique, systémique et spirituelle faite à la femme, aux femmes, par certains comportements du patriarcal et mondial pouvoir religieux.

Cette relation intime m'a amenée à me confier à d'autres membres du clergé. Sachant que j'écrivais un livre sur le sujet avec l'intention de le publier, l'un d'eux est venu un jour me rencontrer à l'improviste. Posant une main sur mon épaule, il m'a dit : «Il est mieux pour toi que tu ne sortes pas ce livre, tu pourrais te faire mal…».

Je n'ai pas voulu recevoir cet avertissement comme une menace. S'est plutôt imposée l'importance d'exorciser ce passé collé à ma peau, à mon intelligence, à mon cœur, et surtout à mon âme de femme.

J'ai retrouvé mon souffle dans le dévoilement de mon expérience. Écrire m'a infiniment soulagée du poids de ce silence, celui qui dénie depuis toujours une certaine histoire de femmes dominées, écrasées par autre chose qu'une main sur l'épaule.

Publier devenait la suite à donner à ma démarche libératrice. Ce choix de m'octroyer une chaire, me permettant de rejoindre et de remuer les mentalités sociales et surtout religieuses, ressemble peut-être davantage à un percutant cri étouffé dans une Église… Cette décision pouvait aussi s'avérer bénéfique à d'autres femmes, à d'autres hommes.

Ne voulant pas qu'ils soient durs, il me fut difficile de trouver les mots justes, le ton ferme pour exprimer mon point de vue sur un sujet difficilement discutable par la femme : le célibat **OBLIGATOIRE** des prêtres catholiques et ses conséquences insoupçonnées. Mes diverses façons de dire ressemblent aux méandres d'une rivière qui, avec la force de ses débordements printaniers, trace à nouveau et contre tout obstacle sa route de vie. Ainsi, je «débâcle» une réalité humaine faisant partie de mon histoire. Histoire de ces histoires pourtant habituées à être **cachées sous la croûte masculine d'un religieux pouvoir glacé sur la féminité**.

En 1139, le deuxième concile de Latran a officialisé cette ordonnance : «Dans l'Église, la femme se tait…». Aujourd'hui, au nom même de ma foi en la Vie et en l'Amour, je veux être de celles qui se réapproprient, et parole, et droits légitimes, et dignité féminine! Dans la présente période historique libérant autant les femmes que l'expression spirituelle du monde, l'Église catholique doit se repositionner pour laisser tomber ses lourdes structures et ses inutiles préceptes, si rébarbatifs aux femmes! Une conjoncture du temps et des événements se prête donc à mes confidences.

Cet héritage culturel aliénant et si violent, je le remets à ceux qui en ont fait des «canons légaux» braqués sur les âmes. Ne faut-il pas se guérir des autres, ou plutôt, de ces faux principes religieux transmis par l'histoire? Oui! L'on se doit de sortir de ces barrières presque infranchissables enracinées sur les assises même de l'être, pour retrouver l'Être suprême en son moi profond!

C'est à travers ma vulnérabilité mise à nu que s'effectuait cette quête du sens à donner à ma vie que je voulais branchée aux aspects concrets de mes jours. En même temps, je voulais combler soif et besoin de m'approcher toujours plus de l'Absolu. J'ai alors lutté de toutes mes forces adultes pour ne pas laisser se noyer le côté enfant si vivant en moi: mon âme habitée par l'éternelle jeunesse de Dieu.

J'espère que ces dires seront suffisamment constructifs et éloquents afin de contenter, au moins un peu, mes espérances: premièrement, voir s'améliorer la condition des femmes dans la société, donc aussi dans l'Église, en dénonçant une situation de domination qui leur fait mal; deuxièmement, essayer de faire se redresser la perception de l'amour humain du couple chez les hauts responsables influents – strictement célibataires masculins – de l'institution catholique, pour que se bâtissent des relations encore plus égalitaires et plus harmonieuses entre femmes et hommes; troisièmement, vouloir m'affirmer en tant que femme entière dans mon appartenance à l'Église «**universelle**» du Monde qui existe aussi hors des murs de Rome...

J'ai évité le voyeurisme. J'ai respecté les gens côtoyés ainsi que la personne impliquée avec qui j'ai vécu sur terre la plus belle et la plus grande expérience humaine (l'amour), mais aussi la plus déchirante (la trahison). J'ai plutôt rappelé certains de leurs comportements ou paroles, afin d'expliquer les rebondissements qu'ils ont eus sur moi. Ce prêtre m'a fait découvrir le modèle clérical de plusieurs autres d'hier et d'aujourd'hui. Il ne faudrait toutefois pas le voir comme un mouton noir, essayant ainsi d'excuser les comportements complices de tout un clergé. J'ai accueilli et accepté l'humain en lui et en moi, avec nos élans de cœur et de raison, et bien sûr leurs contradictions.

Mon langage emprunte au regard très observateur de l'artiste. Il examine sans fausse pudeur. Il démarque les zones d'ombre et de lumière que nous portons tous au cœur de nous comme dans un tableau. Le don de la Vie ? Ne chemine-t-il pas dans le noir de nos peurs et de nos malheurs, puis dans la clarté de nos audaces et de nos bonheurs ?

L'écriture, s'alliant aux moments précieux de l'existence, m'attira dans une grande solitude. Elle m'a parfois donné l'impression de voler du temps à ceux et à celles que j'aime. À chacun et à chacune des membres de ma famille, personnes qui m'êtes liées par amitié et par amour, mes plus sincères remerciements pour votre compréhension et votre support. Profonde solidarité aussi à vous, femmes libres et belles intérieurement, qui m'avez comprise et assistée en m'offrant si généreusement et gratuitement de votre temps et de vos judicieux conseils. Merci spécial à toi, chère cousine Simone, confidente et petite sœur spirituelle. Mon indéfectible admiration, solidarité et reconnaissance à toi, Réjean, homme de cœur, qui as accepté de préfacer mon livre. Une très grande reconnaissance à Chantal, à Ghyslaine ainsi qu'aux lecteurs et lectrices qui ont cru à mon projet. Des mercis particuliers à madame Ghislaine Lavoie et à monsieur Robert Fradet. Et grâce à l'équipe des Éditions Le Dauphin Blanc, ce livre qui me tient tant à cœur retrouve un second souffle. Et pour vous deux, chères Margaret et Marie, une personnelle affection que je vous offre en même temps que ce livre dans lequel vous avez osé, avec moi, confier un vécu troublant.

Cette deuxième édition contient les quatre chapitres originaux du livre publié en 2000. À la suite des nombreuses et importantes confidences reçues après ma première publication, certains ajouts pertinents s'avéraient nécessaires et approfondissaient ma réflexion. Dans le premier chapitre, **Orties**, je touche à la déchirure occasionnée par cette expérience. Dans **Canon**, tout en commentant l'exagération du pouvoir religieux, je survole rapidement un côté de l'histoire éclairant les causes d'un légalisme odieux pour la femme. Le troisième, **Rose**, aborde ma vision nouvelle des rapports homme-femme, puisée à même une relecture de la Bible et dans des textes chrétiens très riches spirituellement ; ce qui m'incite maintenant à adopter un esprit critique plus aiguisé, mais tolérant, concernant nos comportements humains. Je termine – nécessité qu'a exigée la démarche de mon cœur – par le quatrième chapitre, **Pardon**. Tout au long, je questionne, je m'interroge... et surtout je me rebelle devant les certitudes « statiques » du monde patriarcal. Débarrassée de cette triste et sombre image de l'être féminin courbé devant la masculinité religieuse, je me sens suffisamment debout pour présenter mon visage de femme au grand jour d'un autre temps.

Deux phrases d'une dame française, France Quéré, dans son livre *Les femmes de l'Évangile*, m'ont fait beaucoup réfléchir : « Écrire, c'est aussi communiquer. Mais c'est communiquer avec des absents[1]. » Elle ne pouvait mieux dire à propos du clergé encore si fermé aux femmes ! D'une façon inhabituelle, et peut-être controversée, je viens m'infiltrer au fin fond d'un lieu interdit aux femmes, le cœur des prêtres. Dans cette intime ouverture de mon âme à la leur, je viens exprimer ce que ressentent des femmes blessées, incomprises, malmenées dans leur être parce qu'exclues de certains lieux de Vie, là où pourtant nous avons toute la Féminité à offrir à l'Humanité.

Angélyne Vallée

---

1. Publié aux Éditions du Seuil, Paris, p. 21.

# La Clef

*Peux-tu ouvrir les portes, Pierre?...*
*C'est ta femme!... Il y a des siècles que je t'ai vu*
*Alors, avec les tiens, je m'attends à être bien reçue*
*Le sais-tu?... J'ai le passe-partout du Maître!*

*J'ai passé par la Voie étroite... J'ai repéré*
*Parmi les pauvres, les souffrants, les mal-aimés*
*Femmes, hommes recherchant l'inaugurale mutualité*
*Une lointaine et auguste Aurore tout illuminée*

*À l'appel des circonstances, je viens te rencontrer*
*Dans le jardin, avec toi, je voudrais bêcher*
*Dans la pierre pour y façonner des cœurs de chair*
*À propos... quels préceptes t'ont de moi, éloigné?*

*La femme en moi a vu des dessous bien cachés*
*Dorénavant, sur eux je ne veux plus buter*
*Ne me demande plus de vivre en pièces détachées*
*M'entends-tu?... Je suis entière pour aimer*

*Quoi?... Tu me demandes où est Marie?*
*Tu le sais. Elle et Jean sur tous chemins sont partis*
*Toi!... Pourquoi t'entêter à rester seul pour œuvrer?*
*Depuis le Premier Matin,... je la connais aussi, la Vie*

*Viens au moins m'écouter. Sors sur le palier*
*Tes portes ont-elles l'espace de ma liberté?*
*Ouvre..., voyons! Je veux te montrer cette Clef que j'ai*
*Tu sais qu'avec... mon cœur s'est déverrouillé*

*Depuis, les yeux de tout mon être*
*Ont vu sortir de la Terre... du Pain*
*Une Humanité pleine d'âmes à bout de mains*
*M'entends-tu?...Veux-tu que... Pierre?... Pierre!* **Pi...er...re...!**[1]

---

1. Angélyne Vallée, 10 avril 1992.

Chapitre 1

# ORTIES

*S'il est vrai que la révélation de l'amour de Dieu se fait presque toujours à travers une relation avec des personnes au sein d'une communauté, la communauté ne peut jamais rejoindre parfaitement une personne, seule une personne peut rejoindre une autre personne.*

Jean Vanier

*À qui servirait une religion si elle me séparait un jour d'une autre âme... si elle m'obligeait à renier la mienne?*

Angélyne Vallée

## Le hasard? Non! Le destin

Le hasard n'existe pas. Je crois plutôt au destin tracé comme une route étrange, incontournable et parfois mystérieuse, sur laquelle la Vie nous oriente pour l'apprentissage de notre Humanité.

À un âge où l'on s'assagit, j'abordais l'autre versant de ma vie. Mais une suite d'événements pénibles, vécus dans une solitude à deux, me remirent en question et vinrent chambarder mon existence. Cherchant à désaltérer ma soif de dialogue, recherchant l'authentique partage dont j'avais besoin dans ce virage, j'aurais pu être placée devant une femme plutôt qu'un homme, face à quelqu'un d'entre vous plutôt que devant lui.

Mais voilà, ce fut un prêtre... Une première rencontre brève, totalement imprévue, se termina par un judicieux conseil et une invitation à son bureau. Je ne connaissais cet homme que par son rôle public de pasteur, que par un perçant et lointain croisement de nos regards survenu quelques mois auparavant. Une série de rencontres s'amorcèrent. Elles étaient ponctuées de moments joyeux et délicieux, marquées de confidences échangées dans une merveilleuse communion d'âmes, où parfois nos yeux seulement se parlaient. Je fus surprise de constater sa grande aisance à communiquer et aussi à se confier à moi. Je faisais de même. J'appréciais ces moments qui me rapprochaient de lui, qui me le montraient simple, attentif, bon. Je lui offris ma confiance ; et lui, fit de même, je crois. Il ne perdit pas de temps à me montrer que l'humain en lui était bien vivant, l'exprimant d'abord par ce doux langage de la tendresse, et dans ces étreintes innocentes qui enserrent surtout les cœurs. Je faisais de même. Si nos deux âmes, d'abord, se sont reconnues, notre humanité n'en était pas détachée. Mon cœur était ouvert à cette approche qui venait à moi.

Comment une femme intelligente peut-elle se fourvoyer en ne repoussant pas un homme, en entrant dans son intimité, sachant que c'est un prêtre ? Et pourquoi s'est-il laissé aller ? C'est le Langage du Divin qui s'imposait à nos cœurs, j'en ai la certitude aujourd'hui ! Ce Langage de la Vie est toujours plus insistant que celui des lois institutionnelles ou religieuses, toujours plus fort que celui des conventions ou de certains engagements passés, quand l'être humain veut se sortir, parfois inconsciemment, de ce qui le brime ou l'étouffe... S'adressant à mon âme, je L'ai entendu, écouté. Parfois avec hésitation ou gaucherie, parfois avec clarté et respect. Puis, après mon entrée dans l'inconnu de ce «lien secret», j'ai douloureusement découvert que ce Langage de la Vie, de l'Amour, se butait tragiquement à la loi des hommes. Vint alors l'heure des choix... Maintenant, je sais que cette rencontre m'a enseigné ce que j'avais besoin d'apprendre.

### La femme silencieuse... C'est du passé

La chrétienne que je suis n'accepte plus d'être silencieuse et soumise. L'Église de mon jeune âge est bien loin de moi. J'ai même déjà pensé que l'Église catholique, c'était le pape, les évêques et les prêtres. Les autres et moi? Nous étions à part...

Plus intensément qu'avant, je sais que je fais partie du grand Corps mystique, de l'Âme universelle du monde, autant que le pape! Oh! bien sûr, il existe une différence entre lui et moi! Énorme! Il existe aussi une ressemblance très importante en ce que nous sommes.

La différence énorme? Je suis une femme. Il est un homme. Et pourtant, nos deux êtres, très distincts à la base de l'humanité, sont indispensables à l'**Être Humanité**.

La ressemblance si importante? Nous sommes tous deux des âmes en évolution cherchant à suivre l'appel de ce grand Langage de la Vie. À l'intérieur de notre religion, ici, maintenant, nous sommes disciples de Jésus-Christ ayant humainement offert cette Parole. En tant qu'êtres d'espérance sur la route de la libération, ne faut-il pas essayer d'avancer ensemble, sans que l'un entrave l'autre?

Toute une panoplie de différences et de ressemblances, masculines et féminines, se sont situées de bas en haut sur la longue échelle des pouvoirs, ces pouvoirs que le temps a accrochés à la montée de l'histoire. Aujourd'hui, plus que jamais, il faut anéantir les distances construites entre les personnes à cause de ces différences. Chercher les moyens de véritablement se rejoindre, misant d'abord sur nos ressemblances. Mais il y a si longtemps que les hommes occupent autoritairement le haut pavé des «chaires» humaines, surtout religieuses, parlant copieusement et sans gêne à la place et au nom des femmes! Il est peut-être temps pour eux d'écouter, de partager ce lieu d'influence d'une façon plus humble et moins dominatrice!

Je commence donc par vous offrir un texte que j'ai sorti d'un tiroir. Il est tout imprégné de cette période très dure que j'ai traversée. Les mots, les sentiments en témoignent. J'ai mené mon dur combat, que j'accepte aujourd'hui comme une démarche de croissance humaine et spirituelle. Une croissance personnelle que je souhaite davantage collective.

*Si je pouvais oublier un instant*
*Rien qu'un petit instant*
*Que tu portes Dieu au fond de ton cœur*
*Si je pouvais l'oublier*
*Pour m'aider à t'oublier*

> *Je te haïrais!*
> *Je te frapperais!*
> *Je te haïrais!...*
> *Mais je ne peux pas*

*Parce que... Ce que je hais,*
*Ce n'est pas toi!*
*Ce que je hais?*

> *Je hais les masques!*
> *Je hais l'oppression!*
> *Je hais la domination!*
> *Je hais la peur!*
> *Je hais les murs à l'âme!*

*Je les hais!*
*Je les hais!*
*Je les hais!*

> *C'est là-dessus que je frapperais!*
> *Je hais le manque de temps*
> *Qu'on n'offre plus à l'amie*
> *Que je suis...*

*Je hais tout ce qui n'est pas la vie*
*Parce que j'aime la Vie!*
*Je hais les maudites structures*
*Et les maudits murs*
*Qui placardent mon être dans l'ombre*

*Je hais les détours*
*Je hais les fuites! Les maudites fuites!*
*Je hais... Je hais...*
*Tout ce qui empêche d'être vrai*
*Tout ce qui t'empêche et m'empêche d'être vrais!*

*Un jour, un jour*
*Il faudra bien un jour*
*S'ouvrir vraiment à l'Amour!*

*Un sermon sur l'Amour...?*
*Il faut aimer tout le monde*
*Mais... pourquoi me fuis-tu?*
*Femme, je suis aussi ce monde!*

*Seigneur, Toi, l'Amour*
*Viens à mon secours!*
*Je hais ce qui n'est pas Toi*
*Dans ceux qui disent travailler pour Toi!*
*Aide-moi! Aide-moi!*

*Je ne veux pas haïr*
*Je ne veux pas frapper*
*Celui qui, du corps jusqu'au cœur, m'a prise*
*Celui qui oublie dans sa peur aujourd'hui*
*Que Tu es là au cœur de moi!*[1]

Je vivais alors la plus intense lutte de mon existence. Pour l'Amour. Ce que j'avais appris depuis mon enfance au sujet de l'amour, dans ma religion, subissait une grave agression. Je comprends aujourd'hui que certains événements m'ont conduite à ce lieu, au plus creux de moi, où je me suis débattue,

---

1. Angélyne Vallée, 28 novembre 1989.

23

accrochée à la Vie qui s'y trouve, portée par l'Âme universelle du Monde pour continuer dans l'exigence de ma propre transformation. Je devais apprendre à me voir et à m'accepter autrement qu'on me l'avait inculqué en tant que femme. Je devais répondre à l'appel de ce grand Langage de la Vie qui m'avait attirée dans un autre lieu, le monde du clergé, celui-là interdit aux femmes... par les hommes. Et non par Dieu. Quelle bourrasque au niveau de mes croyances!

Oui, j'avais à me débattre telle une captive dans un champ d'orties. Connaissez-vous ces plantes dont les tiges et les feuilles sont dentées de petits poils qui ressemblent à de minuscules canons, prêts à agresser, à brûler la peau si vous vous y frôlez?

Là où j'en étais, comme en fuite au milieu des orties, j'ai appris... Et j'ai décidé de faire face aux canons. C'était donc son droit d'être là, ce droit canonique, cette loi d'Église; mais pas moi, une personne, une femme, si près d'un prêtre, d'un homme de pouvoir? Une femme n'a jamais fait bon ménage avec les canons qui s'attaquent parfois à la chair et toujours au cœur. Visée, blessée et meurtrie jusqu'à l'être, ma conscience s'éveillait brutalement à des éléments nouveaux. Avais-je aussi des droits en regard des lois disciplinaires du clergé catholique? Une relation intime avec l'un de ses membres déclenchait en moi tellement de révolte et d'interrogations! Ce que je voulais désormais savoir n'était plus seulement une question de sincérité dans nos gestes, paroles, regards. Non! C'était davantage. Et pas seulement pour moi.

J'affrontais une rivale «qui n'en était pas une». L'Église était sa femme. Serait-il devenu, malgré son corps d'homme fécond spirituellement, une «épouse» de Dieu mariée à l'Église-Mère? Ou plutôt un «mari» d'une Église-Mère n'étant dirigée que par une «bande» de Pères! Sans femme en public, mais en privé... Pourtant, femme, je suis aussi de cette Église! Comme la relation particulière du clergé et des femmes avec Dieu était devenue compliquée dans mon Église! Pourquoi en serait-on rendu là ? Une hiérarchie de pouvoir se serait-elle mise à sacraliser le sexe biologique de ses membres et pas celui des femmes ?

Prêtre catholique, lui, avait dû choisir entre Dieu et la femme. S'il avait fallu que «Joseph», à son époque, fasse le même choix à propos de Marie ! Enceinte sans époux, elle aurait pu être lapidée... ainsi que ce Dieu en elle. Le résultat d'une telle éventualité ? Il n'y aurait même pas d'Église aujourd'hui ! À bien y penser, on voit à quelles situations inhumaines certaines lois religieuses peuvent conduire. Celle du célibat obligatoire s'attaquerait-elle à la nature profonde de la personne humaine ? Empêcherait-elle l'intégration des différentes composantes de l'être : féminine, masculine, sexuelle, affective, psychologique... avec leur dimension spirituelle ? Je reviendrai plus loin sur ce sujet, car trop de prêtres ont vécu et vivent encore avec désinvolture des relations sexuelles coupées du reste de leur être.

Ce que j'expérimentais avec un prêtre secouait alors toutes mes assises intérieures de femme. Oui, mon être fut tellement ébranlé qu'il frôla l'effondrement. Je prenais conscience qu'une force colossale m'écrasait parce qu'elle étouffait ma féminité. Je voulais m'en libérer. Et c'est là le problème ! En même temps, je sentais en moi et en cet homme que j'aimais, une Présence vivante, divine, qui m'invitait. Comme chaque fois qu'une véritable relation veut s'installer entre deux humains.

Une authentique tempête du cœur m'obligeait à reconsidérer ce que m'avait dit ma religion. Même si mes croyances avaient subi tout un tri depuis mon enfance, la tournure de cette relation déconstruisait les bases de mon âme. L'image qu'on avait tracée du prêtre, et que je m'étais appropriée (celle du représentant officiel de Dieu sur terre), produisait l'effet d'avoir été amenuisée par ce Dieu-là. Alors, des questions rattachées à ma foi et à mes valeurs s'imposaient et me rejoignaient profondément, à même mes racines, là où repose la croyance en la Vie, en l'Amour. Aimer un prêtre d'amour, au grand jour, était défendu! D'ailleurs, au début il me demanda de ne rien dire de notre relation. J'obéis un certain temps. Mais, femme du vingt-et-unième siècle, je détestais l'ombre et la domination.

Je vivais une crise si profonde, un tel déchirement intérieur dans mon identité de chrétienne à travers cette relation! Seulement Dieu a pu saisir, à part moi, à quel point je fus à vif, brûlée dans mes fibres et mes espaces les plus secrets, quand je dus subir l'effet d'un rejet pratiquement inimaginable... parce qu'un jour on m'a identifiée au mal à fuir. Aussi, je fus très audacieuse par moments puisqu'une force d'Amour m'assistait. Cet homme m'accueillait, mais l'institution catholique dont il était prêtre me repoussait. Quelle sensation insolite et douloureuse que de vivre une telle contradiction!

Au moment où j'ai écrit ces lignes, Rome destituait l'évêque d'Évreux en France, M$^{gr}$ Jacques Gaillot. Un geste de politique partisane, bien plus qu'une pratique pastorale d'accueil de la différence en dehors de la frontière des religions. En tant que femmes, nous subissons à notre façon ce genre de rejet de l'Église. Malgré cela, j'ai choisi de rester chrétienne, et même catholique, comme Gaillot. Sans cœur? Non! Tenace! Sûre de moi, dans ce monde changeant qui accueille de plus en plus les femmes dans toutes les activités humaines. Pourtant, chaque jour les marginalise davantage devant l'autorité de Rome, devant le clergé strictement masculin.

Je me demande si l'Église romaine ne vit pas actuellement ce déchirement intérieur, jusqu'au cœur des personnes. Pour nous rappeler que c'est d'abord là qu'elle existe...Ne sera-t-elle pas obligée de réviser ses choix fondamentaux? De toute façon, le faste d'un pouvoir tranchant, fermé à la femme, m'éliminait. À l'opposé, la simplicité du peuple de Dieu qui veut vivre son histoire selon les appels de la Vie m'attirait vers la Voie qui ouvre les cœurs, celle du Maître «Enseigneur», Jésus, accueillant intégralement hommes et femmes, avec le bien et le mal en eux.

En disant cela, je comprends cependant qu'évêques et prêtres veulent suivre cette Voie de communion, mais un lourd passé victorieux et très autoritaire persiste encore dans le clergé et la curie romaine, traînant avec lui un complexe de supériorité masculine malsaine sur les femmes. J'ai donc vécu, avec ce prêtre aimé, tantôt une véritable communion dans notre relation homme-femme, tantôt une douloureuse cassure entre la femme et le clergé...

Bien des femmes dans l'histoire de l'Église ont vécu pareille épreuve. J'ai glané beaucoup de confidences, avant, et surtout après ma première publication. Et j'ai été en contact avec l'*association Claire Voie internationale*, devenue *Plein Jour*, accueillant des femmes et des enfants de prêtres. La loi du silence a tenu des femmes laïques ou religieuses dans l'ombre des membres du clergé, que ce soit sur le plan personnel ou institutionnel. Elles ont été cachées, rejetées, ignorées, même abusées, sans que les autorités cléricales se soucient des impacts psychologiques qui marquent ces nombreuses personnes. Elles ont été ainsi blessées jusque dans leur âme par cette incompréhensible façon d'être traitées, avec ce fameux prétexte que des hommes doivent choisir entre la femme et Dieu pour Le mieux servir.

En fait, l'histoire de l'Église refléterait-elle le cheminement, même parfois pénible, du monde? C'est peut-être bien pour ça que j'aime encore malgré tout cette Église! Parce qu'elle est humaine. Parce qu'elle est vulnérable comme moi et d'autres femmes, comme ce prêtre et beaucoup d'autres hommes. Mais, concernant les femmes, c'est assez! Sa façon d'agir ne colle maintenant plus à leur réalité et à celle de notre temps.

## «Pas su, pas vu... absolution accordée»

Le partage des responsabilités dans tous les domaines, la reconnaissance de l'égalité dans le pouvoir de servir, les relations de partenariat hommes-femmes dans le monde, oui, toutes ces aspirations et réalisations de notre siècle posent des questions précises au clergé catholique d'aujourd'hui. Il ne peut plus reporter les réponses à plus tard. L'heure a sonné d'entamer un réel dialogue entre les femmes et le clergé!

Elle existe depuis des siècles cette réalité des relations amoureuses et sexuelles que des cardinaux, évêques et prêtres ont partagées avec des femmes. Cette vérité n'était que plus clandestine autrefois. Mais elle demeure un tabou que le clergé dénie et rejette comme la peste. La politique de l'autruche pratiquée par l'Église à ce sujet n'est pas de la plus haute stratégie. Ne pourrait-elle pas y perdre ses plus belles plumes?

*L'Église a souvent sacrifié, à cause de ses lois, des gens qui auraient su lui être utiles en plusieurs domaines. Elle est donc perdante sur toute la ligne.*

Robert Fradet

Ou peut-être que... Doit-elle quitter en douce, comme une libre volée d'oiseaux en amour fuyant le vieux prestige romain? Être rejetée, quand on s'est donnée corps et âme à un homme, est très difficile à supporter pour une femme. Ce rejet est encore plus pénible quand cet homme est un prêtre et qu'il détruit l'image d'amour et de bonté qu'il projetait. Je me suis sentie si humiliée et blessée! Alors, j'ai cherché à comprendre cette attitude de ce prêtre à l'égard d'une femme. J'ai refusé de croire qu'il était méchant. J'ai préféré le supposer lui-même victime d'une insidieuse souffrance pour m'avoir ainsi bernée; souffrance résultant d'une violence érigée en système religieux et qui piège la nature humaine autant dans son corps que dans son esprit, son cœur, son âme.

J'ai compris un jour, dans le tumulte de l'une de nos conversations, que la signification du célibat n'est pas la même pour tous. Je fus estomaquée par le sens très permissif que des prêtres lui ont donné. J'ai alors saisi un peu plus la façon irresponsable d'agir de certains d'entre eux. Quand un prêtre (parce qu'il n'a pas prononcé de vœu de chasteté) dit: «Le fait de choisir le célibat n'empêche pas d'avoir des femmes», l'admiration pour le célibat obligatoire consacré en prend un sacré coup! Ce supposé libre choix «obligé» aurait-il mis au monde une déformation cléricale de l'amour humain du couple? Pourrait-il handicaper le cœur? Un prêtre peut-il découvrir en profondeur la femme lorsqu'il se permet de s'accoupler avec elle sans l'aimer ou sans se donner la permission de l'aimer au grand jour et de vivre une communion des cœurs avec elle? Cette ignoble discipline religieuse emprisonne des hommes-prêtres appelés au mariage plutôt qu'au célibat; elle peut aussi les empêcher de croître spirituellement avec la féminité du monde, allant jusqu'à les couper de leur propre composante féminine qu'ils recherchent à l'extérieur d'eux-mêmes. Cette réplique de sultan m'avait inondée d'une vague d'irresponsabilités masculines... qui noyait mon âme. Pourtant les hommes de Dieu ne consacrent-ils pas toute leur vie à l'amour? Quel affront à ce sentiment! À la femme! Au couple!

J'étais révoltée, terriblement en colère! Que la beauté et la grandeur de l'humain et de l'amour peuvent être sapées par la violation des lois naturelles et spirituelles de la Création au nom d'une discipline religieuse! Après avoir maté ma colère, j'éprouvai une soudaine compassion pour ces hommes de Dieu qui en étaient rendus à agir ainsi que le font certaines personnes, mariées ou pas, qui consomment les gens comme des objets.

Une amie m'a même confié qu'un prêtre, vivant des relations amoureuses les unes après les autres, avait l'impression de naître et renaître sans cesse, incapable de prendre des responsabilités de croissance, pareil à bien des pères naturels incapables d'assumer leur paternité. Il avait dit: «Je suis fatigué de naître toujours et de ne jamais grandir». Le prêtre n'est-il pas là pour aider l'Humanité à croître, pour lui apprendre à aimer? J'avais si mal de voir ce responsable des âmes se préoccuper si peu de la mienne. Ses comportements différaient tellement de ses enseignements. Je ne voulais plus croire en cette Église qui n'est dirigée que par des hommes.

Je crois que des prêtres, soutenant cette façon de penser, se permettent inconsciemment la faute à l'avance. Ne connaissent-ils pas la grandeur de Dieu dans le pardon ? J'ai souvent éprouvé l'impression qu'ils en abusaient comme je fus moi-même abusée, ou plutôt mal aimée. Touchée personnellement, je me suis aperçue que virait sur elle-même une roue du «**pas su, pas vu/absolutions accordées**»... dans le clergé !

Je sentais toujours se livrer, en lui et en moi, un exceptionnel combat.

Le dédoublement vécu par ce prêtre me déchirait moi-même. Cette façon d'agir n'est pas spécifique au clergé ; elle est une inconséquence découlant du refus de vivre avec les autres jusqu'au niveau de l'âme. C'est peut-être aussi une séquelle de la faiblesse humaine qui a peur d'investir dans ce qui est trop différent de soi. La femme n'est-elle pas une menace pour le clergé romain ? Il l'accepte, mais à la condition de décider de son sort en haut lieu, comme si elle était une enfant, posant ainsi des gestes prétentieusement gauches et irrespectueux envers toute la féminité sans même s'en rendre compte. Comment ces hommes de bonne volonté en sont-ils arrivés à penser et à agir ainsi, tout en prêchant honnêtement l'amour et l'Église-communion ? Peut-être devraient-ils d'abord se rappeler qu'ils sont des êtres réels, et que l'Église, Être spirituel et social, est remplie de femmes aussi réelles et spirituelles qu'ils le sont ? De plus, je percevais que l'idéalisme des jeunes séminaristes pouvait un jour se frapper gauchement au réalisme de la vie et de l'amour.

Des complexes de supériorité masculine décrétés par d'anciens maîtres à penser, dans leur ignorance et leur peur, se perpétuent à travers des règles de conduite telle la loi du célibat obligatoire pour le prêtre. Cette discipline contre nature peut anesthésier la conscience, l'amputer, étouffer la voix du cœur, celle de la Vie. Elle est une aberration, au même titre que les mariages obligés du passé. N'a-t-on pas déjà forcé des hommes et des femmes à vivre ensemble sans qu'ils y consentent, par simple convention sociale, pour sauver l'honneur et la face? L'obligatoire célibat «de façade» vécu par plusieurs prêtres ayant une femme (ou plus d'une) se chauffe exactement du même bois. L'inconsciente scission d'eux-mêmes se projette dans leur milieu. Tout aussi confus est leur agir. Ce système établi des directeurs de conscience nourrit aujourd'hui des comportements «archaïcopatriarcaux». Les femmes exécutrices, habituées d'après l'histoire à ce qu'on les traite toujours ainsi, font encore tourner cette roue du pouvoir dominateur masculin, avec de pieux sourires, quand ces bons messieurs leur accordent un peu d'importance ou de place auprès d'eux. Servir la domination ne dure cependant qu'un temps. Tous les systèmes du genre s'effondrent. C'est une chance que l'Église ne soit pas établie sur le seul système légaliste! Elle s'en échappera... vivante, car elle est d'une autre dimension, et pas seulement faite de bornes religieuses.

Dans notre relation, je n'ai pas été parfaite, mais entière. Qu'en était-il de lui? J'avoue qu'au début, j'ai ressenti avec un brin de fierté ce sentiment de bénéficier d'un privilège à partager l'intimité d'un prêtre, qui occupe un rang élevé dans l'organisation humaine. Je croyais le rejoindre jusqu'à son niveau de spiritualité. Mais je ne pensais pas qu'il était capable, selon son gré, de couper et de ressouder si facilement son esprit et son âme à son corps. Pourtant le mot «corps», dans la langue de Jésus, englobait l'être entier: «corps, âme, cœur, esprit...». Et le clergé sait ça! Je n'avais pourtant ni recherché ni provoqué cette rencontre de nos cœurs! Pourquoi cela m'arrivait-il?

J'avais de la difficulté à croire, à admettre que de tels comportements puissent s'être glissés au nom du Christ, dans un lieu où celui-ci était venu pour nous réunifier individuellement et entre nous. Pour nous libérer.

Avec cette fausse conception des rapports homme-femme qui s'était infiltrée dans le clergé, je comprenais mieux l'acceptation silencieuse, par le pouvoir clérical, de toutes ces ambivalences dans les comportements des membres les plus haut placés de l'Église. Le pouvoir, qu'importe lequel, peut décider n'importe quoi pour aveuglément et égoïstement se nourrir. Je comprenais, et en même temps, je n'acceptais pas, ainsi que plusieurs autres femmes d'ailleurs. Entrée au cœur d'une blessure affligeant l'Église, j'étais devenue blessure moi-même.

Cette conduite cléricale déjoue les règlements internes de l'Église depuis le tout début de leur instauration. Pourquoi? Le Langage de la Vie n'admet pas de se voir bâillonné par un pouvoir politique, fût-il religieux! Cette conduite fait partie d'une pratique atrophiante pour les femmes. Elles se sont tues et continuent de se taire encore aujourd'hui afin de réussir à vivre, avec l'homme-prêtre qu'elles aiment, leur louche et soumise histoire d'amour. L'aventure clandestine du monsieur «ordonné» devient une bénédiction spéciale pour ces hommes à part des autres. Et quand de bons chrétiens ou chrétiennes, laïcs ou clercs, s'en aperçoivent, il existe différents dénouements possibles. Mais il faut d'abord sauver la belle et sainte image du clergé, de sexe mâle seulement. Leur célibat devenu aussi sacré que la prêtrise? Fausseté que cette grave déviation de l'Église!

## La belle image rejette les femmes et certains prêtres

Qu'arrive-t-il à un prêtre et à une femme qui s'aiment? Se sentent-ils coupables d'aimer? Certains, oui; d'autres, non. Mon Dieu! Coupables d'aimer! Vite, on dénonce leur conduite. Lois religieuses obligent. On menace alors le prêtre; il perdra ses fonctions ministérielles. On veut le sauver, comme si l'amour humain était une déchéance, et la femme, une perdition. Parce qu'il aime, que devient-il aux yeux des autorités religieuses? Il n'est plus cet homme bon, charitable, il n'a plus ni ses qualités ni sa formation, ni même ses aptitudes ou son charisme pour continuer son ministère... Le fait d'aimer une femme semble lui siphonner tout, d'un seul coup. La garce! Mais seulement s'il est découvert. «Pas su, pas vu», il ne perd rien. L'important, c'est de ne pas montrer qu'il est un homme ordinaire. N'est-il pas un homme de pouvoir? Il faut faire belle figure, garder coûte que coûte cette image d'une Église à l'autorité masculine et célibataire. Petites traditions patriarcales exigent. Et avant qu'on lui offre gentiment la porte, hors du domaine des décisions, des pressions énormes sont exercées sur le prêtre pour qu'il «laisse tomber» la femme et continue dans son choix d'homme de Dieu, à vivre en célibataire du clergé. C'est sacré! Et dans son cas, pas de mariage! Quant à la femme, on l'ignore complètement! Elle n'a rien à dire. Elle ne le peut pas. Son point du vue ne vaut rien.

Si par malheur la femme est enceinte, plus aucune question ne se pose. Est-ce au grand jour? C'est tranché d'avance! Rejet automatique! L'Église-Auberge n'a pas de place pour cette famille. Prêtre, femme, enfant, sont forcés de se retirer d'un lieu qui prêche l'accueil de la vie et l'amour du prochain. Les autorités catholiques ont même acheté ou voulu acheter par contrat monnayable le silence de certaines femmes, mères d'enfant(s) de prêtres ou de religieux, afin de cacher cette paternité. Leurs histoires ont parfois défrayé la manchette publique. Étrange, incompréhensible, inadmissible! Quelle humiliation pour une femme qui s'est offerte sincèrement par amour à un homme! Dans certains cas, des prêtres ont même abandonné femme et enfant pour fuir... vers Dieu! Mais quel Dieu?

Inadmissible surtout pour les rares femmes poussées aux portes d'une clinique d'avortement dans le but de sauver à tout prix l'image, le statut social de monsieur. L'enfant? Une tache! La femme? Un déchet à jeter sur la rive de la vie. Vidée de son être femme! «Pas su, pas vu/absolution accordée». Le meilleur des mondes, croirait-on? Certainement pas celui de Dieu! Monsieur le prêtre a payé les frais à la clinique d'avortement. Qu'ils sont terriblement offensants, ces comportements de l'Église pour les femmes! Dévalorisants! Pourtant, **Jésus n'a-t-il pas choisi onze apôtres mariés sur douze? Et sept femmes aussi**, d'après des textes coptes découverts en Haute-Égypte à Nag Hamadi[1]? L'Église a-t-elle à être plus

---

1.  Écrits originaux traduits par une équipe internationale d'exégètes et d'érudits et dont il est question dans *L'actualité*, vol. 21, n° 19, 1er décembre 1996, page 8, et dans *Le Soleil*, cahier C, le mercredi 7 mai 1997, p. 1-2.

chrétienne que l'Esprit du Maître? En agissant de façon si contradictoire avec l'Évangile, l'Église institutionnelle trop masculine ne serait-elle pas en train de se rejeter, de la même manière qu'elle rejette inconsciemment la femme, les femmes, *et de ses hommes*? Pourtant, aimer est une grâce de Dieu.

Femme, je ne suis pas la seule responsable de cette rencontre qui nous amena dans les bras l'un de l'autre.

Femme, je ne suis pas une personne de second niveau dans l'échelle de la Création.

Femme, je ne suis pas le mal à rejeter, comme l'ont pensé certains Pères de l'Église.

Femme, je ne suis pas non plus celle sans importance qui est là à attendre qu'une autorité religieuse lui dise comment être, quoi faire et avec qui.

Femme, je ne suis plus de celles qui acceptent d'être utilisées, quand, où et comme cela fait l'affaire du clergé. Finie l'ombre. Le soleil de la Vie se lève pour tous et toutes. C'est pour quand, dans l'Église de Rome?

Femme d'aujourd'hui, je ne suis plus celle qui accepte de se plier à des lois amenuisant son âme, son cœur et son corps. Et cela dans toute institution, y compris dans la religieuse catholique! Près de 75 % des catholiques qui pratiquent sont des femmes. Qui exécute tant de bénévolat dans les nombreux comités ou mouvements de l'Église? Les femmes! La structure cléricale s'effondrerait si elles quittaient l'Église ou se mettaient en grève.

Les lois du Moyen Âge et de la Renaissance, avec ce qu'elles véhiculaient d'ignorance, de violence et de sorcellerie, n'ont plus rien à voir avec la réalité d'aujourd'hui en ce qui concerne les rapports humains, surtout les rapports hommes-femmes. Au nom de la foi catholique, une terrible ignominie fut commise contre les femmes. «La plus spectaculaire concerna entre huit ou neuf millions de sorcières condamnées au bûcher en Europe (dont Jeanne d'Arc) entre le XIVe et le

XVIIe siècle[1].» Que ces chiffres puissent être mis en doute, transformés en milliers m'importe peu. Quel trouble époque qu'un temps d'Inquisition qui épurait les populaces en éliminant les femmes savantes, les souffrantes, celles qui faisaient peur, celles qui avaient de l'audace ou se mêlaient du sacré!

Représenter une faiblesse auprès de la force masculine? Non! Femme, je veux et j'accepte mes faiblesses comme l'homme doit accepter les siennes. Aussi, je refuse cette diminution du couple laïc au profit du célibat religieux; l'un et l'autre portent la fécondité spirituelle du monde. Le couple aussi est un espace de fécondité «communion-relation-homme-femme» si intime avec la Vie, là où cette Vie se prolonge et change de visage au cœur de chaque histoire d'amour, personnelle et collective, participant à la croissance spirituelle des êtres.

Et si une certaine force avait besoin d'une certaine faiblesse pour mieux comprendre le pouvoir? Cela équilibrerait peut-être cette capacité responsable qu'est le vrai pouvoir de servir les communautés. Dans ce cas, où serait la faiblesse et où serait la force? Jésus n'a pas accepté et encore moins utilisé le pouvoir légal religieux de ses contemporains pour parler et offrir Sa Vie! Devant l'autorité, Il a sans doute paru bien faible, mais là était sa Force d'Amour. Encore là, ce sont des femmes qui L'ont accompagné, compatissantes jusqu'au pied de la croix, tandis que les hommes L'ont abandonné, condamné, crucifié. Est-ce parce que les femmes n'ont pas peur de marcher sur la route de l'intuition et du cœur qu'Il les a choisies témoins et premières, au matin de Pâques, pour annoncer la Résurrection? Très significatif, n'est-ce pas?

L'institution catholique se permet d'infiltrer et de court-circuiter des histoires d'amour. D'où vient donc la source de ces comportements, ressemblant à bien d'autres erreurs passées,

---

1. B. Groult, *Cette mâle assurance*, p. 11.

dont celles de refuser l'évidence scientifique démontrée par Galilée, Copernic, celles de museler Teilhard de Chardin, Eugen Drewerman et, récemment, M<sup>gr</sup> Jacques Gaillot? Le Maître n'a jamais cherché à condamner les gens d'après les lois religieuses. Il partait de leur vécu pour les convertir, les traiter d'hypocrites ou les ramener à la Vie! Quant aux sorcières...

> *L'extermination par le feu purificateur de ces « créatures du diable » ne fut considérée que comme une triste nécessité, un accident de parcours que l'on s'empressa d'oublier*[1]

Des accidents de parcours dans l'histoire de l'Église, il y en a eu. Le pape Innocent VIII a déjà béni le *Manuel des sorcières*, le *Malleus Maleficarum*, aujourd'hui rangé dans la poussière des oubliettes. La règle du célibat obligatoire des prêtres héritera-t-elle un jour du même sort? Je le souhaite! On dira enfin : «Plus vu, car su et révisé/absolution accordée»!

## Le mensonge peut tuer l'amour

Il existe un autre dénouement possible lorsqu'un prêtre ou un religieux est touché par une histoire d'amour : essayer de la garder secrète et commencer à mener une double vie. Vie à deux visages pour ne pas subir le rejet de l'Église-institution. Un visage public, un visage privé. Cette façon de s'en tirer semble encore beaucoup plus vide de sens et fatale, car le mensonge s'installe autour de cette relation d'amour. L'usure associée au mensonge peut miner ou tuer à petit feu la relation spontanée et authentique du début. Il n'existe aucune issue pour le véritable amour dans cette attitude d'«accueil sous réserve» ménagée à la femme. D'une façon ou d'une autre, il y a tromperie; les gens ne sont pas dupes et s'en aperçoivent. Ils se sentent trompés par un système qui leur prêche pourtant la Vérité du Christ.

---

1. B. Groult, *Cette mâle assurance*, p. 11.

Inquiétant et troublant de sentir l'amour qui doit confronter l'hypocrisie, dans un lieu où le pouvoir sacré parle de vérité et de justice! C'est là que des combats terribles s'amorcent. Combats tantôt contre l'amour, tantôt contre l'hypocrisie. Tantôt contre la peur qui nous installe tous les deux devant l'inconnu, l'opinion condamnable des trop «purs et durs» catholiques, les lois du clergé, l'insécurité, et tantôt devant la simplicité d'être, l'intime tendresse, l'accueil inconditionnel de l'autre, le don de soi, les confidences heureuses et malheureuses mutuellement reçues qui doublent les bonheurs, divisent les peines.

Oui, quel combat! De courts instants volés aux devoirs cléricaux, et cela à des mois d'intervalle. Se sentir aux oiseaux quand l'amour gagne du terrain. Se sentir coupables quand on se cache pour déjouer l'ennemi, au cœur même d'un champ religieux qui prêche l'amour du prochain. Bien des «oiseaux» se sont cachés pour mourir... et continueront encore de le faire, dans l'impossibilité de voler librement au grand jour! Quelle ténébreuse contradiction, étouffant les âmes à la recherche de l'Esprit de la Vie comme on recherche l'air pur indispensable au souffle!

Pendant des années, des femmes ont sacrifié leur quiétude et leurs aspirations au bonheur, pour vivre, dans l'ombre, quelques heures d'amour impossible. Et il y en a encore aujourd'hui, même si le nombre de religieux et de prêtres a beaucoup diminué. Je pense présentement à une jeune femme que j'ai accompagnée dans sa peine pendant que son ex-amoureux-vicaire donnait des ateliers de croissance spirituelle dans un lieu renommé de Québec. D'autres visages de femmes et de prêtres s'imposent à mon esprit, femmes et prêtres qui font mine de ne rien laisser paraître de leur idylle cachée, mais que leurs comportements spéciaux divulguent à mon expérience, et à de plus en plus de gens contrariés dans leur foi. Puis, d'autres, brisés psychologiquement et spirituellement par l'ambiguïté d'une telle relation, sont obligés de suivre de longues thérapies.

L'idée suicidaire fait même partie de ce chemin d'ombre parce qu'il est éloigné de la clarté de l'amour.

Quand, avec le temps, la culpabilité s'installe dans son cœur, le prêtre repousse la femme. C'est ce qui m'arriva. Et à combien d'autres? Très subitement, il m'a fuie. Auparavant, en public, il fallait jouer le jeu et ne rien laisser paraître. Puis, peu à peu, je percevais certaines stratégies humiliantes qui étaient des moyens de se tirer d'affaire, comme par exemple bavarder joyeusement avec les autres en ma présence en m'ignorant totalement. Pendant que les fidèles buvaient ses sermons sur l'amour, je me disais : « Si vous saviez l'hypocrisie qui se vit ici! ». J'ai déjà eu envie de crier ma révolte à tue-tête dans une église. Je ne l'ai pas fait, car on m'aurait prise pour une hystérique.

Hystérique! Connaissez-vous la racine de ce mot? (1568: lat. *hystericus*, gr. *husterikos*, de *hustera* « utérus », l'attitude des malades étant autrefois considérée comme un accès d'érotisme morbide féminin). C'est la définition du dictionnaire le *Petit Robert*. La façon de forger la pensée se puise dans les mots. Celle de forger le cœur aussi, d'où l'importance de la Parole.

Un jour, il nia ce qui s'était passé entre nous devant un couple ami à qui j'avais tout raconté. Ce qui me fit passer pour une menteuse ou une malade. La femme serait-elle parfois réduite, dans la tête de certains hommes, à un utérus hystérique? Je veux continuer à croire que j'ai été plus que cela.

La secrète souffrance morale finirait-elle par toucher le physique? Il y a quelques années, lors d'un séjour à l'hôpital, je reçus un bouquet de fleurs d'une amie très appréciée. Sur la petite carte qui l'accompagnait, elle me laissa ce beau message : « Que les mots sachent te libérer de tous tes maux ». J'ai saisi tout le sens profond de cette phrase quand la pression d'écrire m'a envahie afin de dire cette lourdeur portée par ces femmes, tombées si bas dans cette impardonnable guerre des sexes. Une loi religieuse avait-elle créé un précipice entre les cœurs, un abîme dans l'être ? D'un côté, une si piètre relation avec la femme réelle ; de l'autre, des louanges en *Je vous salue, Marie*.

## Protection de qui ? Ou de quoi ?

Je me rappelle avoir entendu dans la bouche d'une bonne mère de famille : « Je connais un prêtre qui est beaucoup plus humain que d'autres ; il a une femme et un enfant. Mais s'il fallait qu'on sache ! ». Vous ne pouvez pas savoir ce qui s'est passé, à ce moment-là, au creux de mon cœur portant le secret d'une relation cachée avec un prêtre. Une vraie bourrasque de révolte se leva. Une femme peut-elle accepter qu'une de ses semblables subisse une pareille situation de mensonge et de violence systémique, éclipsée derrière un prêcheur de la Vérité et de l'Amour ? Y aura-t-il un jour une véritable prise de conscience concernant la solidarité féminine ? Cette femme, sans doute, voudrait-elle vivre sa vie au soleil d'une façon plus humaine et vraie avec l'homme qu'elle aime ? Tant et aussi longtemps que les bons et bonnes catholiques raisonneront ainsi, il y aura toujours des femmes qui souffriront l'horreur du mensonge.

Accepter le non-acceptable pour protéger la personne aimée peut devenir une véritable torture mentale. Je l'ai appris à mes dépens. Cacher l'ordinaire de la vie à sa communauté pour faire briller l'auréole que s'est donnée quelqu'un à cause de son titre et de sa position de pouvoir, c'est tellement écrasant et comprimant pour le cœur simple et amoureux ! Le mensonge et l'indifférence sont des instruments de domination très subtils. Ils occasionnent de la souffrance et de la méfiance, même s'ils se sont installés inconsciemment pour échapper à une autre sorte de violence, celle qui tue la liberté d'aimer. Liberté du cœur, là où pourtant homme et femme vivent leur vraie dimension d'humains libres.

Voici une autre anecdote. Lors d'une soirée chez la parenté, un homme avoua dans une conversation qu'il avait prêté quelques fois son appartement à un prédicateur populaire de Montréal qu'il connaît très bien. Pourquoi ? Pour lui permettre de passer du bon temps avec sa petite amie. Entre hommes, on peut s'entraider! Bon samaritain, il avait fait la charité.

Encore là, on trimbalait la femme, faisant preuve d'une mauvaise compréhension des relations humaines franches et honnêtes. J'en avais mal au cœur. Je réprimais ma colère dans le silence. L'institution catholique cléricale profitait même de complices dans le monde laïc pour lui permettre de continuer à dominer les femmes. Ce prêtre, avec la protection d'un ami, pénétrait l'intimité d'une femme, sans endosser aucune responsabilité ni fidélité envers elle et leur relation. Il se permettait les joies du mariage de temps en temps, tout en restant célibataire. Ceci n'est ni mariage ni célibat..., c'est de l'abus de pouvoir au masculin très singulier! Dans le fondamentalisme de l'Islam, ces mariages temporaires sont permis: on les appelle des mariages de jouissance. En fait, l'homme profiteur ainsi conditionné culturellement peut à tout moment renvoyer la femme. Celle-ci n'a rien à dire. Elle ne peut surtout pas se défendre d'avoir été abusée. Est-ce si différent dans l'Église lorsqu'un prêtre saute la clôture tout en décidant après coup d'obéir à sa sainte discipline de mâle, celle du célibat obligatoire rattaché à la prêtrise?

Pourquoi ressentais-je tant de colère? Parce que moi-même, avec mon secret, je protégeais un prêtre et un tel système en m'ignorant totalement.

J'ai d'abord laissé mon cœur et mon esprit s'affoler, au lieu de dire à ce bon ami ce que j'en pensais. Je ne voulais pas dévoiler ma relation intime. J'avais honte de m'être ainsi laissée emporter vers une domination qui défigurait petit à petit l'amour que je ressentais pour ce prêtre. Ne m'emprisonnait-il pas dans un coin réduit de son intérieur brimé par le légalisme religieux? Je ne pouvais laisser cela ainsi. Finalement, j'ai dit à cet ami mon point de vue, tout en lui confiant ce que j'avais ressenti: la colère, l'humiliation, la peine, la tristesse devant un tel mépris de la femme. Au lieu d'une partie de pêche, des prêtres s'offrent ou se sont offert une partie de femme! Une partie, c'est le cas de le dire... Cet homme qui est quelqu'un de bien a maintenant changé sa mentalité. Il est inimaginable, mais réel, de constater ce que certains conditionnements sociaux ou endoctrinements religieux et sectaires peuvent faire accepter! Je m'apercevais que les comportements appris et adoptés par les gens, surtout au nom d'une religion, sont très difficiles à corriger. Cet incident m'a fait penser à la clandestinité qui se développe par obligation quand des systèmes politiques trop totalitaires et contrôlants, avides de protéger leur image, écrasent certains individus.

## Fossé inutile entre clercs et laïcs

Ce que la personne humaine apprend dans sa religion influence-t-il donc si profondément son existence et celle des autres? Oui! Si l'on scrute l'histoire du monde, on peut remarquer, à travers les époques et les différentes cultures des peuples, toute l'importance des croyances sur les comportements.

Les marques sur l'âme laissées par le pouvoir religieux persistent parfois tout au long d'une vie; elles ont une subtile incidence dans les rapports et les relations avec les autres, et surtout avec les personnes du sexe opposé, étant donné la suprématie «mâle» qu'exercent les grandes religions.

Aujourd'hui, la rapidité des communications et la facilité d'accès aux diverses connaissances nous ouvrent une fenêtre immédiate sur les faits et les événements les plus nouveaux. Il devient plutôt difficile de camoufler ou d'étouffer les erreurs et les vérités de l'histoire. Ce qui devrait, à mon avis, permettre aux hommes et aux femmes de faire des choix judicieux, surtout en matière de foi et de morale, pour dénoncer les abus aliénants du pouvoir religieux.

Les gens de mon âge ont appris à élever le prêtre sur un piédestal. Il ne fallait jamais douter de ce qu'il disait. Il fallait même le protéger. De la femme surtout, et d'elle en premier. Cette mentalité perdure encore. Quand des catholiques se

41

chargent de ce devoir religieux, ils peuvent être aussi durs que des chevaliers en armures, combattant sur un terrain pourtant hors de leur juridiction : **celui du contrôle de l'affectivité des autres.** Les règles religieuses inculquées, gravées dans les cœurs comme sur de la pierre, deviennent alors la seule vérité à poursuivre. Comment blâmer des personnes ainsi endoctrinées ? Impossible ! Pas plus que les jeunes d'aujourd'hui privés des repères ou des valeurs spirituelles essentielles à la vie, inestimables à notre époque supermatérialiste. (Aurait-on voulu éviter à nos descendants l'exagération des endoctrinements du passé ?)

Quant à moi, dans ma religion, j'ai choisi de laisser tomber les maquillages défigurant l'essence de la Vie. Je reconnais éprouver quelques difficultés à rester polie avec ceux qui gênent les Écritures avec leurs canons religieux. Je ressens de plus en plus d'embarras en continuant d'adopter – non sans réserve – l'ensemble des croyances dites catholiques, car je découvre à travers celles-ci des contresens non chrétiens et très blessants pour les âmes. Ce qui aggrave la situation, c'est le désaveu ou la lenteur du clergé à reconnaître ses erreurs persistantes.

Pourtant, avec plusieurs autres personnes de ma génération (ayant quitté ou pas l'Église), je veux continuer d'apprécier ceux et celles qui, dans le passé, ont forgé en moi, à travers leurs imperfections, une personnalité respectueuse de ces croyances spirituelles malgré tout collées à la vie. Je tiens à le dire, car au cœur même de ma crise, quand j'ai pensé quitter définitivement l'Église, je me suis souvenue d'une parole d'Évangile de la Samaritaine à qui Jésus s'était adressé : « Donne-moi à boire[1]. » J'ai eu l'impression d'être interpellée par la Vie pour La mieux découvrir et servir. Si j'ai décidé de ne pas abandonner ma religion, même si elle me décevait énormément, c'est parce qu'elle s'identifie à l'universalité des humains. Puis, j'avais des choses à dire à l'Église en tant que catholique. En famille ! J'ai décidé

---

1. *Bible de Jérusalem*, (Jean 4,7).

de lui confier ouvertement un vécu qu'elle s'est acharnée à cacher, au détriment de la femme. Plus je saisissais la Parole du Christ au cœur de moi, plus je me sentais prête à offrir certains bons fruits de mon jardin secret ayant mûri dans la saison de cette expérience. Aussi, l'influence pas très saine léguée et nourrie par les lois de l'Église concernant la sexualité et les femmes changeait. Irréversiblement! Je le sentais. Je le vivais. Je le sens et le vis toujours! Mais il reste encore beaucoup à faire, même si, heureusement, les ans ont emporté bien des tabous en ce sens.

Parler de sexualité avec les autorités catholiques? Ce n'est pas un sujet des plus faciles à aborder pour nous, les femmes. Nous ressentons toujours leur profond malaise. Il est à souhaiter, une fois pour toutes, que cette dimension humaine soit acceptée comme une grandeur de la Création, et qu'on cesse de la considérer problématique. C'est là et dans une série d'interdits que s'est creusé un fossé inutile, voire maladif, névrosé, et si difficile à guérir entre clercs et laïcs, entre prêtres et femmes!

Dans bien des lieux du temps passé, notre éducation sexuelle s'est souvent limitée à la dimension de la génitalité, d'une façon avilissante même. La sexualité n'embrasse-t-elle pas un champ beaucoup plus vaste et incomplètement exploré, tout comme la fidélité à un conjoint qui, elle aussi, ne se définissait que sur la question «des fesses»? La loi du célibat obligatoire a équipé plusieurs membres du clergé de lunettes déformant les femmes; ne sentons-nous pas encore très fortement aujourd'hui, chez la plupart de ces hommes, le fardeau d'une méfiance, la crainte d'une approche profonde sans contrainte, et une grande ignorance au sujet de l'âme féminine?

Une compréhension faussée ou incomplète de la sexualité touche et influence finalement le sens élémentaire des relations humaines, les grandes valeurs spirituelles du mariage ou du célibat, l'acceptation du divorce en notre temps ainsi que l'appel au sacerdoce.

Plusieurs catholiques se pensant mariés découvrent qu'ils ne le sont pas quand ils prennent conscience qu'une véritable rencontre en profondeur, le senti et l'expérience du divin ou du spirituel avec l'autre, n'a jamais eu lieu dans leur couple. Le vrai mariage d'un homme et d'une femme ne se contente pas de l'union des corps, mais il débouche sur la communication de leurs esprits, sur la communion de leurs cœurs, de leurs âmes. **Le mariage légal, qu'il soit religieux ou civil, ne surpassera jamais le mariage spirituel de deux êtres qui se rencontrent jusqu'au niveau des âmes.** Le mariage spirituel, où chacun reconnaît et accepte l'autre entièrement, est tout à fait à l'opposé de celui d'un couple où s'installe et se vit une violence destructrice. Un humain devant qui on a peur, devant qui il faut s'ignorer ou ramper, peut-il vraiment être et rester un conjoint, une conjointe ? Est-ce cela l'amour, le mariage, la communion ? Sûrement pas !

Et que fait-on quand une belle communion d'âmes entre un prêtre et une femme leur permet de découvrir davantage l'Agir de Dieu dans leur vie ? Doivent-ils renier cette belle relation qu'ils vivent l'un et l'autre ? Obéir à l'incohérence d'une loi grossière envers le Créateur, parce que décrétée «obligatoire» par des hommes ? Simuler hypocritement le faux célibat du prêtre ? Surtout, doivent-ils accepter de quitter, toujours la tête basse, le clergé parlant au nom de Dieu dans l'Église, parce qu'il leur refuse de vivre publiquement dans ses rangs un amour communion de façon justement honnête avec leur Dieu ? Ou encore continuer d'amputer (castrer) une partie d'eux-mêmes pour obéir à une règle toute extérieure ? Si dans l'évangile de Matthieu, chapitre 19, il est question des eunuques (castrés), il faudrait peut-être comprendre que ce n'est pas une nécessité pour un prêtre, puisque dans le choix même de ses apôtres, Jésus lui-même passa outre à cette exigence et ne l'imposa pas. D'ailleurs, Pierre, le premier chef de l'Église était marié. L'imposer peut justement fausser la liberté d'être offerte par le Christ.

Je crois que l'homme et la femme d'aujourd'hui recherchent une relation profonde et égalitaire dans laquelle aucun ne domine. Relation où les deux acceptent et respectent la différence de l'autre dans toute son expression. Une bonne partie de l'éclatement de tant de couples prouverait-elle la faillite de cette recherche comme base d'un respect mutuel de l'homme et de la femme? Pourtant, ne serait-ce pas l'essentiel dans la rencontre hommes-femmes, leur permettant de s'accueillir dans leur intériorité afin de mieux vivre en harmonie avec la Vie en eux? Cette démarche demande ouverture et confiance réciproques, respect de l'autre et dialogue, si souvent absents de la vie conjugale. Alors, que dire de la fermeture, de l'autoritarisme et d'un apparent dialogue du clergé récemment amorcé avec les femmes, mais si contrôlant?

Tant de personnes soi-disant mariées ont subi de la violence de la part d'un conjoint au point où plusieurs n'osaient même pas sortir de leur enfer tellement elles avaient peur ou étaient anéanties par l'emprise de l'autre. Peur même, pour certaines personnes trop catholiques, d'être damnées ou rejetées par l'Église! Le mariage? C'était pour le meilleur et pour le pire. Jusqu'à ce que mort s'ensuive. Le meurtre devenant même parfois, hélas, le dernier geste dominateur qui écrase l'autre dans sa liberté de vivre. Par ailleurs, des couples prêtres-femmes sont contraints de se séparer et de se marcher sur l'âme pour respecter un autre aspect légaliste religieux où l'institution prime encore sur la personne. Deux sortes de tragédies humaines: faux mariage, ou faux célibat coûte que coûte. Elles sont le résultat de la rationalité légaliste à outrance qui étouffe la spontanéité de l'être entier et particulier. Il faudrait, de toute urgence, éviter de confondre **croissance** et **déchéance** dans nos relations. Si les rapports hommes-femmes peuvent renaître plus matures, plus vrais, après tous ces cruels déchirements et après cette vague d'ignorance de la sexualité intégrale, les souffrances en qui en résultent n'auront pas été vaines! Il ne faut plus rendre personne coupable du crime d'avoir soif ou faim de tendresse, d'affection, d'accueil et d'amour. Savoir reconnaître le Divin en l'autre changerait bien des choses.

Ma légitime soif de tendresse, d'affection et d'amour, m'a même fait porter un masque pour un temps. Je le confesse tout haut. Mais sachant que trop de prêtres gardent le leur, la déception a fracassé le mien. Nous sommes beaux lorsque nous sommes vrais, même avec nos défauts qui finalement nous servent aussi à avancer. Et l'amour à rabais, comme un masque sur le visage de la vie, ne veut pas et ne doit pas exister. À rabais, il devient un faux chemin, il creuse des tranchées entre les gens, il les trompe les uns les autres. L'amour vrai ne se commande pas. Il ne demande pas la permission d'être. On doit même en payer le prix parfois pour le laisser naître, grandir, ou pour le laisser aller mourir dans le cycle de la vie, car il a été trop blessé, rabaissé, trompé, repoussé. Alors, même enterré, l'amour sort de sa fosse pour aller vivre autre chose ailleurs et continuer d'être vrai.

## Une double supériorité du clergé sur les femmes?

L'Église de Rome doit changer. Ne pas corriger ses comportements «vieux jeu» mine de jour en jour sa crédibilité et son autorité. Comment grandira-t-elle avec le monde? Peut-elle le faire **à part** ou plutôt **sans** le libre monde chrétien?

Après Vatican II, une nouvelle fraîcheur spirituelle déplaçait la poussière historique accumulée sur son institution. Le clergé et les laïcs se redécouvraient autrement, se rapprochaient. C'était un temps de mutation, de conversion.

Chrétiens et chrétiennes, nous sentions les efforts, les hésitations, les craintes, les bonheurs, les libérations qui bouleversaient la vie et la foi chrétienne de la plupart des catholiques face aux changements. Enfin, notre religion se décrochait des nuages cléricaux en cage et retombait parmi l'air ordinaire de l'Humanité. Mais certains vieux nonces apostoliques ont mal toléré les courants d'air frais d'un printemps d'Église, brassant tout à coup la poussière humaine, laïque autant que cléricale. Oh, le laïcat n'était-ce pas aussi les femmes ? Vite, ils ont refermé les fenêtres ! L'obéissance aux vieilles règles strictes du passé a gardé préséance sur le souffle neuf de l'Esprit de Vie. La peur du renouveau les a refigés dans le temps, telles des «femmes de Loth»[1] (statues de sel), incapables de se donner l'élan ou l'envol qui les amènerait à enjamber un certain fossé pour continuer d'avancer. Pourtant, jamais la Vie ne fige ! Depuis, le pouvoir religieux n'est-il pas retourné vers le passé ? Ne freine-t-il pas, ici et là, une croissance relationnelle de l'Humanité qui veut grandir ?

L'éducation catholique du Québec et d'ailleurs nous a déjà fait accepter et bâtir une image toute d'infaillibilité au sujet des prêtres et de l'Église structurelle. Aussi, les jeunes garçons et les hommes de mon époque, aptes à devenir prêtres, capables d'être parmi eux, de sentir l'appel au sacerdoce (possédant le bon attribut sexuel), pouvaient-ils vraiment se lever contre ce qui glorifiait leur nature de mâle dominant ? Les personnes âgées doivent se souvenir... Jamais aucune petite fille ni aucune femme du passé n'aurait osé aspirer à la prêtrise. Rien qu'y penser relevait presque du sacrilège. Au clergé, nous devions obéissance, et plus encore, vénération. Ce qui lui procurait l'exclusive supériorité sur les laïques. Le prêtre était doublement à part pour nous, les femmes, car notre féminité, en plus de notre laïcité, accentuait la différence et doublait la supériorité. Est-ce que cela a tellement changé ?

Cependant, comme un oiseau planant dans sa volière, dans son espace réduit en un temps donné, l'âme vole toujours. Et soudainement, consciente de sa liberté, elle se faufile hors

---

1. Personnage de l'histoire sainte qui avait désobéi à l'ordre d'un ange de Dieu. Loth et sa femme devaient fuir sans regarder derrière ; cette dernière se retourna. En punition, elle fut changée en statue de sel qui se désagrège. À remarquer dans ce texte que le mauvais rôle est encore joué par une femme. Ne pas oublier que les textes anciens sont aux couleurs culturelles d'une époque très patriarcale.

des geôles artificielles. C'est ce que font présentement dans l'Église plusieurs femmes à l'égard d'une certaine autorité moins spirituelle que paternaliste, pour ne pas dire sexiste.

Les jeunes d'aujourd'hui peuvent difficilement imaginer la société d'hier, gérée par le pouvoir religieux catholique. Celle-ci, du temps des soutanes noires, nous marquait par son influence dès notre jeune âge, et surtout à l'adolescence. Filles et garçons ne fréquentaient pas les mêmes écoles. Il fallait à tout prix éviter les tentations du sexe. Il y eut quand même plein d'enfants dans les crèches. Enfants qu'on cachait, privés de leurs parents, et qu'on appelait des bâtards. Qu'on allait jusqu'à vendre à l'étranger. Drôle de façon d'accueillir une nouvelle âme, d'apprendre notre humanité, et de s'ouvrir à la beauté et à la grandeur d'une sexualité aux multiples facettes. Nous apprenions plutôt que la sexualité était le «péché sale» de la génitalité, celui dont il ne fallait pas parler. Aujourd'hui, une fausse compréhension de cette essentielle composante humaine est difficile à corriger. Par ricochet, n'a-t-elle pas sombré jusque dans les pires abus? Jusque dans la pédophilie, immaturité d'une sexualité non assumée, déviante et perverse, qui ignore l'âme, utilise et vole l'enfance, viole l'être et pas seulement le corps.

Nos comportements sociaux empruntent souvent le mouvement d'un balancier, allant d'un extrême à l'autre. D'un côté, il y a le soi-disant plus vieux métier du monde, la prostitution, dans laquelle on abuse des enfants de plus en plus jeunes (on les veut vierges afin de ne pas attraper le sida). De l'autre côté, il y a le sacerdoce ayant la noble mission de libérer les âmes, mais au nom duquel, dans l'Église, on éloigne la femme parce que sexuée différemment de l'homme. Comme quoi l'ignorance de la sexualité intégrale ou l'incapacité de vivre l'amour humain peuvent, en séparant le corps du ressenti de l'âme, donner de si piteux résultats dans nos relations humaines.

Au cours des ans, j'avais doublement changé, influencée par les mouvements de la libération des femmes, et aussi parce que j'étais chrétienne et ouverte à Vatican II. Un autre temps me libérait, avec une plus grande expression de ma laïcité et de ma féminité dans le monde et dans l'Église.

Mais pour les femmes... Vatican ll est en «*stand by*» depuis l'arrivée de Jean-Paul ll... Quant à rapprocher femmes et prêtres: «Nie!»[1] Trop suspect.

### Amour suspect? Non! Contrôle affectif!

Ce qui m'attendait au tournant d'une route était plus que du dépoussiérage.

L'inimaginable pour moi, le supposé interdit, me frappait en plein cœur par le biais de l'amour. Mais quel amour? Je ne pouvais pas me permettre d'aimer un prêtre! Ma première réaction: la fuite. Moi aussi, j'ai fui au début. Quel drame que celui de combattre l'amour! C'était à cause du désir de rapprochement, et c'était défendu. Je ne m'attendais surtout pas à cette vague énorme qui me ramassait au détour d'un divorce, ni à tout ce qui s'ensuivrait. Était-ce un amour suspect?

De vieux dépôts sur l'âme me l'avaient fait croire. Avec le recul, je peux maintenant dire que non. Autant la beauté et la joie de vivre que la souffrance se manifestaient dans la brèche-déchirure qui s'apprêtait à libérer cette renaissance de moi. Rien d'autre que l'Amour ne peut arriver à faire cela.

Comme j'ai prié! Comme j'ai parfois été audacieuse! Parfois hésitante! Aujourd'hui encore, en écrivant ce livre, je suis mon cœur qui se hasarde à dépasser le silence, bravant l'opinion publique pour crier cette souffrance de l'âme et ce qu'elle m'a appris.

Si pour moi ce n'était pas un amour suspect, des personnes catholiques à qui je décidai de me confier n'en pensaient pas autant. C'était terrible! Je voyais et sentais ces quelques confidents et confidentes prêts à tout faire pour m'éloigner du prêtre, pour nous éloigner l'un de l'autre.

---

1. «Non» en polonais.

Je participais aussi au combat et à l'inconfort de celui que j'aimais. Combat qui tantôt le rendait aimable, accueillant, sensible, joyeux, chaleureux, enjoué, plein d'énergie et de bonté. Tantôt, je le retrouvais miné par les remords, froid, distant, indifférent, triste, rébarbatif, muet. Je passais moi aussi par les mêmes états.

Notre relation était une saga entre l'accueil et le rejet, les coupures et les pardons, le bonheur et la peine, les ouvertures et les fermetures, les qualités de présence, les longs silences.

Oui, l'ambiguïté s'est installée après les rares heures intenses de tendresse et d'innocence d'une rencontre inattendue. Je m'ouvrais à un amour qui était parfois libérateur, parfois oppresseur. Je l'accueillais cependant comme une grâce, car je sentais le Dieu de la Vie m'inviter dans cette rencontre avec un prêtre. J'ai eu le goût de vivre à fond cet amour pour que nous nous permettions de goûter à la Source qui nous inondait, nous travaillait de l'intérieur. J'étais attirée par le rendez-vous spirituel de nos cœurs, allant jusqu'à, oui, le désirer physiquement, puisque l'amour dans un couple mène à ce sentiment.

Au fil des mois, des ans, j'ai appris à découvrir l'homme, avec ses qualités et ses défauts. Aussi, je découvrais «le prêtre» que dans ma tête d'enfant j'avais placé si loin de moi ; à mesure que nous devenions plus familiers, il devenait mon vis-à-vis, égal à moi. Je lui parlais comme à un ami. Je pouvais même sentir la chaleur de son corps. Finie l'image d'un surhomme-prêtre à qui il est défendu de faire les yeux doux ; je connaissais avec lui la tendresse de l'amour, les caresses. Je pouvais me blottir nue dans ses bras en le serrant fortement sur mon cœur.

Par contre, j'avais aussi le goût de le laisser vivre sa propre histoire, de le laisser être ce qu'il était : prêtre. Je me rappelle encore l'expression de son visage lorsqu'il m'affirma un jour en me pressant contre lui : «Mais je me sens toujours prêtre quand même ! Et ça ne m'empêche pas de l'être !». Il souriait et semblait prendre conscience que l'amour humain particulier n'enlève rien à l'amour universel, rien à l'autre, rien de ce qu'il est en face de Dieu. Je me rappellerai toujours cet instant.

Je me souviens lui avoir répliqué: «On est prêtre pour la vie, pour toujours». C'est encore ce que je pense aujourd'hui! Je me disais que d'autres hommes ou femmes – médecins missionnaires par exemple – peuvent vivre leur profession à l'égal d'un sacerdoce. La seule différence avec lui, mon ex-amour prisonnier, c'est qu'eux ont le choix de se trouver seuls ou en couple. **On leur donne ce droit**. La docteure Lucille Tesdale et son mari Piero Corti, unis par amour et par idéal de vie, sont un bel exemple de couples travaillant ensemble à soulager la souffrance humaine.

La perte du pouvoir de décision de l'homme qui aurait pu m'aimer m'a causé une blessure sociale qui s'est ajoutée à l'autre, et dont je dirais qu'elle est infiniment plus grave parce que déifiée et légalisée. Le sacerdoce n'a rien à voir avec l'état du célibat ou du mariage, ou le fait d'être un homme ou une femme. L'appel intérieur de la Vie demandant qu'on œuvre pour Elle et l'état civil d'une personne sont deux choses différentes. L'une n'empêche pas l'autre. Il n'y a que de multiples formes de service. Les médecins et leur conjoint ou conjointe, les psychologues..., devanceraient-ils les prêtres? Certains, certaines sont célibataires. La plupart sont mariés, et leurs femmes sont loin d'être des entraves dans ces professions. De plus, elles les exercent elles-mêmes en général fort bien. Il est choquant et dévalorisant pour la femme d'être traitée de façon si inéquitable par le clergé catholique quand tous les autres champs d'activités et de services humains s'ouvrent maintenant à elle.

*Le mot «Amour», si suspect (je m'en suis expliqué ailleurs) ne signifie-t-il pas simplement vivre, vivre avec tous les autres? Ne serait-il pas le sésame du «secret» parce que simplement il construit et s'oppose à la haine qui détruit? Mais attention, n'utilisez pas la symbolique du mot en dehors de la définition que je viens d'en donner, car il risque de devenir aussi destructeur que la haine[1].*

---

1. H. Laborit, *Dieu ne joue pas aux dés*, p. 224.

C'était plutôt bouleversant de sentir l'Amour «en sésame du secret» se creuser un passage dans un lieu où le divin a sa demeure, mais où les lois humaines ont installé des interdits. À travers les efforts que je fournissais pour braver le mur de cette loi du célibat obligatoire, j'entendais le Langage de la Vie; il voulait reprendre ses droits, réatteindre et ouvrir à l'amour des cœurs fermés depuis près d'un millénaire. J'écoutais avec effort cette Voix lointaine en moi, en accord avec les Lois du Créateur, plutôt qu'un dictat prétentieux, vidé d'un contenu de vie. **Dans ces raclages de mon être, j'ai senti une Force d'Amour voulant reprendre possession de ses propres lieux**. C'est ainsi que j'ai vécu un cheminement d'amour ardu avec un prêtre. Je me rends compte aujourd'hui que la Vie m'a attirée dans cette expérience humaine afin que j'y découvre la profondeur des souffrances que vivent des femmes et des hommes, et pour que j'en dénonce les causes et les effets. Il faut expérimenter cette douleur pour vraiment en saisir tout le non-sens impitoyable.

Chaque résistance à laisser entrer le renouveau dans nos existences ne fait qu'étirer les inconforts et les afflictions personnelles et collectives. Est-ce que l'on peut empêcher les naissances? Eh! oui! Celles des enfants comme celles des amours. Et dans l'Église, on a fait avorter et dévier bien des amours en obligeant des prêtres à choisir entre Dieu et la femme. J'ai lu dans *Rivales de Dieu, femmes de prêtres*[1] l'histoire d'un prêtre qui a fait avorter sa petite amie afin de continuer librement son ministère. Ce genre de vécu a quelque chose de si incohérent! Le livre publié en France (qui raconte une trentaine d'histoires d'amour entre femmes et membres du clergé catholique) m'a fait prendre conscience de l'ampleur d'un grave problème humain à dénoncer et à éliminer. Puis, après ma première publication, de nombreux témoignages (lettres, téléphones, visites...) d'histoires dramatiques de relations femmes-prêtres

---

1. Odette Desfonds, *Rivales de Dieu, femmes de prêtres*, Éd. Albin Michel, 1993.

m'incitaient fortement à republier. Dire que j'ai été si long-temps isolée dans cette contrainte du silence! Pourtant, dans ma seule région pastorale beauceronne du Québec, le nombre de prêtres vivant ou ayant eu une histoire d'amour avec une femme (ou des femmes) pourrait surprendre...

Quand on est une femme, soit utilisée, soit rejetée, à cause de certaines raisons religieuses qui ont conduit l'homme à fabuler dans son désir de rencontrer Dieu (jusqu'à l'amener hors de l'Humanité), on voudrait le secouer pour qu'il se rebranche au vrai sens de la vie. C'est cette trahison que je décris dans le poème du début de ce chapitre *(Si je pouvais oublier un instant...)*.

Après une mutuelle ouverture, après avoir partagé ce qui est si engageant dans une relation hommes-femmes, je devais m'en retirer. Ce fut un choc terrible lorsqu'il a décidé:«J'ai choisi de rester prêtre». Ce choix signifiait: «Je te laisse tomber». Il ajouta: «J'ai beaucoup d'affection pour toi, mais... (ici, je ne me souviens plus exactement des mots)... je ne crois pas t'aimer suffisamment pour...». Sa façon de m'expliquer la tournure de notre relation ressemblait à la prononciation d'un jugement. Je n'avais rien à dire. Comment réagir? J'avais une folle envie d'éclater! Je n'ai pas senti la sincérité, mais l'obliga-tion. J'étais un objet qui, en se faisant rouler, s'était frappé contre un mur légal sans cœur, érigé par des siècles de peur farouche d'approcher les femmes dans leur authenticité, dans leur intégralité.

Être incapable de vivre le mensonge, l'hypocrisie... c'est primordial aussi. J'étais fortement ébranlée. Quelle désillusion par rapport à ma religion!

Je réalisais que des prêtres catholiques continuent d'invo-quer l'engagement pris à un moment de leur vie pour claquer la porte à une sorte d'amour qui peut arriver à l'improviste, comme vient le soleil après un temps maussade ou un doux vent après la pluie.

*La plupart des grandes amours surgissant dans la vie de prêtres prennent naissance dans leur ministère même. (...) En conséquence, s'il s'agit d'un véritable événement et non d'une banale aventure ou d'une glissade dans un marécage, la plupart des prêtres vivent l'irruption de l'amour, cette douce séduction de la liberté, comme un combat pour la vie, pour l'être ou le non-être[1].*

Je devais sans cesse combattre pour ne pas le haïr. Ne s'était-il pas permis de venir se parfumer à mon essence de femme, pour ensuite me chasser de sa vie? Ses armes, étaient-ce celles d'un manipulateur averti? Comme celles utilisées par d'autres prêtres qui croient dur comme fer à leur jeu de pauvre victime harcelée par la femme, après avoir tout fait pour la séduire?

Je m'efforçais de me rappeler malgré tout le bien-fondé du vrai message chrétien. Je ne voulais pas le frapper, même s'il m'invita un jour à le faire, pour me montrer qu'il comprenait ma révolte. Ou le mal-être qu'il vivait? À partir de ce moment, je me suis évertuée à garder cet honneur, cette fierté; à essayer de voir encore, à travers lui, le Christ présent malgré tout, quand de ridicules et perverses lois religieuses étaient une cause réussissant à Le lui cacher en moi. «Même si cette relation s'effrite, ai-je pensé, je ne dois pas quitter l'Amour.» J'ai appris – et ce fut très difficile – à l'aimer d'une autre façon. J'ai laissé ce prêtre aller son chemin fermé à l'amour pour une femme. J'ai découvert que tout effort de rencontre ou de dialogue pour lui expliquer ce que je ressentais était perçu comme une poursuite maladive. Je crois qu'il ne s'est pas rendu compte que je désirais la réparation du viol de mon cœur. Combien d'autres femmes piègera-t-il? Je sais que des prêtres continuent de se permettre des relations amoureuses. Il m'en avait parlé. D'autres prêtres m'ont aussi avoué...

Ce rejet m'a affectée au plus haut point. J'aurais tant voulu lui expliquer ce que je vivais. Mais à partir du moment où il décida de rester prêtre, son cœur s'est comme refermé, hanté

---

1.  E. Drewermann, *Les fonctionnaires de Dieu*, p. 525.

par la peur d'être découvert par les membres de notre communauté catholique qui exigent des prêtres ce que les lois d'Église leur ont enseigné. Parler de nos sentiments était devenu impossible. N'avait-il pas appris à retenir les siens, à les étouffer même, auprès des femmes ?

Je faisais tout pour m'en sortir. Aussi, je n'aurais pas voulu que d'autres femmes souffrent de cette si terrible réalité. Toutes celles mises sur ma route avaient été bouleversées ! Quand elles interpellent l'autorité, celle-ci ne les écoute pas vraiment. Elles se racontent alors douloureusement à d'autres femmes, car l'âme féminine, ainsi blessée par la foi religieuse qui l'a façonnée, doit reconstruire sa spiritualité déroutée, parfois complètement démolie. D'autres fuient encore, prises dans le filet d'une domination masculine religieuse, parfois honteuses de leur situation mensongère d'amoureuses, ou pire, d'abandonnées, brisées psychologiquement, ou bien elles acceptent comme des vaincues l'hypocrisie d'un système. Pour plusieurs d'entre elles, c'est dur de refaire confiance à nouveau à l'amour. Se laisser avoir par de si bons gars, cela rend méfiantes ! Expérimenter la profondeur d'une relation au niveau des âmes est grand ; accepter une autre relation amoureuse sans cette dimension serait vivre une régression. D'autres réussissent tant bien que mal à poursuivre leur amour dans la continence. Mais est-ce qu'un idéalisme religieux peut exiger de tous qu'ils se plient à cette pratique ?

Lorsque ces prêtres réalisent que la relation avec une femme devient amoureuse, plusieurs se dépêchent de la couper, pour ne pas avoir à choisir entre l'amour et l'exigence de cette loi. D'autres se font croire que c'est de l'amitié. C'est là qu'une sexualité refusée par l'interdit ou acceptée dans la peur peut les faire dévier hors des horizons libres de l'amour. Alors, un large éventail de gestes affectifs et sexuels est utilisé, et même décroché du cœur. La signification de la relation sexuelle dans les gestes d'amour est pourtant si intimement complice avec la Vie qui s'en sert d'abord pour créer les couples, ensuite pour procréer! Les gestes d'amour conjugaux ne sont pourtant pas que des gestes amicaux! On dirait que des prêtres finissent par les confondre. S'ils se marchent ou non sur le cœur, en rebroussant chemin, ils préfèrent ignorer (comme l'ensemble du clergé) ce que ressent celui de la femme.

Pour d'aucuns, ce manège se déroule même à répétition dans une collection de conquêtes séductrices. Pour mieux aimer Dieu, ils s'endurcissent le cœur vis-à-vis de la femme, jusqu'à devenir des hommes-papillons, voltigeurs, malgré eux. Devrait-on les poursuivre comme ces psychologues ou ces médecins qui manquent à leur profession d'aidants?

Je sais. Des hommes célibataires toujours bien mis, attentifs et cultivés, peuvent être aussi des proies pour certaines femmes. Cependant, psychologues et médecins sont tout aussi susceptibles qu'eux de se retrouver dans ces situations! Il reste que des femmes aimantes et sincères ont été et sont encore victimes d'une déviance institutionnelle de l'Église catholique.

Des prêtres ont supporté et supportent encore aujourd'hui, au nom d'une béate obéissance à l'autorité, une loi moyenâgeuse qui les victimise eux-mêmes. Les gestes si beaux et si engageants accompagnant l'amour sont tronqués, même vidés de leur sens profond par certains de ceux qui ont comme mission d'en proclamer la grandeur.

## Une violence psychologique, spirituelle, systémique

Mon âme prenait conscience de cette subtile violence psychologique, spirituelle et systémique que l'Église faisait subir à la femme, à l'ensemble des femmes, à certains hommes, donc au Grand Corps mystique et christique du Monde.

Je les sentais si forts, ces contrecoups de violence, moi qui avais appris le processus, les effets, les conséquences, les causes, les mythes de cette dernière dans des sessions organisées par le *Comité des Affaires sociales des évêques du Québec* et offertes aux membres du *Réseau des répondantes à la condition des femmes*[1] dans lequel j'œuvrais. J'animais des minisessions sur la violence conjugale et, au fond de moi, je prenais conscience d'être moi-même une victime silencieuse d'une autre sorte de violence pernicieuse, violence institutionnalisée, que seul un cheminement de libération pouvait arriver à déceler à travers la vieille éducation patriarcale reçue. Le pire, c'est que je découvrais que cette violence trouve un appui dans le droit canonique, avec son protectionnisme nombriliste, centré sur les hommes seulement.

J'avais le goût de la dénoncer, cette violence systémique construite à même la haute structure cléricale de l'Église, comme celle que je dénonçais dans mes rencontres d'animation de groupe. Lorsqu'arrivait le temps de parler des causes profondes de la violence conjugale, c'était toujours compliqué. L'Église, avec son pouvoir très masculin, faisait partie des causes historiques, religieuses, institutionnelles. Notre culture, entre autres religieuse, avait été bâtie, interprétée, proclamée, gardée et surtout érigée en systèmes dominés par des hommes exclusivement. Les membres du clergé n'avaient-ils pas pris conscience de l'impact sociologique de leur influence sur l'ensemble des hommes et des femmes, du passé et d'aujourd'hui, dans l'organisation civile du monde? En ce sens, notre religion avait créé et continuait de créer des modèles d'hommes dominateurs, des modèles de femmes soumises, de la même façon que les autres grandes religions patriarcales du monde. Hélas, encore aujourd'hui, l'Église essaie de ramer avec ces vieux modèles stéréotypés que le reste de la société s'affaire à rejeter par-dessus bord!

Quoi faire pour dénoncer cette subtile violence dans ma religion? Quoi faire, moi, si petite, devant cette énorme et lourde structure mâle qui prétend n'être que vérité? Si cette

---

1. Réseau de femmes à l'intérieur de l'organigramme d'un diocèse catholique au Québec. Depuis 1983, ces femmes portent le dossier de la condition des femmes pour atteindre l'égalité Hommes et Femmes dans la société et dans l'Église. Ces groupes sont consultatifs et n'ont aucun pouvoir décisionnel dans l'Église.

Église, c'est moi aussi, je dois prendre les moyens de me faire entendre, me suis-je dit. Cette institution a pour mission de porter au monde un important message d'amour, de justice et de paix, tout à fait contraire à la violence. Me taire ? Non ! Je devais lui exprimer ce que j'en pensais. Je savais cependant que les prêtres qui se sont offerts pour servir et transmettre, de génération en génération, le message évangélique, l'ont fait au départ, en toute bonne foi. Cela aussi, je le sais. Comment dire pour ne pas discréditer ces personnes ? Le clergé tarde à se rendre compte et à admettre que cette violence, à peine perceptible, mais pourtant très grave, est faite aux femmes par les institutions patriarcales dont il est. Au niveau spirituel, et par ricochet au niveau social et culturel, la haute hiérarchie catholique strictement masculine projette une très mauvaise image concernant les rapports d'égalité tant recherchés aujourd'hui. Ainsi, elle détonne magistralement dans le monde qui s'ouvre enfin, mais lentement, aux femmes.

Des comportements irresponsables de membres du clergé dans leurs aventures sexuelles ou leurs relations amoureuses clandestines renforcent terriblement cette inégalité et cette domination, blessantes dans les rapports humains.

La double absence du respect de la dignité de la personne et des rapports égalitaires nourrit les causes très sournoises et néfastes d'une évidente violence dans la société et dans l'Église. **Cette violence systémique subie par certaines femmes catholiques est beaucoup plus pénible qu'on ne le pense, car elle est éclipsée mais aussi amplifiée par de beaux sermons sur l'Amour et par des signes de croix qui perdent leur sens, maquillant ainsi un système qui existe supposément au nom de Dieu.** La femme, prisonnière du silence que l'autorité religieuse nourrit, est si isolée dans ce qu'elle vit, surtout lorsque jetée après usage ! Cette violence malmenant son être spirituel est peu comprise. Les irresponsabilités relationnelles de certains prêtres agressent tellement l'âme féminine ! Mais l'Église cléricale continue de s'entêter dans son refus d'admettre qu'elle domine les femmes, par la force de ses lois et pouvoirs. Ainsi traitées et contrôlées, celles-ci ne peuvent pas porter plainte civilement ou religieusement. L'image de tentatrices qu'on a véhiculée d'elles continue de les poursuivre jusque dans leur incapacité à porter plainte là où on les refuse, rabaisse, diminue. Si enfin aujourd'hui on dénonce en justice les relations malsaines entretenues par des prêtres avec des enfants, il faudra bien finir aussi par reconnaître l'abus de pouvoir exercé sur les femmes par la haute autorité morale catholique.

Dans mon appartenance au Corps mystique du Christ, j'ai ressenti fortement cette violence d'un système à dénoncer et je continue encore de la ressentir.

## Formation ou déformation religieuse ?

Si impuissante je me sentais devant cette grosse structure ! Ces rapports dominants et mensongers, je les avais moi-même expérimentés. Plusieurs femmes se sont retrouvées dans de telles situations, obligées comme les prêtres, à mentir pour aimer.

Puis, j'ai vécu en silence une peine que peu de personnes ont pu comprendre. Lorsqu'on perd un mari, un enfant, un ami, lorsqu'on vit une séparation, l'entourage en est témoin. Les deuils peuvent ainsi être plus facilement partagés ainsi que les chagrins qui s'y rattachent. Un amour clandestin perdu, c'est encore plus difficile à vivre. Il faut cacher sa peine. Et le rejet subi de la part d'un prêtre cause plus qu'un deuil d'amour. C'est une espèce de trahison, un pied de nez à la Création que j'ai ressenti profondément dans ma chair féminine.

Débute alors un sauvetage où la bouée recherchée par l'être féminin s'éloigne toujours dans les vagues d'un pouvoir immense, d'un courant malignement universel qui n'en finit plus de nous épuiser. Comme pour nous noyer. Il faut s'accrocher ! Non, surtout pas à la religion qui nous frappe dessus, mais plutôt se rallier à la liberté de l'Âme du Monde en nous, malmenée avec nous !

Je crois comprendre bien des femmes et des prêtres qui n'ont rien dit, soit tout au long des siècles passés, soit il y a à peine quelques décennies, et encore aujourd'hui. Ces êtres souffrants peuvent-ils aller se confier à une autorité qui les discrédite légalement en partant ? L'aide ( ?) offerte par le clergé est alors boudée, car non crédible aux yeux de ces femmes blessées, aux yeux de combien de prêtres écrasés par leur propre système, donc par l'inaveu, la culpabilité, les remords...

C'est très difficile de parler des excès d'une religion. Des pratiquants, surtout les plus endoctrinés, se méfient démesurément, comme si on s'attaquait à Dieu lui-même. Pas plus que bien d'autres femmes, je ne voulais détruire, dans mon combat, ni l'amour ni cet homme, celui qui m'avait éveillée, même douloureusement, à un nouveau regard sur moi et sur l'Église. Je ne voulais pas le jeter dans la fosse aux «lois» pour que les siens dévorent comme des lions ce qu'il avait choisi et accepté d'être : un prêtre. Mais je désirais que lui et ses pairs s'interrogent au sujet de leur système qui écarte toujours les femmes d'un lieu important de pouvoir et de vie.

Bien sûr, j'aurais voulu nourrir de profonds liens amoureux avec lui, indestructibles comme l'amour qu'il prêche encore aujourd'hui, pour dépasser la fausseté et l'hypocrisie qui s'y étaient infiltrées. Pour aussi lui faire découvrir ce qu'est vraiment une femme.

Les sincères liens d'amour, tissés à même l'âme humaine, se prolongent dans l'éternité. L'Amour ne meurt pas, ne se désagrège pas. C'est une Présence qu'enrubanne invisiblement le Divin en nous et qui dépasse nos barrières humaines. Nos paroles, nos gestes concrétisent et soutiennent ce trésor sans prix ou ils le profanent.

Notre notion de l'amour et notre façon de le vivre étaient différentes. Je voulais fuir tout concept qui plane dans l'irréel, dans le désincarné. Aimer Dieu de tout mon cœur et aimer concrètement une autre personne, fût-il un prêtre, étaient et restent tout à fait conciliables pour moi. L'amour ressenti pour une personne ne sera jamais en compétition avec celui que l'on offre à Dieu. Et l'amour exclusif pour une personne n'est-il pas aussi universel que l'amour universel est exclusif à chaque être humain?

Lorsqu'un jour il m'a dit : «Je ne peux pas vivre une communion d'âmes avec toi (et pourtant nous l'avions vécue...) parce que je suis prêtre», jamais je n'ai senti une si absurde contradiction de toute ma vie. Je réalisais à quel point l'obéissance à une règle religieuse, extérieure à l'appel de la Vie, pouvait emprisonner la vie du cœur.

Pendant cette expérience douloureuse, j'essayais de reprovoquer un dialogue, pour que survive notre relation. Mais je sentais que mes efforts se butaient à un non-recevoir étouffant sa liberté de vivre ce qu'il y a de plus beau sur terre. Dans une véritable tempête de cœurs, je me débattais contre mon cyclone intérieur et contre le sien. Je vivais une vraie révolte contre ma religion qui s'était octroyé un pouvoir sur l'amour humain.

Quand j'ai osé confier à un ami religieux mes sentiments pour un prêtre, sa première phrase a été : «Laisse ce prêtre tranquille». J'aurais dû me douter de cette réponse. Je me suis alors décidée à en parler à une femme. Celle-ci avait quitté un jour sa communauté religieuse. Je la trouvais bien placée pour comprendre. Elle fut accueillante, polie et à l'écoute. Mais... elle me laissa entendre que le prêtre avait pris un engagement et que je devais respecter son choix. Un curieux choix que pourtant il révisait en privé sans que cela paraisse publiquement. Il y a donc des engagements qui perdent tout leur sens quand une personne se découvre piégée, écrasée par des contraintes étouffant sa croissance humaine et spirituelle et/ou ne lui permettant plus de garder sa liberté et sa dignité, de soutenir les bases de l'amour, de croître spirituellement. J'ai senti que mes confidences ne faisaient pas le poids à côté de son admiration pour ceux qui avaient décidé de s'offrir à la prêtrise... en «sacrifiant» la femme. Je devais donc, moi aussi, porter ce sacrifice sans l'avoir choisi. Elle avait pourtant elle-même opté pour une autre orientation de vie. Me pointant avec son doigt, elle me dit un jour: «Il faut prier pour les prêtres». C'est ce que j'ai fait. Mais j'ai aussi prié pour elle et pour moi.

Quelques années plus tard, cette dame réalisait enfin sa voie en se mariant. Personne ne peut donc gérer l'affectivité d'autrui. D'autant plus que l'amour vrai n'enlève pas la liberté d'être et de servir. La seule vérité, c'est le respect de soi et de l'autre, à chaque instant de l'existence, même dans les appels non conventionnels de la Vie.

«Tu ne pourras jamais me donner d'enfant», avait aussi échappé ce prêtre, comme un ajout à sa raison de me laisser tomber. J'avais subi l'hystérectomie. Puis, à mon âge... Cette phrase m'avait laissé un goût amer. Pourtant, il en avait célébré des mariages de couples de l'âge d'or... ne pouvant plus procréer! N'y a-t-il pas d'autres fruits pouvant s'offrir au couple, en couple? La renaissance d'une âme ne brille-t-elle pas de la même splendeur que la naissance d'un enfant? Aider une âme à se libérer, à croître, à transcender ses barrières psychologiques, c'est très grand aussi! Maintenant, je sais que la libération ne vient pas exclusivement d'un homme ordonné parce que célibataire. Mgr Desmond Tutu, archevêque anglican, marié et père de quatre enfants, est un des visages religieux les plus signifiants de notre époque. Fervent défenseur de la liberté, figure combattante du racisme, prix Nobel de la paix 1984, il réussit à allier la famille, la politique, la religion. C'est un humaniste complet.

Des femmes aussi ont cette capacité d'accueil et de service, savent écouter et accompagner les personnes, et les aider à libérer les forces de la Vie prisonnières au cœur d'elles afin qu'elles se dépassent et grandissent spirituellement. Je me sens «prêtre» dans l'âme moi aussi quand, dans toute mon empathie, j'accueille l'autre tel qu'il (ou elle) est, peu importe où cette personne est rendue sur le chemin de la vie.

Ainsi a émergé en moi une tout autre façon de voir la prêtrise, aujourd'hui pourtant exclusive aux hommes dans bien des clergés du monde. Pourquoi la fécondité spirituelle aurait-elle des particularités sexuelles, comme la fécondité physique? N'a-t-on pas enseigné dans mon Église que le domaine du spirituel n'avait pas les barrières du physique? Est-ce par sa masculinité physique ou par sa divine Humanité que le Christ m'enseigne ma véritable dimension d'être libre?

La supériorité que s'était octroyée la gent masculine religieuse du monde se déformait dans mon esprit. Glissait-elle d'un cran? Ma féminité, dans l'expression de sa spiritualité, se débarrassait plutôt de sa tunique d'infériorité.

## Un dilemme si déchirant

Colère, humiliation et affaissement n'ont pas eu raison de mon âme qui décida de se soulever, non contre les prêtres, mais contre un «canon» d'Église. Contre l'hypocrisie et le mensonge qu'a construits un système politico-religieux depuis l'an 1139. Je retins cependant une partie de ma colère, par respect malgré tout pour ces catholiques, du clergé ou non, qui comme moi font partie d'une Église aux limites humaines. J'étais consciente que je mettais en pratique ce que la foi chrétienne m'avait enseigné, aussi étonnant que cela puisse paraître dans les circonstances. Je tâchais aussi, bien difficilement, de ne pas me détourner de certaines personnes de mon entourage qui ne comprenaient pas ce que je vivais. J'aurais eu le goût, comme je l'ai déjà dit, de rejeter l'Église. Mais je ne pouvais pas. Étant Église dans ma croyance au Christ, j'aurais eu l'impression de me rejeter moi-même. **En fait, j'ai compris que je voulais rejeter ce qui n'était pas Église dans celle-ci.**

Triant parmi tout ce qu'on m'avait appris, je me raccrochais à l'essentiel. J'espérais que la relation hommes-femmes soit plus profondément comprise par ces hommes qui l'enseignent. Je priais Dieu afin qu'il donne à quelques-uns d'entre eux la grâce de vivre cet amour humain du couple, qui n'entre nullement en compétition avec l'amour de Dieu. Pour qu'enfin ils comprennent. Le temps avait mis sur ma route d'autres femmes et d'autres prêtres ayant expérimenté pareille situation, et leurs confidences effectuées auprès des autorités diocésaines avaient été vite classées : « Sans importance ! ». En haut lieu, on règle ces histoires à l'avantage du clergé, c'est-à-dire cas par cas. Jamais d'une façon globale qui pourrait redonner à la femme sa dignité. Ce qui permet de reproduire un cycle qui répète sans cesse cette violence institutionnalisée faite aux femmes au cœur de l'Église.

Les prêtres qui sont dénoncés ou qui se dénoncent eux-mêmes sont-ils aidés par le clergé lors de leur première séance de relation d'aide ou sont-ils tous ciblés automatiquement comme des malades psychologiques, comme de faibles dépendants affectifs à récupérer ? Classe-t-on leur amour du prochain ? Le trouve-t-on douteux, honteux parce qu'il s'oriente aussi vers une femme ? Cette perception faussée doit cesser. Puis, certaines déviances, défigurant la sexualité et la si belle relation de l'homme et de la femme, ont souvent pris racines et se sont nourries à même la règle du célibat obligatoire des prêtres.

Pour ma propre transformation et celle de mon milieu, je continuais de livrer mon secret. Des personnes, choisies minutieusement parmi des laïcs et des prêtres, me confiaient se sentir aussi déchirées que je pouvais l'être devant ce fossé profond creusé entre les femmes et le clergé de l'Église catholique. Alors je devais continuer ma lutte. Je remercie ces prêtres qui m'ont appuyée et même aidée, grâce à leurs confidences, à réaliser ce livre ; j'aurais aimé qu'ils se lèvent pour dénoncer davantage leurs propres souffrances. Mais quand l'un d'entre eux ose parfois déranger les certitudes ecclésiales, il est autoritairement ramené à l'ordre, dans l'ombre, et même délogé comme l'a été cet évêque français, Jacques Gaillot. Alors, je comprends. Moi, femme, qu'ai-je à perdre dans cette Église ?

Cependant, je ne voulais pas me détruire ni diminuer ceux qui ont donné leur vie avec foi et bonne volonté pour essayer d'offrir plus à l'humanité dans sa démarche spirituelle ou dans l'établissement de plus de justice, de partage et de paix dans le monde.

Mais le clergé a un problème à régler avec les femmes. Le problème ? Énorme ! C'est nous, femmes ! La moitié de l'Humanité. Je le découvrais ici, là, au fil des mois, des ans, des lieux, de l'histoire... Ne faut-il pas voir certaines lois comme de vieilles rides sur le visage d'un ancien monde qui doit bien finir par mourir ? Ne faut-il pas croire à une autre histoire, déjà née, où l'avancement général des femmes dans la prise en charge du monde touchera les cœurs plus que les mémoires ? Le croire et le dire ! Dans le sacré autant que dans le profane !

*Quand il y a à choisir entre l'humain et le divin, entre les espoirs humains et l'espérance chrétienne, on peut dire qu'il y a quelque chose qui ne va pas, qui est en porte-à-faux. Il y a un faux pli. Choisir entre l'humain et le divin, c'est méconnaître l'Incarnation, car l'Incarnation est précisément l'union indissoluble de Dieu et de l'homme[1] dans le Christ. Il n'y a pas à choisir entre l'homme et Dieu s'il est vrai que c'est le même, le Christ, qui est l'homme et qui est Dieu. Il nous faut effacer ce faux pli que nous avons pris et qui a eu des conséquences extrêmement graves[2].*

Quel faux pli dans la robe charnelle de l'Église ! Prise dans cette structure tissée trop serrée au masculin, mon âme s'est débattue pour s'en sortir, pour se libérer d'un tissu socioreligieux devenu trop étroit dans le foulage du temps. Voilà ! L'amour m'avait joué un de ces tours ! Il avait dérivé en un sentiment de stupéfaction et de grand désappointement, en une confiance trompée par l'agissement d'un homme ayant dû choisir Dieu, placé au-dehors de notre condition humaine.

Et à propos de lui ? Bien sûr que je me suis interrogée. Est-ce que le *statu quo* d'une autorité qui lui avait offert une sécurité

---

1. Personne humaine dirions-nous en langage inclusif.
2. F. Varillon, *Joie de vivre, joie de croire*, p. 210.

65

assurée pour la vie avait pesé dans la balance ? Et qu'advient-il d'un choix imposé légalement, alors que la deuxième option est défendue à l'homme aspirant à la prêtrise ? L'approfondissement d'une relation amoureuse dans laquelle l'homme et la femme font une démarche de croissance mutuelle est-il ouvertement réalisable pour les prêtres qui le désireraient – présentement ? L'investissement d'eux-mêmes aujourd'hui, pour mieux connaître la nature humaine au féminin, n'est-il pas conditionnel à ces interdits qui contrôlent leur affectivité ? L'étouffement de l'être profond peut-il déformer la conscience ou la faire piétiner sur des traces qui ne sortent pas d'un tel engrenage ? Il est si difficile de se sortir du cycle de la violence. Un cercle vicieux était entré dans un lieu où il est à proscrire.

C'est dans l'Église, lieu de communion, qu'on dresse ainsi des clôtures sur des cœurs. Réalité transformée en dilemme très déchirant pour des femmes croyantes ! Elles doivent refuser d'être «un avoir matériel» à sacrifier ; elles demeurent des personnes à découvrir, à accepter en tout lieu !

> *S'il arrivait qu'un point quelconque de la doctrine chrétienne apparût comme sans lien avec l'amour ou comme contredisant l'amour ou comme n'étant pas condition ou conséquence de l'amour, on serait en droit de le rejeter*[1].

## Aime ton prochain comme toi-même

Cette règle disciplinaire du célibat obligatoire rattachée à la prêtrise serait-elle même arrivée à produire un contre-témoignage évangélique ? Je le crois !

À travers les siècles, les femmes catholiques ont porté un tchador sur l'âme, se cachant derrière des hommes-prêtres à cause de l'amour qu'elles éprouvaient pour eux. Elles ont ainsi oublié de s'aimer, aimant l'autre plus qu'elles-mêmes. Ce genre d'amour est-il véritablement un amour mature ? Oui, s'il empêche l'utilisation de la violence. Non, lorsqu'on prend

---

1. F. Varillon, *Joie de vivre, joie de croire*, p. 3.

conscience qu'il accepte ou tolère une domination. Alors où commence et où se termine l'authentique dimension humaine que me rappelle cette parole de l'Évangile : « Aime ton prochain comme toi-même » ? Aimer plus ou aimer moins que soi son prochain n'est pas ce grand commandement de la Vie. Comment s'orientera donc cette croissance des rapports hommes-femmes dans l'Église, entre femmes et membres du clergé surtout ?

Amour, nature et sexualité sont, bien sûr, très différents l'un de l'autre. Cependant, ils rejoignent tous trois profondément Dieu dans sa création, dans le renouvellement de la vie. Le baiser mutuel des amoureux n'est-il pas l'échange même de leur souffle vital ? L'acte sexuel, délicieux et tendre, rendant le couple complice du Créateur, n'est-il pas le contraire du viol et de l'abus sexuel si monstrueux lorsque détachés complètement du sens de la vie par un égoïsme extrême et pervers ? Oui, la sexualité n'est pas l'amour. Mais il est désastreux de penser qu'elle n'a rien à voir avec l'Amour.

Toucher à la sexualité sans l'intégrer à l'amour produit une terrible violence. Violence d'autant plus blessante si elle vient d'un prêcheur de l'amour. La sexualité conjugale en elle-même est chaste, car non illicite dans la Création. Si elle peut être mieux comprise, il n'y aura sans doute plus lieu de la rejeter par une loi religieuse ou de la rabaisser, la comparant à ce célibat qu'on a sacralisé avec la prêtrise. Accepter sa sexualité, c'est s'accepter. Comment doit-on classer le fait d'être obligé de mentir pour vivre sa sexualité dans l'amour en tant qu'êtres humains ? Ce petit côté catholique mensonger qu'utilisent bon nombre de prêtres, faut-il vraiment que l'Église continue de s'en encombrer ?

Mon témoignage dérangera-t-il les trop purs catholiques ? Les personnes audacieuses qui ouvrent de nouvelles voies, hors des religieux sentiers battus, ne sont-elles pas souvent perçues comme des « fauteurs de troubles » ?

Je ressens donc cette pesanteur de l'incompréhension, cette emprise exigeante du légalisme de la droite religieuse, même cette part d'impact négatif que peut déclencher une façon de s'afficher qui va au-delà des principes reçus. Par contre, je ressens du positivisme dans les élans de contentement, et surtout, dans les soupirs de soulagement de nombreuses femmes, heureuses d'être enfin entendues à travers ma prise de parole. Je ne pouvais me réfugier dans le silence. Je me serais trouvée lâche d'abdiquer devant la peur d'être mal jugée. Lâche! Des catholiques penseront-ils que je le suis, à déballer ouvertement le contenu secret d'un cœur de femme habituellement gardé dans l'ombre du pouvoir clérical? Je prends le risque.

Il est encourageant de rencontrer plus d'approbation et d'accueil que de condamnation et de rejet lorsque je demande à des personnes amies ou à la parenté ce qu'elles pensent de la sortie de ce livre. Puis, j'ai appris à jauger la pression et à m'en accommoder. Il en est une tout intérieure qui me pousse hardiment à écrire, pour que l'amour triomphe davantage, avec la liberté et la vérité.

Voici l'extrait d'une lettre de l'abbé Pierre à Odette Desfonds[1].

Personne ne peut ignorer vraiment ces souffrances que crie le texte que vous m'avez adressé.

Je sais, par une très longue vie, que le pire est toujours le mensonge. L'humanité ne cesse de devenir plus adulte et de vouloir que ne lui soit pas cachées des réalités, même troublantes, par des coutumes, sérieuses et graves, mais inexpliquées.

La vie, c'est un peu de temps donné à des libertés pour apprendre à Aimer.

Aimer? Qui pourrait épuiser le sens de cela qu'est l'Être même de Dieu?

---

1.    Abbé Pierre, cité dans O. Desfonds, *Rivales de Dieu, femmes de prêtres*, p. 265.

Qui peut juger de l'Amour de ses frères et sœurs ? Dans les drames que vous invoquez et qui touchent parfois jusqu'aux enfants, on souffre beaucoup.

Cela suffit, quant à moi, pour que je vous dise ma fraternité et que je m'efforce de faire le peu que j'estimerai pouvoir faire pour que les remèdes possibles soient recherchés, mis en œuvre, à la lumière de la foi, de la raison, et du cœur.

Et puis, ce n'est pas d'hier que les catholiques savent que parfois leurs pasteurs ont une bergère quelque part ! Mais on ne peut que supposer. On se fait ainsi complice des mensonges du clergé. Il ne faut rien dire ! C'est «**IL**-légal» dans l'Église ! Mais sûrement pas pour Dieu, qui est le Dieu de toutes les Églises du monde où se vivent les amours profonds... C'est à ce Dieu-là que maintenant je crois.

Il y a longtemps que même les plus scrupuleux se permettent des farces ironiques ou sarcastiques à propos des prêtres et de leurs servantes et du climat de certains presbytères durant les grosses tempêtes de neige ! Les bons vieux grands-pères racontaient ce genre d'histoires à leur femme en fumant la pipe.

Une Beauceronne que j'admire beaucoup l'a bien remarqué: nous, gens d'ici, avons été insoumis[1]. Et voilà. J'avais le goût, en Beauceronne, d'être encore insoumise. Mon insoumission, le résultat d'une désobéissance calculée ? Si c'était plutôt un appel à la Liberté de l'âme, telle que me l'a enseignée le Christ des Évangiles. Cette Liberté circule en moi, comme le sang de ceux et celles qui ont ouvert leur cœur à l'Amour pour une plus grande reconnaissance de la dignité humaine.

---

1.  Vous comprendrez que je parle ici de ce livre de l'histoire de mon coin de pays *Les Beaucerons ces insoumis* de Madeleine Ferron et Robert Cliche, Éditions Hurtubise HMH, 1974.

69

Chapitre 2

# ... ET CANONS

*Évidemment, nous sommes forcés de plaindre et de vénérer l'humanité. Sa variété, sa disparité et sa complexité font d'elle l'immense croix sur laquelle nous sommes étendus. Nous sommes crucifiés dans l'expérience de nous-mêmes. La croix est notre croix parce que c'est nous qui sommes la noblesse et la beauté et le bonheur délicieux ainsi que l'horreur et l'indifférence et l'aveuglement.*

Florida Scott-Maxwell

*La foi pour moi ne consiste pas surtout dans la pratique religieuse ou l'adhésion aux dogmes ou à tout ce que déclare le Vatican. C'est d'abord une appartenance à la Parole du Christ, à l'Évangile, en liaison avec l'apostolat de toutes les communautés chrétiennes et même au – dehors d'elles.*

Simone Monet-Chartrand

## Une faiblesse dans ma vie

U n jour, «... *une faiblesse dans ma vie!*»

Cette parole explosait au creux de mon être meurtri, comme un puissant coup de «canon» d'Église.

71

J'aurais voulu en fuir l'étourdissante vérité. Mais elle résonnait trop fort dans les parois de mon corps. Cette dure réalité de la faiblesse des femmes, dans la conception qu'en a le clergé, m'avait gravement touchée. J'avais senti se poser sur moi un regard si réduit de ce que je suis !

« Une faiblesse dans ma vie » n'était pas seulement ce que m'avait exprimé un prêtre, ce que j'avais pu être dans sa vie, c'était en même temps toute la façon dont la femme est traitée dans la structure cléricale de l'Église catholique. Femme, j'étais encore perçue comme la faible Ève, complice du mal originel du monde, tentatrice, mère du péché, coupable de la déchéance des hommes. Des hommes, « maîtres des puissances de la terre », qui pourtant ne cessent de s'entretuer dans toutes les guerres... même religieuses. Ce double écho m'avait assommée, écrasée de toute l'évidence du poids terrible d'une institution mondiale au pouvoir masculin.

Depuis mon enfance, j'avais pourtant fait un bout de chemin. Les changements sociaux qui s'étaient effectués, continuant de transformer les rapports hommes-femmes, n'avaient cependant pas encore produit tous les fruits espérés dans le domaine religieux. Comme bien d'autres femmes de ma génération, je n'y étais pas indifférente, mais cette rencontre privilégiée avec un prêtre m'avait drôlement éveillée à la question. Je ne pouvais plus en ignorer l'obscure problématique, ni passer à côté d'elle. J'étais personnellement touchée. Cette foudroyante prise de conscience occasionnait une souffrance que j'aurais complètement ignorée quelques années plus tôt. Elle atteignait même un paroxysme dans ma condition de femme catholique, mon cœur ayant maintenant perçu une forme d'agression continue exercée par le patriarcat religieux. Sous l'effet d'un faux pas historique qui m'écrasait de toutes ses conséquences, je me sentais une « sans nom » qui passe et qu'on oublie. J'avais pourtant vécu de si beaux moments au début de nos rencontres !

Parfois la terre tremblante s'ouvre pour se façonner autrement; moi aussi je réagissais vigoureusement à ces paroles. Venaient-elles engloutir l'amour sincère éprouvé pour cet homme? J'ai voulu en retenir les effets, mais il y eut quelque part des fissures en moi. À la suite de ces blessures béantes, je me suis rendu compte par la suite que désormais, en guérissant, je ne serais plus jamais la même! J'en sortirais très différente.

Je vivais une conversion, et c'était la plus intense de ma vie. Je sortais d'une espèce de momification de mon être, de cette «faiblesse» religieuse accolée à mon sexe. Je quittais cette position inconfortable où l'étroitesse d'espace et d'esprit m'avait déjà privée de parole en vantant la femme silencieuse. Il fallait donc qu'on me le dise pour que je le réalise. Il avait même fallu que je le vive.

Que les mots sont puissants! Et qu'un vécu a de l'importance sur notre évolution propre et sur celle de la société!

Je comprends aujourd'hui l'effet des paroles de celui que j'ai tant aimé. Sur le coup, elles m'ont beaucoup blessée. Mais elles ont aussi fait éclater en moi le germe de cette Force de Vie qui me relevait, me renforçait intérieurement. Si je n'étais «que faiblesse» en passant dans sa vie, je devais refuser cette vision qui aurait pu me conduire à l'autodestruction. À travers cet homme, spécial pour moi, la Vie me parlait. Elle a ses multiples façons d'intervenir. Par l'absurde côté négatif et douloureux des événements vécus avec lui, Elle me poussait à découvrir ma valeur de personne entière. Je La remercie aujourd'hui et je remercie même ce prêtre, car je sais que notre relation, exceptionnelle au début, a été aussi très dure pour lui. Sans doute la Vie a-t-elle pris à la fois sa disponibilité et la mienne afin de faire bouger nos murs. Les miens? Oh oui! Les siens? Lui seul pourrait l'exprimer. Quant aux murs menaçants et fragiles de cette Église-institution, qui écrase par sa lourde structure l'Église-communion, un avenir très prochain s'en chargera.

Ma nouvelle prise en charge personnelle accompagnant cette renaissance m'a fermement «positionnée». Je refuse carrément tout discours autoritaire disant que la question du mariage des prêtres ou de leur célibat obligatoire ne regarde pas les femmes! Profondément concernées au moment où cette règle fut adoptée, elles ne furent point consultées. Aujourd'hui? Certaines institutions continueraient-elles de les considérer comme leur «cheptel de reproduction»[1]? Si nous supposons que les prêtres sont des êtres ayant cheminé vers un degré avancé de maturation et de responsabilité, ils devraient nous accepter autrement que comme des subalternes dans leur vie privée et dans la structure politique de l'Église. Voilà! Il y a à peine quelques années, je n'aurais jamais osé écrire ou même penser ce que j'avance aujourd'hui.

Certains bons ou bonnes catholiques s'offusqueront-ils?...«De quels droits cette pécheresse se permet-elle de confier tout ça?» L'éducation religieuse reçue siècle après siècle considère cette relation femme-prêtre comme le péché des péchés. Maintenant, je sais que le mal ne réside pas dans une saine relation amoureuse, mais plutôt dans la loi qui l'empêche ou l'oriente vers l'hypocrisie, le mensonge, la domination. Et je laisse à Dieu le soin de me juger sur ce qui s'est passé.

Cette répartie m'a aussi fait prendre conscience du profond travail qu'il fallait effectuer pour faire bouger de son piédestal, le «statut» hiérarchique de l'Église catholique dominant les femmes.

## D'où vient cette règle du célibat des prêtres?

Lors d'une réunion du réseau des *Répondantes à la condition des femmes*, il y a environ une dizaine d'années, nous étions à discuter de la sexualité, un des dossiers sur lesquels nous travaillions pour essayer de changer les mentalités des laïcs et du

---

1. Expression d'une amie catholique.

clergé. Dans ce groupe de femmes, seulement deux personnes présentes étaient au courant de ce que je vivais ou avais vécu avec un prêtre. D'ailleurs, au début, je ne voulais et ne pouvais pas me confier aux autres, de peur qu'on me dise que je n'étais là que pour défendre ma propre cause. Coupable d'avoir aimé un prêtre, j'aurais eu à me justifier. Le jeu de la justification, en bon allié du système, n'est-il pas toujours là pour protéger de ces femmes impures l'«incontestable» clergé? C'est quelque chose que nous avons tellement bien appris en tant que catholiques! Cela a assez duré. Nous avons toutes et tous été piégés à ce jeu. Et dans quel piège les femmes se sont-elles retrouvées? J'avais le goût de rester debout avec l'Amour, devant ce qui avait anéanti tant de femmes depuis des siècles. Et d'hommes aussi.

> *... c'est en toute bonne conscience et avec une allègre détermination qu'ils allaient construire pierre par pierre l'édifice de leur suprématie, solidement étayé sur cette misogynie foncière qui est le pilier de toute société patriarcale. Un système si parfaitement cohérent et qui perdure depuis si longtemps qu'il en paraît légitime et dicté par la Nature*[1].

Passait une chance de faire contrepoids à cette misogynie. J'avais adhéré à ce groupe pour soutenir la cause des femmes en général, donc la mienne. Et là où une personne se libère, d'autres le font aussi. Ce réseau de femmes dans l'Église a comme objectif de réaliser une meilleure harmonie entre les personnes et plus particulièrement entre les femmes et les hommes, y compris bien entendu entre femmes et clergé. C'est pourquoi il aborde, outre le dossier de la violence conjugale, ceux qui concernent le partenariat hommes-femmes dans l'Église et la société, le langage inclusif (nouvelle convention grammaticale: inclure le féminin dans le langage parlé ou écrit), la pauvreté, surtout celle des femmes, l'accueil à la vie, la pornographie, la sexualité dans toute sa dimension à respecter.

---

1. B. Groult, *Cette mâle assurance*, p. 10.

Je reviens donc à cette réunion. La discussion s'était orientée sur la sexualité des prêtres. Ce dossier (touchant ainsi indirectement le mariage des prêtres) laissait place à nos opinions, à nos réflexions lors de cette rencontre. Une jeune dame, en réunion avec nous, remarqua tout à coup :

– La sexualité des prêtres, ça ne nous regarde pas, ça ne regarde que les prêtres.

Je bondis sur ma chaise aussi rapidement qu'un afflux de sang me monta au visage. Je ripostai du tac au tac, sur un ton de tempête :

– Si cette question se pose, c'est que bien des prêtres se permettent de vivre des histoires d'amour, des relations sexuelles, n'est-ce pas ? À ce compte-là, il doit bien y en avoir qui les vivent de temps en temps avec des femmes... tu ne crois pas ?

Je vis sursauter toutes les personnes présentes, mais je continuai :

– Alors, moi je crois que les femmes ont l'obligation de se prononcer et de décider elles aussi au sujet de ce qui les regarde ! Ça fait assez longtemps que le clergé organise les femmes dans l'ombre comme il le veut !

J'avais même appuyé sur les mots clés. Il y eut un grand froid. Je me suis surprise moi-même tant ma repartie fut prompte, sèche et sans recours. Je croisai le regard très nerveux de la présidente du groupe qui partageait mon secret. Puis je me suis tue. Dans le lourd silence qui suivit, je me souviens avoir pensé quitter la salle. J'avais le goût de pleurer, de crier que j'en vivais une histoire avec un prêtre. La présidente a cru que je dirais tout. À vrai dire, j'en avais eu bien envie ! Sacré mur du silence qui se fait complice des violences ! Ce fameux soir-là, je suis rentrée chez moi après la réunion, parcourant la centaine de kilomètres qui séparent Québec de Saint-Georges de Beauce avec un énorme poids au cœur. Mon secret devenait de plus en plus lourd à porter. Je ne pouvais le partager avec l'ensemble des répondantes qui œuvraient à l'amélioration de la condition des femmes dans l'Église ! Celles à qui je m'étais confiée m'avaient demandé de ne pas le dévoiler au groupe de Québec ni à celui que j'animais dans ma région. La fragilité de la position des femmes près du clergé ne permettait aucune divulgation, cela aurait pu déclencher un recul dans leur diffi-cile avancement, leur chemin si laborieusement parcouru. Je me voyais ainsi muselée, avec combien d'autres... Quant à cette compagne à qui j'avais répondu sans détour, je lui ai commu-niqué quelques mois plus tard, seule à seule, mon vécu, et elle a très bien compris ma brusque réfutation.

Lors d'une autre réunion des répondantes, nous avions eu l'honneur de la présence d'un évêque. À tour de rôle, chacune exprima à celui-ci doléances et espoirs, aussi intensément que franchement. La sexualité, inscrite au grand tableau du mur et à l'ordre du jour, le dérangea au point qu'il l'ignora en lisant les sujets abordés. Sa prise de parole, après nous, nous glaça. Nous eûmes droit à un rappel à l'ordre accompagné d'un solide coup de poing sur la table : « Dans l'Église, on ne doit pas tout dire ! », trancha-t-il. Un silence de mort emplit alors les lieux et étouffa la parole des femmes qui, d'un même mouvement, se reculè-rent toutes au fond de leur chaise devant la violence, le geste cassant et autoritaire. Si Monseigneur fut de mauvaise humeur lors de cette rencontre, c'est qu'il avait appris la journée même ce que nous avons su un mois plus tard... Un de ses plus dignes et prometteurs confrères, responsable de la formation des futurs prêtres au Séminaire de Québec, serait très bientôt un « père... de famille ». Dans ces circonstances, le clergé se fait Église-femme... silencieuse. L'imposition de son mutisme pro-tège son système d'honneur masculin qui ne doit pas être dés-honoré par la femme.

Moi non plus, je ne disais rien de ma relation secrète. Me taire ! C'était ce que m'avait légué en héritage ma religion. La femme silencieuse, celle qu'on admire, qu'on cite en exemple. Le modèle idéal, comme celui de la femme vierge. Cette façon de penser s'était incrustée dans les comportements répétitifs, d'une génération à l'autre. Du haut des chaires, les hommes du clergé, ayant renoncé à la femme ordinaire, en avaient sublimé une..., selon un style se mariant à leur système, c'est-à-dire leur permettant de garder le contrôle sur toutes les autres. À quel point étais-je prisonnière de ce mur du silence? Je me demandais même si on n'avait pas, inconsciemment, «féminisé» la virginité de l'âme pour exiger davantage de notre servitude. Je restais silencieuse! Encore! Mais je sentais une bouillante pression intérieure, prête à exploser.

Aujourd'hui, avec assurance et détermination, je répète que la question du célibat obligatoire des prêtres nous regarde, nous, femmes, autant que le clergé. Surtout depuis que j'ai appris d'où vient cette règle rattachée au sacerdoce et inscrite dans le code de Droit canonique. Assez, c'est assez! Si les droits canoniques ont le droit d'être si importants dans l'Église, pourquoi pas nous, femmes, autre moitié de l'Humanité? Voici donc cet article de loi:

> Celui qui doit être promu au diaconat permanent en n'étant pas marié, et de même celui qui doit être promu au presbytérat, ne seront pas admis à l'ordre de diaconat s'ils n'ont pas, selon le rite prescrit, publiquement devant Dieu et devant l'Église, assumé l'obligation du célibat, ou s'ils n'ont pas émis les vœux perpétuels dans un institut religieux. (Conférence des Évêques catholiques du Canada, Code de Droit canonique éd. Centurion. Cerf-Tardy, 1984, chap. 11 Les ordinands, article 2, canon 1037)[1].

Savez-vous d'où nous vient cette discipline canonique? En l'an 1022, au grand synode de Pavie, le pape Benoît VIII, pour la première fois et sous menace de déposition, déchéance ou destitution, interdit le mariage des prêtres, très répandu à l'époque. Le résultat de cet interdit n'a rien valu dans la pratique,

---

1. Loi adoptée en 1139 que l'on retrouve dans la version française du Code de Droit canonique réalisée par la Société internationale de Droit canonique. Le texte latin a été réédité à la Cité du Vatican en 1983.

étant donné que ce pape est mort peu de temps après[1]. Mais en 1139, au deuxième concile de Latran, le pape Innocent II décida d'imposer la règle du célibat, pour la pure et simple raison que voici : quand le prêtre marié décédait, il léguait ses biens à sa femme et à ses enfants. Alors, l'institution de l'Église catholique de Rome, voulant récupérer l'héritage de ses prêtres, décida d'exiger leur célibat. Voilà ! C'était avant tout une question de «gros sous». Cette règle fut adoptée lors d'une époque très sombre de la papauté. Les papes et les antipapes se succédaient, se querellaient, s'exilaient, quand les empereurs, les souverains ou les rois d'Europe soutenaient l'un ou l'autre afin qu'un pape «allié» soit coiffé de la tiare de saint Pierre. Dans ce temps, on pratiquait même la simonie[2] (acheter ou vendre à prix temporel une chose spirituelle).

Cette loi rejoignait aussi une très vieille pratique religieuse dans laquelle les célébrants des anciens cultes païens devaient être vierges physiquement, donc célibataires. Le saviez-vous ? Envahi par les vieux microbes de cette antique notion païenne de l'impureté du sexe, le Vatican exigea l'abstinence de ses prêtres la veille de chaque jour où ils célébraient. Et un bon matin, Rome permit de dire la messe quotidiennement... Alors ? La mortification exagérée et forcée du corps, de la volonté et du désir, du cœur et de l'âme, atteignant les hommes d'Église, s'abattait aussi sur les épouses. Épouses muettes pour cause de féminité, ce défaut que leur avaient trouvé les hommes d'Église. Et PAN...! Le célibat en sortit sacré comme le sacerdoce. Résultat ? Défiguration et rabaissement de l'amour du couple ainsi touché! Drames personnels! Quel crucial remue-ménage social dans ces foyers, puis sous tous les cieux de la terre! Deux classes de catholiques : les laïques femmes et hommes et les clercs sans femme (sic)... Rien de «chrétien» dans ces raisons qui marquaient le zénith d'une Église se coupant du monde

---

1. H. Kühmer, *Dictionnaire des papes*, p. 66.
2. Ce terme nous vient du XIIe siècle du latin ecclésiastique simonia, du nom de Simon le Magicien.

ordinaire. Il n'est donc pas surprenant de retrouver cette loi du célibat obligatoire des prêtres sur le palmarès des règles de l'époque pour accéder à la prêtrise. Époque de l'éclosion des majestueuses cathédrales dignes des couronnements des monarques. Il en fallait des livres, des solts (des sous), des deniers... à l'Église. Ensuite naquit l'étrange époque de l'Inquisition (1199)... Et suivit le noir temps des cruelles et odieuses immolations de sorcières sur les bûchers!

Combien de véritables histoires d'amour ont été sacrifiées depuis? Quelle aberration! Loi d'hommes où pourtant il était aussi question du sort des femmes. Elles n'ont rien eu à dire car au même concile, je l'ai déjà mentionné, on décrétait : «Dans l'Église, la femme se tait». Mais peut-on, même avec cet article de loi, étouffer l'amour? En le relisant, je me suis demandé si le mot «publiquement» pouvait donner à ces hommes «à part» un droit exclusif, celui de pouvoir vivre privément, en secret, le mariage tout en s'affichant publiquement célibataires, se situant de la sorte au-dessus des lois morales du commun des mortels.

Depuis des siècles, des prêtres, des évêques – et même le pape Alexandre VI, pape espagnol (Rodriguo Borgia), de 1492 à 1503 – ont transgressé cette loi qui n'a aucune base évangélique. Prédécesseur d'Alexandre VI, le pape Innocent VIII a eu sept enfants naturels, dont deux sont en tout cas certains. Un de ses fils, prénommé Franceschetto, se maria en grande pompe au Vatican[1]. Plusieurs prêtres ont désobéi à cette discipline au cours des siècles et continuent de le faire, à leur seul profit et pouvoir.

Que sont devenues les femmes? Que sont devenus les prêtres? Les prêtres n'ont plus eu une véritable compagne de vie. Non! Mais ils ont eu (et souvent dominé) par la suite : leurs servantes, leurs aides-ménagères, leurs auxiliaires, leurs cuisinières, leurs confidentes, leurs secrétaires, leurs lavandières...

---

1.   H. Kühmer, *Dictionnaire des papes*, p. 129.

(et toujours dominé) leurs maîtresses illicites. Ou bien ils ont vécu des temps de sécheresse du cœur, parce que privés de tendresse. Des enfants ont été cachés et abandonnés. Savez-vous que trente-neuf papes ont été mariés ?[1]

Il faut espérer que l'autorité ecclésiastique romaine finisse par corriger elle-même les erreurs du passé, évitant ainsi de rejeter ses responsabilités liées aux changements qui s'imposent sur le dos d'un «petit-monde-laïc» qui n'a aucun pouvoir de transformer les lois religieuses. L'histoire d'un évêque écossais catholique annonçant le désir de se marier avec une femme qui n'est pas celle qui lui a donné un fils, maintenant jeune adulte, n'est qu'un exemple parmi combien de cas gardés secrets qui nous prouvent le «tordu«de cette loi du célibat obligatoire. Et ici, dans notre pays, des prêtres et des évêques ont aussi vécu la tromperie. Même un cardinal a caché toute sa vie une fille. Cette discipline de pouvoirs patriarcaux sévit donc sur certains hommes...

*Les critères de moralité humaine, par exemple, ont été déterminés et légitimés par des hommes (à l'intérieur de cadres religieux ou psychologiques)*[2].

Parce qu'ils s'adressent aux consciences personnelles et collectives, les pouvoirs religieux doivent cesser de dissimuler une forme de contrôle de la femme dans les privilèges qu'ils se sont donnés à l'intérieur de leur cadre. Que fera l'Église pour changer les relations ambiguës du clergé avec les femmes? Que fera-t-elle pour se diriger davantage vers sa propre maturation et celle de toute la société? Présentement...

---

1. Référence puisée dans le documentaire *Les prêtres amants*, présenté par un prêtre marié David Rice, co-producteur Richard Maude, réalisateur/producteur Nick Gray, version française Double Vue (N.B. inc.) réalisation française réalisée avec la participation financière de Téléfilm Canada, Yorkshire 1992, distributeur Allis Entreprises.

2. *Options C.E.Q.*, printemps 2000, n° 19.

*L'Église tient à ses lois, et elle ne semble jamais, au grand jamais, en mesure de convenir que la forme célibataire du sacerdoce (...) peut être quelque chose de limité, de momentané, de psychologiquement et spirituellement particulier que le développement même de la personne amènera à transformer, à élargir (...) à dépasser ; et cela non pas parce qu'un prêtre donné n'était jadis qu'un mauvais prêtre, un malade, un psychopathe, mais tout au contraire parce que ce qui le conduisait déjà alors, c'était une humanité et une bonté qui l'ont amené d'elles-mêmes dans les bras d'une femme !*[1]

En touchant des prêtres et des femmes, l'amour saura un jour réconcilier le clergé avec la femme réelle. Ce n'est qu'une question de temps. Pourquoi l'Église cléricale ne changerait-elle pas ? N'ai-je pas changé ma mentalité de laïque ? Mais encore aujourd'hui,

*(...) elle dépouille l'âme humaine de sa force au bénéfice d'un désir de puissance (...) elle semble attacher la plus grande importance à des expertises psychiatriques pour ses clercs en mal de réduction à l'état laïc. Mais elle le fait uniquement pour tenir à distance les questions véritables (...) autrement dit pour continuer à avoir raison contre les personnes. Elle préfère toujours imposer comme normes ses statuts tout faits, plutôt que de s'ouvrir à la possibilité de nouvelles expériences et de nouveaux espaces de développement*[2].

Ces extraits de Eugen Drewermann dans *Fonctionnaires de Dieu* résument bien l'agir d'une Église qui est en train de se transformer à cause du mal qu'elle a à survivre avec d'anciens schèmes historiques et de vieilles conceptions religieuses.

## Clandestinité... Culpabilité... Duplicité...

Malgré l'adoption de cette loi par l'Église, des siècles témoins de l'histoire en auraient long à raconter. Combien de femmes et d'enfants de prêtres ont été gardés dans l'ombre

---

1. E. Drewermann, *Les fonctionnaires de Dieu*, pp. 535-536.
2. E. Drewermann, *Les fonctionnaires de Dieu*, p. 536.

depuis ce noir tournant historique qui se bat contre l'amour? Quelle violence et quel mépris! Et quelle fausse culpabilité portée par ceux et celles qui ont dérogé à cette tragique mesure disciplinaire!

Une duplicité de vie installée a déteint sur l'ensemble de l'institution catholique. Pas seulement sur le clergé, mais sur les catholiques en général, finissant par créer un climat d'ambivalence. Quel genre de rapports entre hommes et femmes avons-nous hérités de ces sociétés du passé imbibées d'une victorieuse religion, trop méfiante et si peu accueillante envers les femmes? Car, à l'observance de la loi, se sont ajoutés les délits. À dénoncer ou à camoufler. En secret... Religion oblige depuis 1139! Des prêtres se sont cachés derrière la puissance du clergé. Et ils continuent encore, parfois avec élégance et cynisme, quand ce n'est pas sous les honneurs et les titres. D'autres «pauvres» amoureux bénéficient encore et toujours de l'hypocrite protection de certains laïcs. Une surveillance des supposés mauvais prêtres et de leurs méchantes femmes, pires que la Madeleine des Évangiles, s'est parfois organisée. Et c'est dans les coulisses du pouvoir épiscopal que vont mourir beaucoup de ces histoires d'amour. Combien d'autres couples femmes-prêtres ont vécu ou vivent présentement «en taupes»? Essaient-ils d'éviter les foudres cléricales? Et de contourner les condamnations des surveillants laïcs qui exigent des prêtres la privation de tendresse et des saines démonstrations de l'amour humain – ce qu'eux-mêmes n'envisagent pas de faire?

Forcés de choisir entre le dictat légaliste d'un pouvoir religieux se réclamant du divin et l'invitation tout intérieure de leur conscience à aimer librement, des prêtres catholiques se voient confrontés à un terrible choix. Se sentent-ils appelés vers un ministère sacerdotal dans l'Église? Ils doivent alors faire une croix sur la femme!

Le libre appel de la Vie et de l'Amour, qui s'adresse au cœur humain, se frappe-t-il littéralement sur cette loi du célibat obligatoire, tel un oiseau qui s'assomme en percutant la vitre d'une fenêtre reflétant le ciel? L'autorité catholique dresse cette loi de faux ciel et transforme l'envol en chute. Eh oui! Les autorités religieuses catholiques ont décidé pour les membres du clergé qu'aimer une femme, c'est chuter. Chuter, ne serait-ce pas plutôt fermer son cœur à la vie, à l'amour? Nier la nature humaine ou «lever le nez dessus», pour essayer de vivre différemment et autrement que ce que le Créateur a voulu? C'est ça, chuter? Et aussi traquer ces élans de communion profonde entre les êtres? Chuter, c'est plutôt refuser de rencontrer Dieu dans des couples humains. Comment se sortir de telles sottises érigées en droits religieux contraires au mouvement de la vie? À l'Évangile quoi! L'amour, ce n'est pas seulement du racolage génital, messieurs les évêques! Ce n'est surtout pas cela! De telles lois sont peut-être une cause de ce racolage superficiel, où le cœur doit se geler et parfois se réfugier hors d'une saine affectivité.

> *Ne m'en voulez pas, Monseigneur, si je n'arrive pas à voir la femme ainsi rabaissée au rang d'objet, que ce soit par le coureur de jupons moyen, par des vendeurs et des consommateurs de pornographie, ou par des ecclésiastiques donnant en public l'image d'hommes chastes et admettant en privé qu'il faut bien faire des concessions à la nature humaine[1].*

Célibat obligatoire, interdiction pour les femmes d'accéder à la prêtrise, sanctions punitives pouvant s'appliquer au non-respect de règles disciplinaires implacables, tout cela me révolte. C'est le cas aussi pour plusieurs milliers de catholiques qui détectent un jeu de pouvoir du clergé dans son gauche inconfort en présence des femmes.

Du simple point de vue rédactionnel, le Code de droit canonique est aussi périmé dans sa dernière publication latine de 1983 (traduction française de 1984). Il n'a même pas pu être écrit en langage inclusif, ce qu'on essaie pourtant de respecter

---

1. O. Desfonds, *Rivales de Dieu, les femmes de prêtres*, p. 111.

de plus en plus dans tous les autres secteurs : sociaux, politiques, éducatifs, civils. L'adoption de ce langage fait partie intégrante des grands changements qui concrétisent cette visée de rapports plus harmonieux entre les hommes et les femmes dans leurs relations profondes. Mais comment respecter les récentes règles de grammaire et les lois de croissance humaine quand une caste masculine est si allergique au féminin ?

Les institutions d'autorité strictement masculine me laissent de plus en plus froide. Avec le respect que je porte à toute personne humaine, je ne peux plus accepter qu'un pouvoir, fût-il religieux, oppresse plus de la moitié de l'Humanité ! Je suis très déçue de lire ou d'entendre les prises de position radicales du Vatican. Quand nous traitera-t-on comme des adultes, dans ce lieu ? Au lieu de toujours nous dire quoi faire, comment être, pourquoi n'ont-ils pas là-haut des oreilles au cœur et au corps pour entendre l'Esprit de Vie qui souffle ailleurs qu'à Rome ? Il souffle aussi dans l'âme des femmes ! Mais, devant les femmes, le Vatican masculin se raidit...

L'Esprit de la Vie, simple, sans artifice, ne serait-il pas en train d'accélérer la transformation de l'Église ? Ses mouvements – qui sont loin d'être des stratégies – se joueraient-ils de l'exagération des pouvoirs humains pour continuer d'exister ? Lorsqu'on étire trop une corde, sa raideur peut la faire casser. L'Esprit serait-il en train d'aider la corde à se raidir ? Car atteindre les légalistes religieux est aussi difficile que d'essayer de passer un chameau dans le chas d'une aiguille ! Ce sont pourtant des liens humains qui sont en cause. Ne pourrions-nous pas nous tendre la main pour éviter le déchirement des cœurs, les ruptures douloureuses, les cachettes et les cachotteries, les cassures destructives, les lieux sans culte depuis la diminution des prêtres ? Pourrions-nous même ne pas oublier que des abus sexuels sont commis contre de vulnérables femmes en situation de détresse ?

Dire que des membres du clergé ou du laïcat, bien endoctrinés, invoquent aujourd'hui la question des traditions pour éviter de remettre à jour le Code de droit canonique! Il faut pourtant faire une différence entre les traditions dites culturelles de chaque époque, de chaque lieu, et celle de la grande Tradition évangélique, qui parle toujours au cœur, depuis deux mille ans. Ce n'est vraiment pas si compliqué de comprendre cela!

On invoque parfois cette question de disponibilité masculine (d'absence de devoirs parentaux) comme raison positive du célibat des prêtres ou de la non-ordination des femmes. La possible présence d'une conjointe pourrait-elle être gênante, faire perdre du temps? Et pourquoi les mères ne se sentent-elles pas esclaves du temps lorsqu'elles enfantent la vie et mettent au monde des hommes? Est-ce pour se faire ensuite enguirlander par de telles lois? S'imagine-t-on que la femme n'est pas à la hauteur des charges dans lesquelles elle pourrait soutenir son mari prêtre? Ou incapable de partager plus égalitairement les nobles tâches du monde? C'est souvent à cause de la maternité que bien d'autres postes et emplois nous ont été interdits dans les domaines civil et religieux. Le temps précieux offert à la nature humaine, collé à notre ventre de femme pour façonner la vie, devient la raison utilisée pour nous éclipser de combien de lieux, dans une humanité qui tourne de plus en plus vite, sans respect pour la gestation du monde. Un monde qui se suicide dans la performance, la pollution, la compétition et la rapidité. Un monde organisé, structuré et dirigé d'après des valeurs strictement masculines, jusque dans ses lois religieuses!

Cette non-acceptation de la féminité est une insulte à notre maternité gratuite qu'elles subliment pour mieux la mettre à leur service. À la fois, elle est tout et elle ne vaut rien ou presque. Elle est tout pour redonner des enfants aux pouvoirs de ces institutions. Et elle ne vaut rien ou presque lorsqu'il s'agit de décider des lois orientant l'humanité.

*Parfois, les femmes se retrouvent dans la connivence du ventre, ce ventre qui a été si fort bafoué et qui a pourtant porté, l'une après l'autre, toutes les générations du monde...*

Ghyslaine Lavoie

Avec ces comportements si misogynes, l'Église-institution se désagrège. Depuis Vatican II en 1968, près de 100 000 prêtres sur 400 000[1] dans le monde ont quitté leur ministère ecclésial ; plusieurs d'entre eux pour vivre honnêtement une vie affective. Et combien de laïcs ont quitté aussi ? Le patriarcat religieux catholique est-il donc coulé dans le ciment ? Est-il en train d'écraser la crédibilité d'une institution qui affirme porter une noble mission ?

Combien de femmes se sont sacrifiées pour qu'un prêtre ne perde pas sa réputation ou pour qu'il reste en fonction dans son ministère ! Des femmes se sont cachées, ont été méprisées ou reniées, pour l'honneur et la « surhommité » de bien des religieux. Je sais, des prêtres sont très épanouis dans leur célibat, comme certains laïcs le sont aussi, je dois le dire. Mais d'autres se voient opprimés, brisés, forcés de mentir, ce qui les oblige à étouffer leurs sentiments, leur intériorité, et à refuser un autre espace de cette croissance possible pour un être libre.

Des catholiques ont toujours tendance à considérer la femme en relation amoureuse avec un prêtre comme la méchante du couple, l'effrontée, la perverse qui l'a fait tomber. Pécheresse ! Provocatrice ! Tentatrice ! Après la première publication de mon livre, une compagne de prêtre me téléphona en pleurs ; quelqu'un l'avait identifiée comme la pire putain de... la place.

Lorsque j'écoute la superbe chanson « Belle », écrite par Luc Plamondon, d'après une œuvre de Victor Hugo, et que j'entends le prêtre Frollo pleurer sur cette fille de rien en qui le démon, croit-il, s'est incarné (parce qu'il la désire), cette fille

---

1. Documentaire *Les prêtres amants*, précédemment cité à la page 81.

87

qui traîne le péché originel et qui détourne le regard du prêtre à la fois de Dieu et du ciel... je le comprends tout à fait de terminer en assurant qu'elle porte, à elle seule, toutes les croix du genre humain !

Les autorités en ont relocalisé, des prêtres, afin de les éloigner de la tentation, même sur d'autres continents. La femme était le mal à fuir, un grain de sable dans l'engrenage du globalisme d'un système. À évacuer. Parfois le prêtre aussi, coupable d'être amoureux. Alors les deux étaient vus comme des corps étrangers par l'œil de l'Église, au lieu d'être regardés comme des œuvres de Dieu en amour. Difficile lorsqu'on est femme de voir toutes ces énormes culbutes de façade, polissant l'image précieuse d'un clergé qui s'effondrerait sans l'importante participation des femmes à son fonctionnement ! Dans toutes les parties du monde, la même problématique est courante. Pas un homme ne peut éprouver ce genre de mépris spécifique !

> *Ici, m'écrit encore un prêtre français de Bolivie, 80 pour cent des prêtres catholiques ne respectent pas la règle du célibat... Un autre, en poste au Brésil, qui fut plusieurs années le bras droit de l'évêque et rencontra à ce titre chacun des prêtres du diocèse, a affirmé à mon mari (c'était avant notre mariage !) que pas un seul ne respectait la loi du célibat : compagnes permanentes, amies occasionnelles, homosexualité... (...) Bravo à ce prêtre qui tourne le dos à cette femme qu'il a aimée...! Il revient sur la bonne voie « de Rome » comme un héros qui a vaincu l'épreuve de sa vie[1] !*

Cette façon d'envisager les rapports humains, discriminatoire et sexiste, m'apparaît contraire à l'article 16 de la Déclaration universelle des droits de l'homme : *À partir de l'âge nubile, l'homme et la femme sans aucune restriction quant à la race, la nationalité ou la religion, ont le droit de se marier et de fonder une famille. Des droits de l'humain ont souvent été bafoués par les religions et ils le sont encore aujourd'hui.*

---

1. O. Desfonds, *Rivales de Dieu, les femmes de prêtres*, p. 35.

J'ai déjà lu dans le grand quotidien québécois *Le Soleil* les paroles d'un jeune clerc catholique au sujet des Témoins de Jéhovah. Je n'ai pu m'empêcher de penser que la même chose se vit au cœur du clergé catholique : «*Je ne pouvais comprendre qu'une supposée religion,* dit-il, *soit plus forte que l'amour d'un couple...*» Il faut faire son propre examen de conscience en tant qu'Église ; certains comportements du clergé ont leur part de sectarisme. L'Évangile ne clame-t-elle pas : «Ce que Dieu a uni, que l'homme ne le sépare pas».

Après avoir tenu la femme si loin, ou s'en être approché seulement en sourdine et dans le mystère, le clergé s'est bâti des rapports plutôt erronés avec elle. Les idées et les conceptions qu'il s'est forgées d'elle la défigurent dans son essence profonde de personne humaine à part entière.

Je discutais un jour avec un groupe de femmes catholiques ; l'une d'entre elles, employée au niveau diocésain, voulut excuser les prêtres qui transgressent la loi du célibat : «Il n'y a pas seulement les prêtres qui se permettent des aventures, il y a aussi plein d'hommes mariés qui trompent leur femme ; il ne faut pas blâmer les prêtres plus que les autres.» Et l'autorité morale, l'exemple, la hiérarchie, qu'en pense-t-elle ? Il faut croire qu'attachées au clergé par le gagne-pain ou les furtives caresses d'hommes d'Église, certaines femmes, non seulement ne travaillent plus à l'amélioration de la condition des femmes, mais n'ont plus un regard clair sur les valeurs de la société. Prêcher la vérité et l'amour aux autres, y compris aux couples, suppose une forte maturité capable d'orienter les consciences. De plus, les aventures d'attirance physique seraient-elles confondues avec une véritable rencontre d'amour ? Voyons ! C'est cette dernière question qui apporte souvent de la confusion dans le clergé, lorsqu'on demande l'abolition de la loi canonique du célibat obligatoire des prêtres. Non pour défendre des aventures de sexe, mais pour permettre à l'amour humain authentique de se vivre, de s'épanouir là où il naît ! D'ailleurs, au début de l'ère chrétienne, l'un des critères pour choisir un responsable de communauté était, d'après saint Paul dans sa première lettre à Timothée, qu'il soit bon époux et bon père. (Tm 3,25)

La fécondité spirituelle doit-elle exiger une certaine défiguration de la nature humaine pour exister ? Serait-elle incompatible avec la fécondité physique du couple amoureux ? Je crois plutôt que de grands savants (?) de Dieu ont tellement compliqué leurs théories qu'ils en arrivent à s'emprisonner eux-mêmes. À se rejeter même !

Parfois, je me demande ce que veut dire l'expression « se consacrer à Dieu » dans de tels contextes. Un père, une mère, un ou une célibataire, un prêtre, un religieux ou une religieuse, lequel ou laquelle se consacrera davantage à Dieu ? La pauvre veuve de l'Évangile qui a donné le seul écu qu'elle possédait dans le tronc du temple a été vue par Jésus avec les yeux du cœur. À côté des autres, prêtres et riches pharisiens ou publicains, cette aumône paraissait bien peu. Mais Jésus n'a-t-Il pas dit que c'est elle qui avait donné le plus ? Il y a donc autant de façons de servir Dieu sur terre qu'il y a d'humains, comme il y a autant de façons d'aimer qu'il y a d'histoires d'amour à respecter. Chacun, chacune doit pouvoir défendre et faire respecter la sienne : le mystique solitaire, le jeune couple qui s'engage à former une famille, le prêtre qui vit une belle communion d'âme avec une femme, un vieux couple qui veut s'offrir pour servir dans sa communauté après avoir élevé ses enfants, etc.

Être célibataire voudrait-il dire offrir plus de temps aux autres ? Je ne suis pas sûre que ce soit le cas. Je remarque ce qu'accomplissent certains politiciens, politiciennes ou diplomates mariés. Et que dire des parents !... Je parie que bien des prêtres ou des évêques n'en font pas plus qu'eux. Si pour les uns la tâche paraît plus civile, matérielle ou parentale que religieuse et spirituelle, il reste que leur disponibilité équivaut à celle des autres. Le prêtre qui a sa journée hebdomadaire de congé, ses heures de loisirs et ses vacances deux fois par année, organise simplement son agenda comme tout le monde. S'il est réveillé la nuit par une urgence, il n'est pas mieux ni pire que le médecin qui va accoucher, que la mère ou le père de famille qui veille son enfant malade, que la travailleuse sociale de la rue qui secourt les âmes en peine, etc... Servir Dieu est plus une attitude intérieure qu'une question de disponibilité dans le temps.

Et pourquoi la structure cléricale de l'Église catholique occidentale aurait-elle comme unique modèle idéal un célibataire masculin qui décide du sort des femmes et des couples du monde? Le célibat a ses raisons d'être, comme le mariage. Ni plus ni moins! Ce qui importe, c'est le libre choix des personnes de pouvoir répondre à un appel intérieur, sans pression légaliste extérieure qui compresse le cœur et l'étouffe. Le système légaliste de l'Église pourrait-il même reprendre ou défaire la profonde liberté qui nous est offerte par l'Évangile?

Oh, je vous entends! Jésus a été célibataire! Et puis? Il n'avait encore que trente-trois ans lorsqu'on l'a tué... N'a-t-il pas été aussi un laïc? N'est-il pas le «Verbe divin libérateur» redonnant aux plus petit(e)s, aux plus pauvres, aux plus exclu(e)s – donc aux femmes! – leur dignité humaine? Contrairement aux hommes de son époque, quel respect et quel accueil Jésus a réservés aux femmes! Il a été révolutionnaire en ce sens. En ce temps de gloire du pouvoir romain masculin, il est allé à la limite du possible dans sa démarche d'accueil et d'estime envers elles; aussi, en parfait pédagogue qu'il était, il a respecté cette capacité humaine d'absorber les changements. Il a même averti ses disciples que son Esprit continuerait son œuvre car: «*Vous ne pouvez pas tout comprendre maintenant*». C'était déjà énormément demander que de Le suivre dans cette voie d'ouverture aux autres et à leurs différences. Étant la Voie de la liberté, aurait-Il pu demander à ses Apôtres ou disciples d'être une série de copies conformes, rien que de beaux mâles juifs célibataires à la peau blanche pour être prêtres? Pourquoi alors le pape et son sacré collège devraient-ils être plus chrétiens que Jésus lui-même?

Pourtant, les prêtres catholiques orientaux, les maronites, sous la tutelle de Rome, peuvent se marier! Les prêtres catholiques orthodoxes aussi! Que penser des pasteurs anglicans mariés accueillis par Rome avec femmes et enfants parce que refusant l'ordination des femmes dans leur Église ?

> Du temps où la Tchécoslovaquie était sous régime communiste, en grand secret, avec l'accord de Rome (car c'était cela ou rien étant donné l'impossibilité de faire fonctionner normalement les séminaires), des hommes mariés ont été ordonnés prêtres[1].

Tiens donc ! La Rome vaticane exige des prêtres «occidentaux» amoureux qu'ils restent célibataires pour tenir leur engagement, par fidélité à des principes qu'elle se permet de reconnaître caducs pour d'autres. Je veux croire à cette volonté de perpétuer la foi chrétienne ! Mais arriver à se contredire dans ses propres lois pour nourrir un système, à se contorsionner dans ses agissements plutôt que d'accepter et de comprendre la personne humaine...est-ce sain(t) ? Seul l'abus de pouvoir peut tout se permettre : la clandestinité, la duplicité, avec ou sans culpabilité...

## L'abus de pouvoir

Parfois, lors de discussions de groupe concernant les femmes dans l'Église, il nous arrive d'entendre : «C'est qu'elles veulent le pouvoir...». Est-ce possible ? Mais quelle notion certains ont-ils donc du pouvoir ? Peur de le partager ? C'est de la mission du Christ à perpétuer, à concrétiser dans notre vécu dont il est question ici... Pas d'une course de pouvoir. Ni de l'emprise sur quelqu'un. Ni d'un désir de puissance.

Aurait-on étriqué le sens des mots *pouvoir* et *amour* ? La signification qu'une personne donne à ces deux mots en dit long à propos d'elle. Ils occupent un large espace dans l'histoire de la civilisation.

Dans le journal *L'Informateur catholique*, j'ai déjà lu ceci : *Les prêtres ont besoin autour d'eux de saintes femmes qui ne cherchent pas à prendre leur place et à entrer en compétition de pouvoir*[2]. Le faux

---

1. O. Desfonds, *Rivales de Dieu, les femmes de prêtres*, p. 249.

2. *L'informateur catholique*, 21 février au 6 mars 1993, dans «Info-rencontre», p. 7.

pouvoir, n'est-ce pas la domination, le sexisme, le racisme, la discrimination, la compétition ? Le vrai pouvoir est plutôt cette capacité d'assumer des responsabilités ! C'est ce que disent d'ailleurs les définitions de ce mot dans les dictionnaires. Comprendre cela, c'est changer notre conception de la sainteté féminine et du pouvoir masculin. Il est important de comprendre le sens profond du pouvoir lorsqu'on est en autorité pour servir les autres, la Vie, pour exprimer profondément un engagement de foi et pour travailler à la libération de la personne humaine ! C'est ça le vrai pouvoir. Il n'y a pas de compétition là-dedans !

> *L'institution de l'Église est basée sur le ministère de l'ordre, qui est l'unique structure permanente ayant le pouvoir de la constituer comme institution ; (...) représente l'idéologie de ceux qui détiennent le pouvoir dans l'Église. Elle est trop contradictoire pour créer la communion et la participation de tous les fidèles. Elle légitime de manière perverse la marginalisation des laïcs et l'exclusion des femmes*[1].

Bien sûr, depuis les dernières années, certaines femmes ont accédé à quelques postes importants dans la structure de l'institution catholique. Ces changements – non conformes aux lois de l'Église – prouvent la bonne volonté des membres progressistes du clergé de la base, qui font preuve de plus d'ouverture d'esprit et de conscience que la curie romaine et ses cardinaux.

Tant et aussi longtemps que les lois qui régissent le fonctionnement de l'Église catholique ne seront pas révisées, ces progrès n'auront donc pas plus de force en pratique qu'une théorie de vœux pieux. Lois ou traditions religieuses patriarcales continuent d'appuyer une violence systémique très sournoise faite aux femmes. Est-ce que le vieux pouvoir clérical patriarcal n'est pas en train de mourir de sa belle mort étant

---

1. Tiré du Concilium 281, juin 1999, revue internationale de théologie, *Le refus d'ordonner des femmes et la politique de pouvoir*, Éd. Beauchesne, Paris, p. 250.

donné qu'il n'a pas suffisamment tenu compte du vivant mouvement des laïques après Vatican II, dont celui de la libération des femmes ? Voit-il que celles-ci et leur descendance se réajustent devant les pouvoirs religieux ? Et que les chrétiennes libérées qui suivent le Christ de la vie sont de moins en moins intéressées à servir le pouvoir des tiares qui les écrase. L'Église, ce sont elles aussi ! Cette Église d'aujourd'hui porte une lourde part de remise en question en ce qui regarde ses grandes responsabilités concernant le cheminement de l'Humanité. Les membres du clergé, sont-ils gagnés par l'évangile du cœur, par la bible de la vie ? Ou veulent-ils continuer de brandir au visage des femmes le Code de droit canonique, **véritable fermeture à la féminité**. Je m'explique...

Le magistère de l'ordre de l'Église catholique est particulier par rapport aux autres pouvoirs. Ceux qui l'assument de par leur autorité savent très bien que ce pouvoir s'adresse à la conscience et à l'âme collective du Monde autant qu'à celles des personnes. Il infiltre et pénètre l'intime profondeur des êtres. Alors ? Les décisions prises, les discours adoptés et les gestes posés par ses porte-parole officiels ont d'énormes répercussions dans nos relations humaines.

Quand le pouvoir clérical a exigé de ses prêtres le célibat obligatoire, il dérogea aveuglément à la grande Loi de la Vie et de l'Amour. À cette époque, il ne possédait pas la capacité de connaître et de mesurer les impacts psychologiques et comportementaux découlant de ce contrôle de la vie affective de ses hommes ordonnés et de combien de femmes tout au long de l'histoire. Cette «hommerie» s'imposa tout de même dans l'espace sacré et secret de l'être humain, là où se fait la rencontre avec le Divin. Cette loi s'est donc octroyé le pouvoir de régir de l'extérieur un droit pourtant tout intérieur de l'être : droit de découvrir, d'apprivoiser, de connaître et d'intégrer sa sexualité à l'Amour dans sa vie relationnelle affective et spirituelle qui est pourtant du domaine privé et personnel.

Ce pouvoir-dictat, contraire à celui de l'Éros divin, s'élève entre la Femme et l'Homme libres, entre des couples et Dieu. Subtilement, il s'est infiltré au cœur des composantes humaines, empêchant même des hommes religieux d'unifier le «féminin» au masculin de leur être. Certains prêtres se sont éloignés dans «leur monde sur-naturel, faussement angélique» en rupture avec l'âme féminine du Monde inconsciemment rejetée avec cette défense d'approcher et d'aimer concrètement la femme réelle. Conséquences?

Combattant ce qui est plus normal, l'amour humain, réfrigérant autant leurs élans affectifs normaux que leurs émotions, l'anormal s'est parfois cristallisé dans la vie religieuse de ces hommes. Certains en sont même devenus à penser qu'ils étaient une élite intouchable, même s'ils commettaient les pires bêtises sexuelles. Contraire à la liberté de choix qui permet d'apprendre et de mûrir, de tomber et de se relever,... la loi du célibat obligatoire est souvent devenue une loi du silence conditionnant un nombre important de prêtres. Ce pouvoir-discipline s'est déguisé en «excuse-paravent» derrière lequel des prêtres se sont réfugiés et se réfugient encore, dominant ainsi leurs amantes, leurs servantes... et toutes les femmes dans l'institution. Cette loi en a déresponsabilisé plusieurs concernant leur vie sexuelle active non intégrée à leur affectivité ni à leur spiritualité, car ne devaient-ils pas s'attacher à personne? Les trop nombreuses agressions d'enfants commises par des prêtres-pédophiles que l'autorité catholique a protégés en ignorant complètement les victimes, sont en grande partie le résultat de cette discipline religieuse abusive et perverse. Ainsi, des religieux...

> (...) *dont la fonction sacerdotale est de construire le Fils de l'Homme et qui, ayant édifié leur pouvoir en compensation de leur puissance intérieure ignorée, ont anéanti l'éros (...)*[1]

---

1. A. De Souzenelle, *Le féminin de l'être Pour en finir avec la côte d'Adam*, p. 209.

...Et leurs comportements sexuels dominants, leurs attitudes de machos paternalistes ont occasionné et occasionnent encore bien des souffrances et/ou frustrations chez beaucoup de personnes, surtout chez les femmes intimement approchées. Certains peuvent même devenir de rusés séducteurs incapables de relations profondes avec la femme! Alors, des idylles amoureuses à répétition les font tourner en rond comme sur un carrousel d'enfants, leur évitant de traverser une crise d'adulte qui les sortirait enfin d'une double vie. À chaque conquête, ne sont-ils pas placés devant le même choix conflictuel: leur relation affective privée via leur fonction sacerdotale publique? Une duperie consciente ou inconsciente continue de s'installer dans la vie de bien des prêcheurs catholiques de l'amour, la loi du célibat obligatoire les ayant dressés à ne pas considérer la relation amoureuse, à la voir comme un obstacle au sacerdoce. Voilà! Des infidèles à leur célibat religieux deviennent aussi des amants volages et infidèles... Les confidences m'ont beaucoup appris là-dessus...

Par ignorance, en 1139, le puissant clergé catholique du Moyen Âge a donc travesti l'Éros du Monde, faisant porter à l'Église entière un lourd costume qui défigure encore aujourd'hui l'Esprit de Vie et l'Essence d'Amour habitant la sexualité humaine, y compris la relation sexuelle.

Éros, puissante énergie créatrice «...*fleuve de vie qui court dans mes membres comme dans la plus humble fleur, qui fait chanter les étoiles...*»[1] qui offre les blés et les fruits, qui perpétue le chant des oiseaux, qui unit les amants, qui me porte à aimer avec mon corps, mon cœur et mon âme,... me fait aussi rencontrer Dieu au cœur de moi, de l'autre et des autres. Je découvre que ce puissant Pouvoir, l'Éros divin, est altéré par un pouvoir d'hommes. Quelle insulte au Créateur! Pourtant, chaque être humain est imprégné de l'éros, qu'on le veuille ou non! Cette nuptiale énergie amoureuse, les anciennes autorités catholiques l'ont négativement associée au pouvoir du démon plutôt

---

1.   A. De Souzenelle, *L'Arc et la flèche*, p. 9.

qu'à Dieu... Eh oui! Il faut cesser de participer à la corruption de la sexualité humaine en ayant peur d'elle! Les autorités spirituelles du Monde doivent apprendre à construire avec elle. Cela suppose que des membres ordonnés de l'Église seront maintenant appelés à réaccueillir librement dans leur vie l'amour particulier autant qu'à reconnaître la femme dans toutes les fonctions profanes ou sacrés qu'ils assument eux-mêmes. Le clergé? S'il devait réapprendre la valeur de la femme-compagne et épouse après n'avoir utilisé d'elle que sa maternité! Cette minoritaire partie de la chrétienté, qui assume pourtant toute une autorité et tout un pouvoir dans l'Église, doit aujourd'hui redonner à l'Éros divin, Essence de la vie et Puissance de l'amour, ses lettres de noblesse! Cette énergie s'inscrit dans le début de toute vie humaine pour la conduire jusqu'à sa Plénitude. Les clercs pourront-ils le faire sans les femmes? Non! Car les Femmes, autant que les Hommes, en sont les dépositaires et tributaires légitimes dans la Création.

Et si le clergé catholique utilisait plutôt son pouvoir d'influence, en réajustant le tir de ses vieux «canons»! Dans sa mire, ne plus jamais considérer les femmes comme des dangers. Grandir spirituellement avec elles suppose donc un important changement des relations humaines vécues entre ses prêtres et les femmes.

Mais aujourd'hui, le clergé encouragerait-il plutôt, et ce très subtilement, la pratique d'un pouvoir dominateur et machiste des hommes, qui peut même glisser vers l'intégrisme religieux? Jésus n'a jamais ni pratiqué ni approuvé cette conduite. Au contraire!

Puis, à propos de Marie de Magdala... le pouvoir religieux catholique se serait-il trompé? Il n'a fait trop facilement d'elle **qu'**une prostituée repentie. Et au cours de l'histoire? Bien des «Marie-Madeleine»! Je veux spécifiquement parler ici de toutes ces femmes aimées ou non, parfois malhonnêtement séduites, toujours dominées, car utilisées et même rejetées après usage par des prêtres qui en plus les ont cachées (et continuent de le faire) telles des prostituées qui n'ont rien fait pour le devenir. C'est sans doute cet état si souffrant de l'âme féminine, ainsi écrasée et méprisée par certains pouvoirs mâles qui dominent la femme, que Jésus a compris. C'est pourquoi Marie de Magdala fut consolée, profondément aimée par le Christ, reconnue dans toute sa valeur humaine et spirituelle. Loin de la repousser, loin d'en avoir peur, Il a fait de Marie-Madeleine sa compagne de vie[1], l'Apôtre de ses Apôtres après sa Résurrection. Mais les grands prêtres, ceux de son époque comme certains de l'Église primitive et de la romaine d'aujourd'hui, n'ont pas saisi cette partie si importante de son Message. Cet Homme nouveau, abandonné et condamné, est donc aussi venu enseigner et sauver la beauté et la grandeur de la sexualité humaine rattachée à la spiritualité. Faudrait-il s'en offusquer? S'en scandaliser? Je crois que c'est parfois difficile pour la Vie, la Vérité, l'Amour, de frayer sa Voie sous les trop épaisses tuniques mâles des pouvoirs légaux religieux!

Aujourd'hui, comment se comporte le pouvoir des systèmes légaux et religieux devant les abus sexuels subis par les femmes, les enfants, les adolescents? Est-ce que les membres du clergé offrent, à la relève catholique et à l'ensemble de la société, des modèles respectueux et accueillants de la Nature féminine comme l'a fait Jésus?

Depuis quatre ans, j'ai essayé d'approfondir ma démarche chrétienne. Aussi, mes réflexions et recherches ont pu faire des parallèles entre des écrits récents et des ouvrages chrétiens aussi anciens que les canons, mais non choisis et non proclamés dans le discours officiel de l'Église. Ces textes, démasquent-ils ce que mon âme avait besoin de découvrir à propos des rapports Homme/Femme et à propos de la sexualité dans ma perspective chrétienne? Ils m'ont éclairée, rassasiée...

---

1. Cité dans l'Évangile de Philippe, corroborant des aspects du message chrétien livré dans l'Évangile de Marie, Myriam de Magdala. Titres des ouvrages sur le sujet dans la bibliographie.

### «Sacré» patriarcat... ou patriarcat sacré?

Voici d'abord une définition du patriarcat:

*Forme de famille fondée sur la parenté par les mâles (...) et sur la puissance paternelle; structure, organisation sociale fondée sur la famille patriarcale[1].*

Selon Badinter,

*Le patriarcat n'est pas qu'un simple système d'oppression sexuelle. Il est (d'abord) l'expression d'un système politique qui a pris appui, dans nos sociétés, sur une théologie. Selon que celle-ci fut autoritaire ou tolérante, respectueuse ou non de l'individu, le patriarcat a montré, au cours de l'histoire, différents visages qui vont du pire au tolérable[2].*

D'abord, je me suis toujours refusée à croire que cette domination patriarcale, dans sa pratique, était consciente de sa violence. Quand un prêtre, après avoir lu mon manuscrit, qualifia mes écrits de violents, je lui ai fait remarquer qu'ils étaient plutôt l'expression d'une criante douleur de femme souhaitant être entendue par les hommes capables de compatir avec la souffrance de l'âme.

Puis, à la suite de mon expérience, j'ai profondément ressenti un harcelant besoin d'aller fouiner quelque peu dans l'histoire pour mieux, me «re-situer» dans ce monde patriarcal et en comprendre le fonctionnement. Le connaissant mieux, je pourrais, moi aussi, avec toutes les autres femmes qui le bravent, foncer dedans pour le brasser jusque dans ses piliers de soutien. Y compris dans ses puissants piliers religieux. Pourquoi encore mieux le connaître? Pour en saisir les forces et les faiblesses. Pour trouver les moyens de s'allier des hommes de cœur. Pour reconstituer avec eux une société aux couleurs d'humanité, plus harmonieuse dans ses rapports hommes-

---

1. Dictionnaire *Le Petit Robert*, Éd. 1977, p. 1378.

2. Tiré du document *Violence en héritage* publié par le Comité des affaires sociales de l'Assemblée des évêques du Québec, 1989, p. 27.

femmes. Pour tisser autrement cette magistrale toile humaine léguée par une violence en héritage, que le patriarcat religieux continue de déchirer jusque dans l'essentiel de sa trame d'origine, celle du couple. Le couple est tout de même la première cellule-base de la société! Si la présence des fibres et nuances féminines pouvait donc n'être plus ignorée ni acceptée seulement «sous condition masculine», ainsi que c'est encore le cas présentement dans les clergés du monde: par les rabbins, les papes, les imams, les dalaï-lamas, les ayatollahs, les évêques...! (Cette dernière énumération de mots honorifiques n'est pas une invention de femmes!)

Dans mon exploration historique, je suis passée par bien des émotions. Plusieurs passages ou citations de nos plus éminents philosophes, de nos plus fameux écrivains ou de nos vénérés saints, m'ont fait passer de la rage au rire.

Une brève rétrospective me semblait indispensable afin d'expliquer le pourquoi d'un féminisme radical qui s'attaqua de plein fouet au patriarcat, il y a déjà quelques décennies. Il avait toutes les raisons du monde de le faire. Fut-il mal compris au début? Après avoir été privées depuis si longtemps de moyens et de pouvoirs, les femmes agissaient pour qu'on les entende, cette fois. Depuis, ce féminisme nécessaire s'est déjà sagement transformé en mouvement très mature, contrairement à ce qu'espérait le pape Jean-Paul ll: «(...) *l'influence des mouvements féministes est en perte de vitesse.*»[1] Le féminisme est là et il le sera «temps» et aussi longtemps que le temps l'exigera, pour que l'histoire n'écrive plus ce qui a déjà été dit ou fait de grotesque et de monstrueux aux femmes par les hommes. Par exemple, les viols si nombreux, particulièrement pendant les guerres, le sexe masculin devenant même l'arme «à blesser, à tuer l'être féminin».

---

1.  Rapporté dans le quotidien québécois *Le Soleil*, du 20 mars 1995.

Autant pour hommes que pour femmes, ce scrutant regard posé sur l'histoire est une invitation à un examen de conscience collectif. On devra bien, un jour, avec le ferme propos et le regret qu'il faut, faire cesser ce péché de brasser toutes sortes de vieilles recettes épicées de misogynie qui nourrissent perfidement les institutions patriarcales du monde.

Les humains ont déjà rêvé de la lune. Devant «le petit pas sur la lune, (pour) le grand pas de l'Humanité» (Neil Armstrong, premier astronaute lunaire), il en est un autre plus important pour la personne. Et ce n'est pas dans l'espace sidéral ni sur la lune, mais bien sur la terre, qu'il est à réaliser et à provoquer. C'est le pas du cœur vers la différence de l'autre. Pour le clergé, cela exige un retour vers ce lieu de rencontre élémentaire homme-femme pour l'ÊTRE même de l'HUMANITÉ.

Espérer une croissance au-delà du patriarcat, dans le respect et la reconnaissance des grandeurs et différences intégrales et fondamentales de la personne, c'est encore mieux que de rêver d'aller sur la lune. La communication n'est pas une sorte de froid voyage technologique explorant les lieux dans tout ce qu'il y a d'extérieur à découvrir. La véritable communication est avant tout le regard, le geste, le toucher, la parole qui ouvrent le monde intérieur, permettant d'atteindre ces chauds lieux de communion, au cœur de nos relations humaines.

L'histoire très ancienne nous apprend que des civilisations ont été matriarcales. Du temps où les femmes n'avaient pas été écrasées par les pouvoirs patriarcaux, les dieux n'étaient pas strictement «mâles». Les peuples primitifs louangeaient aussi des déesses : Gaïa, la Terre, mère universelle de tous, qui éclate de vie comme la femme s'éclate elle-même à la naissance d'un enfant, Tellus ou Cybèle, Titéia, Titée ou Vesta de la mythologie grecque, etc. À cette époque, le rôle prédominant de la femme qui enfantait et prenait en charge les tâches de la vie, du foyer et même de la terre, a fait en sorte qu'elle a pu paraître supérieure à l'homme. Il fut donc un temps – il a laissé une marque indéniable dans le monde – où les humains adoraient aussi des divinités féminines à travers les autres divinités de la nature, comme la Lune, le Soleil, etc. Dieu, nous en faisons et en avons souvent fait ce que nous sommes, l'emprisonnant dans nos propres limites, nos propres pensées, notre propre savoir.

La marche du temps a vu les hommes organiser les liens du clan familial, de la tribu, de la cité, donc de «la culture», pendant que les femmes s'occupaient de «la nature» de la vie. Puis, quand l'homme voulut acquérir une femme d'un autre clan, il dut en payer le prix. C'est ainsi que petit à petit se sont transformées les sociétés anciennes, dont les matriarcales en sociétés patriarcales. Car, *dans la loi qui préside aux échanges, les rôles se sont fixés : la femme est devenue l'achetée ou la vendue, et l'homme est devenu l'acheteur ou celui qui exigeait de la femme une dot pour se marier... La femme achetée est ainsi devenue la possession d'un homme qui, désormais, avait des droits sur elle, et notamment celui de la répudier si elle ne lui donnait pas d'héritier mâle, autrement dit si elle n'honorait pas le contrat*[1]. Les bases du système patriarcal étaient jetées. Ainsi, la loi de Moïse disait que l'homme pouvait répudier sa femme. L'homme devint donc possesseur de la femme dans son rôle de procréateur. La domination de la femme par l'homme apprit même à cette dernière à être soumise : «*Sois belle et tais-toi.*» Cette domination s'est inscrite dans les écrits, les lois civiles et religieuses. Discutables, ces bases du patriacat ? Oui, quant à l'apparition historique temporelle, mais indéniables quant aux effets directs sur nos conceptions de l'humanité même. Entre le **matriarcat** et le **patriarcat**, il y a sûrement place pour un autre système plus adéquat.

Toute la culture – les systèmes politiques et économiques, les traditions, les religions, les institutions – des futures et présentes générations patriarcales s'est ainsi bâtie sur des rapports hommes-femmes tristement biaisés. On n'a qu'à rechercher

---

1. Cette partie de texte en italique que j'ai intégré au mien est tirée presque intégralement du livre de Monique Hébard, *Féminité dans un nouvel âge de l'humanité*, Éd. Droquet & Ardent, 1993, p. 27.

dans l'histoire de la Bible, pour s'apercevoir que l'arbre généalogique n'y est qu'une suite de descendants masculins, avec ici et là quelques rares noms de femmes. C'est si étonnant qu'on ait évacué ainsi les femmes de l'histoire, si aberrant qu'une mutation humaine se soit déshumanisée de la féminité! Cette coutume d'éclipser la femme s'est perpétuée jusqu'à notre siècle. Nouveau: aujourd'hui, nous contestons le patriarcat, cette fausse vérité de l'histoire. Oui, je suis de la génération des femmes qui ont repris leur nom de naissance après l'avoir perdu en prenant époux. Les papiers officiels reconnaissent maintenant l'entité de chaque femme.

Le mouvement féministe s'est levé, s'est avancé. Il a mis le pied dans l'embrasure de la vieille porte du patriarcat. Pour apporter de la fraîcheur : présence et valeurs féminines au fonctionnement du monde. Ce que femme veut, Dieu le veut. Ce sont des relations plus harmonieuses et matures entre hommes et femmes, tout à l'opposé du sexisme. Mais en furetant encore derrière la porte de l'histoire, j'ai entendu l'écho de lourdes paroles...

## Lourdes paroles aux conséquences insoupçonnées

Au cinquième siècle avant Jésus-Christ, Eschyle, dans les *Eunémides*, fait dire à Apollon, ce dieu grec :

*Ce n'est pas la mère qui engendre celui qu'on nomme son enfant : elle n'est que la nourrice du germe qu'elle a conçu. Celui qui engendre c'est le mâle ; elle est comme une étrangère qui conserve la jeune pousse...*[1]

L'homme de cette époque, en plus d'être possesseur, et même propriétaire d'une ou de plusieurs femmes, se reconnaît «**le**» procréateur. Portant la semence, il pense que c'est lui le seul détenteur du germe de la race humaine. Il ne soupçonne pas que la femme ovule, qu'elle porte l'autre moitié du rôle

---

1.    Eschyle, cité dans M. Hébrard, *Féminité dans un nouvel âge de l'humanité, p. 35.*

reproducteur. Monsieur chante alors son bâton de vie dans le désenchantement du rôle de la femme.

Après les déesses de la fécondité, et avec la conception qu'on s'est faite de la vie, sont venus les dieux créateurs, et finalement, un Dieu mâle. Quel pouvoir fourni aux hommes qu'un tel Dieu! On lui a même donné un genre masculin, l'emprisonnant dans nos règles de grammaire, dans la limite de nos langages humains.

Vint Aristote, puissant et célèbre philosophe grec. «Cré» bon vieux Aristote! Il a inconsciemment offert à la femme une descente aux enfers. Cela se passait entre 384 et 322 avant Jésus-Christ:

> *Sa faiblesse congénitale atteint l'âme elle-même et si la femme n'a pas la faculté de délibérer, elle n'a pas celle de décider. (...) C'est le mâle qui transmet l'humanité, porteuse du principe divin, et la femme n'apporte que la matière. La femme n'est donc qu'un réceptacle, le principe actif de la vie étant le sperme. Si le sperme est de bonne qualité, naît un être humain parfait, c'est-à-dire un garçon; s'il est défectueux naît un «mâle mutilé». C'est-à-dire une fille[1].*

Certains résidus d'Aristote ne sont pas faciles à décaper de l'histoire de la pensée. Aussi génial qu'il fût, sa biologie «mutilée» avait simplement manqué de lunettes microscopiques. Depuis cet éclair de l'esprit humain, comment et jusqu'où cette conception erronée a-t-elle pu influencer nos rapports hommes-femmes? La supposée savante théorie de cet homme honorable n'était en fait qu'ignorance. Lorsqu'on répète que le plus grand péché est l'ignorance, doit-on en déduire que le grand philosophe de tous les temps a commis le plus monstrueux? Il a tout de même semé son ravage sexiste dans les pages du grand livre de l'humanité! Certains savants populaires ou lourds patriarches y ont aussi laissé de drôles de traces,

---

1. Aristote, cité dans M. Hébrard, *Féminité dans un nouvel âge de l'humanité*, p. 39.

surtout en théologie. Au diable et dans l'ombre l'ovule et la femme! Et cela pour des siècles et des siècles, amen. Amen?

Non! Pas amen, car la prière des femmes, comme l'action d'ovuler, n'était pas terminée. Les sciences, les guerres et l'art lui-même étaient la chasse gardée des hommes, les femmes étant trop occupées par les tâches naturelles de la vie, de la famille. Et à ramasser les déboires des guerres de leurs chevaliers! C'est encore ainsi! Ainsi-soit-**IL**! On n'a qu'à regarder l'Afrique, le Moyen-Orient, l'Amérique du Sud,... Les Rwandaises (80 % de la population du Rwanda) sont à rebâtir leur pays après les luttes fratricides qui ont décimé leurs hommes.

La venue du Christ sur terre, où il essaya pourtant de redonner la dignité à tous, n'empêcha pas de savants penseurs ou légalistes de porter de durs coups à la dignité des femmes emprisonnées dans de ténébreux raisonnements de cerveaux mâles. On continua de véhiculer une image tronquée de la femme. C'est ainsi que toutes celles du XXe siècle, entre autres, s'habituèrent à se voir comme on leur disait qu'elles étaient, la parole étant aux hommes. Le libre pouvoir humain décide toujours, encore et toujours. Il incruste au plus profond des consciences, par l'entremise des religions patriarcales, une vision particulière des êtres et de Dieu. Vision qu'on a rapetissée et qu'on rapetisse encore dans la limite de nos connaissances. De cette façon, les femmes ont été fort diminuées. On a déjà assuré qu'elles n'avaient pas d'âme. La réflexion d'hommes influents nous transforma même en «bêtes malicieuses»: les sorcières. Ils se sont mis à nous craindre, à se méfier d'une bête avec laquelle ils aimaient pourtant s'accoupler...

«On ne déteste pas vraiment ce que l'on peut mépriser, mais on hait ce qui vous menace.»[1] Aujourd'hui, l'affirmation de la femme a-t-elle déclenché l'utilisation de la violence au niveau du couple parce que des hommes se sentent menacés,

---

1. B. Groult, *Cette mâle assurance*, p. 36.

ou parce qu'ils ne peuvent plus contrôler la femme et qu'ils décident de riposter ?

« Une sentence des rabbins disait que chaque homme devait chaque jour remercier Dieu de ne pas l'avoir fait naître femme, non plus que païen, ni que prolétaire ! »[1] Ça se passait au temps de Jésus.

Clément d'Alexandrie, écrivain et docteur chrétien d'Athènes, nous laissa ceci aux alentours de l'an 200 de notre ère : « Toutes les femmes devraient mourir de honte à la seule pensée d'être des femmes »[2]. Je n'ai jamais pu comprendre comment des hommes en étaient arrivés à raisonner ainsi, après être sortis du ventre de leur mère ! Malheureusement, quelque chose de crucial s'est produit au IIIe et IVe siècle pour les femmes chrétiennes.

*En 364, le concile de Lasdicée interdit aux femmes l'entrée du sanctuaire à cause des particularités biologiques de leur nature, et prescrit de ne plus nommer de femmes «anciennes» (presbytres)[3] des communautés. (...) Épiphane, évêque de Salamine en 367, écrit que «la race des femmes» est écartée des fonctions sacrées parce qu'elle est faible, versatile, d'intelligence médiocre» (...) Les canons d'Hippolyte (IVe siècle) en Égypte demandent que les veuves ne soient pas ordonnées, «car l'ordination est pour les hommes.[4]*

D'où la naissance du clergé masculin qui s'organisait dans l'Église, mettant d'abord de côté les presbytres féminins, responsables elles aussi des anciennes communautés chrétiennes ; puis, plus tard les épouses des prêtres. Ce clergé accoucha ensuite des très saints Pères de l'Église. Ils ont alors battu des records. À cette époque, on commença à appeler les femmes «les personnes du sexe». Eux, en avaient-ils un, caché sous la

---

1.  D. Rops, *La vie quotidienne en Palestine au temps de Jésus*, p. 156-157.
2.  Clément d'Alexandrie, cité dans M. Hébrard, *Féminité dans un nouvel âge de l'humanité, féminin et masculin, l'âge de l'alliance*, p. 41.
3.  Presbytres, presbytéral, presbytère : qui a rapport aux prêtres.
4.  M. Hébrard, *Féminité dans un nouvel âge de l'humanité*, p. 45.

lourdeur de leur robe d'apparat? Certains ont-ils occulté ou trop valorisé le leur, oubliant la simplicité de leur père et de leur mère? Pourtant, saint Augustin (354-430), évêque d'Hippone, a expliqué l'âme «asexuée».

*Si la femme est malgré tout image de Dieu, ce n'est que par le biais de l'homme puisqu'elle est tirée de lui, «formée de la fermeté de son os». Cet os lui donne sa force tandis que le pauvre homme devient faible à cause d'elle, «puisque la côte ne fut pas remplacée par une côte mais par de la chair. Conséquence: «Selon l'ordre de la nature, il convient que la femme soit au service de l'homme car ce n'est que justice que le moins doué soit au service du plus doué.»*[1]

La recherche sur la compréhension de notre propre humanité a vécu et vit encore des tâtonnements. Ce que l'on croit être des certitudes aujourd'hui est encore à requestionner! Alors, à ces pieux hommes au grand pouvoir de nous questionner un peu, nous les femmes, et sans réponses toutes prêtes à l'avance!

L'apogée de cette descente des femmes dans les abîmes de notre histoire continua avec le Moyen Âge. L'incompréhension de la sexualité a fait penser et réaliser les pires horreurs au sujet des femmes. Parce qu'elles se révoltaient, se rebellaient en tant qu'êtres respectables et intelligents, des hommes d'Église les ont perçues laides, imaginant le mal en elles au lieu de comprendre ces âmes souffrantes. Et lorsque lesdites sorcières mijotaient savamment dans leurs chaudrons des potions guérissantes à l'aide des plantes de la nature de Dieu qu'elles connaissaient bien (les hommes l'ont pourtant fait dans leurs laboratoires), on les soupçonnait d'alliance maléfique avec le démon et on les tuait. Quant au sacré? Il fut détraqué avec cette incompréhension de la personne humaine, dans ses valeurs féminines! Je ne peux m'empêcher ici de penser à la théorie du reflet ou du miroir qui, en psychothérapie, renvoie à l'autre sa propre vision du monde. Il fallait que ces anciens penseurs

---

1. M. Hébrard, *Féminité dans un nouvel âge de l'humanité, féminin et masculin*, p. 41-42.

religieux aient un peu de « diable » en eux pour ainsi raisonner et voir la femme !

Ah ! mon Dieu ! Le mépris a dû quelquefois coucher en cachette avec la folie.

*Cette grâce féminine n'est que sang, humeur et fiel. (...) Et nous qui répugnons à toucher même du bout des doigts de la vomissure et du fumier, comment donc pouvons-nous désirer serrer dans nos bras le sac d'excréments lui-même.*[1]

Entre la grâce et le sac d'excréments, il y avait une femme. Pauvre femme que la mère de cet abbé de Cluny, et pauvre abbé de Cluny qu'un sac... (je n'ose plus le répéter) avait pu mettre au monde. La vue du sang et la peur de celui-ci, qui coulait pourtant dans les veines des hommes autant que dans celles des femmes, ont quand même placé la femme dans la catégorie des êtres inférieurs et impurs à cause de ses menstruations, phase indispensable au cycle de la vie.

*Seul l'homme est l'image et la gloire de Dieu ; la femme, elle, est la gloire de l'homme. La femme est la sensualité même car celle-ci domine les femmes.*[2]

Si la femme est la sensualité même, c'est tout de même drôle que vous en fassiez votre gloire, aurais-je demandé à ce pudique évêque.

*L'image de Dieu est trouvée dans l'homme, et pas dans la femme parce que l'homme est le principe de la femme. (...) car la vertu active qui se trouve dans la semence du mâle vise à produire quelque chose qui lui soit semblable en perfection selon le sexe masculin, mais si c'est une femme qui est engendrée, cela résulte d'une faiblesse de la vertu active ou de quelque mauvaise disposition de la matière ou encore de quelque transmutation venue du dehors.*[3]

---

1. Odon, abbé de Cluny, X$^e$ siècle, cité dans M. Hébrard, *Féminité dans un nouvel âge de l'humanité*, p. 43.

2. Pierre Lombard, évêque de Paris, XII$^e$ siècle, cité dans M. Hébrard, *Féminité dans un nouvel âge de l'humanité, féminin et masculin, l'âge de l'alliance*, p. 43.

3. Saint Thomas d'Aquin, cité dans M. Hébrard, *Féminité dans un nouvel âge de l'humanité*, pp. 45-46.

Thomas ou pas, plus personne ne croit à ces dires. Quelques femmes ont dû s'accoupler à de «bons petits diables», parce qu'il en est curieusement sorti des savants, des héros et de grands saints! Il paraît que bien des textes de saint Thomas ont d'ailleurs fait l'objet d'une censure dans l'Église, ce qui porte à croire que peut-être il n'aurait pas été toujours aussi sévère ou incompréhensif envers la femme. Mais ce que je retiens, c'est le contenu des textes choisis qui s'enseignaient aux hommes d'Église. Voici dans le même esprit, une autre petite pensée de saint Thomas: «Rien ne tire autant l'esprit de l'homme vers le bas que les caresses d'une femme.[1]»

Après toutes ces citations du passé aujourd'hui dépassées, on comprend pourquoi le concile de Latran, qui se situe à une époque de constats ridicules et odieux au sujet des femmes, a laissé de tels résidus légaux dans l'Église. «Au Moyen Âge, l'Église comme l'État ont tous deux donné aux maris le droit légal d'infliger même des châtiments corporels.» Et l'Église ajoutait: «Que cela se fasse dans la dignité»[2]. Tout ça est bien loin de ces paroles du Christ: «Que le premier d'entre vous qui n'a pas péché lui lance la première pierre». La religion catholique n'est pas la seule à avoir influencé les hommes, à avoir dominé les femmes. Toutes les grandes religions du monde sont patriarcales. La religion musulmane contemporaine en est un flagrant exemple dans ses mouvements fondamentalistes dangereux. Dans le Coran, on lit:

> *Les hommes ont le pas sur les femmes, à cause de la préférence que Dieu a manifestée pour les uns sur les autres (...) Celles dont vous craignez la rébellion, exhortez-les, reléguez-les dans les chambres où elles couchent, frappez-les...*[3]

---

1. B. Groult, *Cette mâle assurance*, p. 67.

2. Citations extraites du document publié par le *Comité des affaires sociales de l'Assemblée des évêques du Québec, Violence en héritage*, 1989 p. 26.

3. Sourate IV, verset 34, Cité dans Hébrard, 1993, p. 49.

Quelle sauvagerie dans ces textes que l'on croit inspirés de Dieu ! Il peut bien y avoir de la violence, des guerres, des tueries dans le monde ! Depuis des temps si lointains, les enfants voient, dès leur jeune âge, des comportements dominateurs, parfois si violents et contrôlés par la force, à l'intérieur des familles. Des femmes se sont souvent sacrifiées pour l'honneur d'un homme, pour la durée à vie de leur couple et leur famille. Comme ces femmes attachées aux valeurs familiales envers et contre tous, résignées à accepter les comportements violents et rabaissants d'un mari dominant, bien des pratiquantes catholiques tolèrent les autoritaires directives du clergé parce qu'elles sont subjuguées par la tradition catholique comme étant une famille spirituelle à ne pas laisser tomber. Le sexe faible a été ainsi longtemps sous le contrôle du sexe fort dirigeant aussi l'économie et la politique des institutions. Il l'est encore sous plusieurs cieux ! Il m'arrive hélas de penser que dans certaines contrées, toujours en guerre, des femmes sans visage à cause de leur religion ne sont même devenues que des «fabriques de chair à canons».

> Tout au cours de l'histoire, à travers les révolutions et les réformes, les hommes ont cherché à construire une nouvelle société fondée sur l'égalité et la liberté. Cependant leur projet, d'abord politique, puis économique et social, ne concernait qu'eux-mêmes. S'ils ont lutté pour l'obtention de droits, les femmes en furent longtemps exclues. En France, «alors que l'idéal révolutionnaire plaçait l'égalité formelle au-dessus des différences naturelles, le sexe resta l'ultime critère de distinction»[1].

Cette société fondée sur l'égalité et la liberté avait encore à se «révolutionner» dans les rapports hommes-femmes les plus élémentaires. Les hauts et les bas de la longue période historique du patriarcat ne se sont-ils pas perpétués d'une génération à

---

1.  Comité des affaires sociales de l'Assemblée des évêques, *Violence en héritage*, p. 27.

l'autre jusqu'à notre siècle? Nous en avons fait nos croyances religieuses, nos traditions, et surtout nos institutions.

Je ne peux m'empêcher de citer ici quelques propos cocasses d'une époque lointaine, propos triés sur le volet dans le livre de Benoîte Groult, *Cette mâle assurance*. Nos hommes d'aujourd'hui n'oseraient plus les prononcer sous peine de faire les grandes manchettes des journaux, ou d'être «jugés non bienvenus» dans leur propre système de lois patriarcales.

> *Nos paroissiennes se mettent à porter une croix ou l'image du Saint-Esprit pendu au col (...) en quoi elles feraient mieux d'y porter l'image d'un crapaud ou d'un corbeau, attendu que ces animaux se plaisent parmi les ordures*[1].

Pauvre monsieur Juverney! Ordures que le décolleté d'une femme? Dans la pure innocence de son enfance, il avait pourtant sucé la vie à même les seins d'une femme. Comme quoi le temps de leur jeunesse irait mieux à certains personnages ayant perdu, à l'âge adulte, leur enfance du cœur. J'espère qu'il m'entend de «l'autre bord» et qu'il se sent un peu penaud...

C'est difficile de se rappeler une si douloureuse réalité au sujet des femmes. Si je me le suis permis, ce n'est surtout pas pour éveiller de vieux démons ou pour attiser des rancœurs autant chez les hommes que chez les femmes. Cette incursion historique m'a mieux fait comprendre la naissance d'une telle loi inhumaine, maintenant dépassée, et bien d'autres comportements sexistes d'aujourd'hui, à combattre.

Puis, avant l'admission des petits garçons dans les chorales d'église, on a tout de même pratiqué la castration des enfants mâles, pour, que devenus hommes (sic), ils gardent des voix de sopranos.

> *Sont seuls admis comme membres d'un chœur ecclésiastique des hommes d'une piété reconnue. On n'acceptera pas de voix*

---

1. Père Pierre Juvernay, cité dans B. Groult, *Cette mâle assurance*, p. 70.

*féminines dans les chants religieux, on fera pour les partitions de soprano et d'alto appel à des jeunes garçons*[1].

Mon intrusion dans la culture du passé démontre bien que l'effet du patriarcat n'a pas fait seulement mal aux femmes... Les hommes sont allés jusqu'à se mutiler sexuellement pour nous éclipser dans l'Église-Mère. L'Église-Mère, l'avoir ainsi baptisée, est-ce plus frustrant qu'honorant pour les femmes que le clergé a mises de côté? (Je dois cependant avouer que les femmes ont gagné beaucoup de terrain dans les chorales d'église.)

Et il n'est pas si loin le temps de nos grands-mères, de nos arrière-grands-mères québécoises, avec des enfants à la douzaine, qui ont eu le cœur, l'esprit et le corps conditionnés par des carcans religieux, des principes débridés et malsains.

*Considérez, ma très chère sœur, qu'un mari qui chérit sa femme ne peut garder sa continence. Vous êtes tenue, sous peine de très grave péché, de lui ouvrir vos bras et de donner satisfaction à ses sens (...). Si, par exemple, vous vous trouveriez prise d'un gros besoin et si, ayant exprimé à votre mari le désir de satisfaire aux nécessités de la nature, celui-ci vous engageait à remettre la chose au lendemain, vous vous diriez assurément que votre mari est un imprudent ou un imbécile et vous iriez déposer votre « merde » dans un lieu quelconque. La situation dans laquelle se trouve votre mari est tout à fait semblable. Si vous refusez de le recevoir, il ira répandre son sperme dans un autre vase que le vôtre et vous porterez le péché de son incontinence*[2].

Lorsque bien des catholiques se sont décidés à rejeter ces exagérations, les vraies valeurs universelles du Christ ont parfois suivi avec elles. Quel dommage ! Quand un édifice est construit avec trop de mortier entre les briques, le mortier, s'effritant un jour, place la maison en danger de s'effondrer. Et c'est

---

1. Pie X, cité dans B. Groult, *Cette mâle assurance*, p. 76.
2. *La manuel secret des confesseurs*, 1880, cité dans Groult, 1993, p. 75-76.

parfois difficile de «refaire avec du vieux». Un jour ou l'autre, on ne peut plus cacher les défauts. Il faut une rénovation en règle. C'est la même chose pour les institutions. Quand les règles de fonctionnement finissent par étouffer les principes de base, il faut retourner vers l'essentiel qui soutient. **Pour l'Église, c'est l'Évangile. Non ses canons!**

Les femmes d'aujourd'hui savent ce qu'elles valent et ce qu'elles veulent. Elles réclament être parties prenantes des orientations de l'humanité. Elles ne veulent plus jamais être définies ou perçues comme des objets sans âme. Elles n'endurent plus qu'on pige en elles la grandeur d'âme et le cœur, tout en les excluant, comme si on siphonnait la brume spirituelle d'un corps qu'on rejette, qu'on repousse, dont on ne veut pas, et dont on a peur.

## Mutation: nouvelle alliance hommes-femmes

Ma génération a vu la percée parfois très ardue des femmes dans l'univers des hommes. Petit à petit, elles se frayent une route neuve dans l'histoire. Les découvertes de la science et les moyens modernes de communication étendus à la grandeur de la planète sont témoins de leur présence dans l'action du monde. Elles ne veulent plus être ignorées ou rabaissées pas plus que sublimées par le patriarcat ecclésial, car les femmes savent que «(...) dans l'Église, sublimation et mépris ont toujours été les deux faces de la même médaille, et le plus sûr moyen d'éviter le face-à-face égalitaire»[1].

La Vierge Marie juchée en statue sur tous les socles des églises a curieusement permis au clergé de garder à distance les vraies femmes bien en chair, en intelligence, en cœur et en âme. Sans vouloir diminuer le respect dû à la mère de Jésus, j'avoue que c'est facile pour ces hommes d'aimer une femme qui jamais ne dérange, ne questionne, ne revendique concrètement!

---

1. M. Hébrard, *Féminité dans un nouvel âge de l'humanité*, p. 32.

Pourtant, quand Marie a été présentée à Jean au pied de la croix, «Voici ta Mère», son Fils voulait dire à ce disciple que Dieu-Père était aussi une Source-Vie-Mère, imagée humainement par un visage de femme à accepter dans toutes les autres femmes. Puis, avec «Voici ton Fils», n'invite-t-il pas la féminité dominée à prendre sa place dans l'organisation masculine du monde, un monde devant croître aussi de cette fécondité spirituelle féminine?

La découverte de l'ovule de la femme vers 1800 a fait sauter à jamais les théories de ce bon vieil Aristote et de quelques-uns des Pères de l'Église. Plusieurs femmes, dans un grand nombre de pays, ne tolèrent plus d'être étouffées par les pouvoirs religieux. De nouvelles sciences humaines – telles la psychologie, la psychanalyse – bouleversent et transforment la société d'aujourd'hui, société profondément divisée en son cœur par l'héritage inharmonieux du passé. Associées à la foi en l'humain et en Dieu, ces nouvelles connaissances finiront par être nos véritables alliées, travaillant à la libération humaine à travers une saine spiritualité.

Un article scientifique[1] sur la génétique affirme que la cellule humaine, mâle ou femelle, contient dans son noyau 46 chromosomes, exception faite des cellules du sperme et de l'ovule qui, elles, n'en ont que 23 chacune. Cette complicité de l'homme et de la femme est une révélation d'égalité, un trésor caché que la Vie a enfoui dans leur aspect physique même s'ils sont différents. Cette égalité dans leur délicate formation biologique s'inscrit jusque dans les noyaux des cellules. Seuls les deux minuscules corps nécessaires à la reproduction, les gamètes, se présentent complémentaires dans leur composition chromosomique : les 23 chromosomes de la cellule du sperme avaient besoin des 23 chromosomes de la cellule de

---

1.   Publié dans le journal *Le Soleil*, quotidien québécois, le 5 février 1995, cahier C : 1.

l'ovule pour reformer la vie humaine. Importante et grandiose, cette vérité ! Langage sexué, amoureux, silencieux de Dieu !

Et quelle surprise m'attendait au Musée de la civilisation à Québec, lors de l'exposition intitulée *5,5 milliards d'hommes et de femmes, tous parents, tous différents* ! J'y ai fait une découverte merveilleuse ! La mélanine saborderait-elle bien des préjugés ? Mais il fallait d'abord la découvrir.

Cette substance vivante nous parle de l'Artiste divin. Il utilise dans sa création la mélanine – un pigment brun – en plus ou moins grande quantité dans la structure de la cellule humaine. Oui, c'est bien la dose plus ou moins importante de cette substance qui détermine la couleur des yeux, des cheveux et aussi celle de la peau. Donc, les habitants de la planète n'ont plus à être divisés en races : jaune, rouge, noire ou blanche. Ils varient simplement de tons, du plus clair au plus foncé, tous sœurs et frères en humanité et en Dieu, égaux de par leur cœur ! Chacun, chacune est un chef-d'œuvre unique. L'hérédité y jouant son rôle comme dans une loterie, les différentes familles humaines héritent donc simplement d'une touche divine aux couleurs nuancées particulièrement variées.

Ces connaissances modernes viennent percer les murs de l'ignorance et confirment qu'au delà des apparences, la Vie au cœur de la nature humaine est partout diversifiée. Elle est cette vitale lueur du divin que parfois on éteint ou laisse briller dans l'infinie variété de nos habits de peau nuancés et sexués.

Les barrières, les faux murs que nous avons élevés autour de nous en gonflant nos différences jusqu'à les ériger en religions ennemies, en racisme, en sexisme, en discipline contre Nature, ne sont en fait que les miroirs de nos propres limites vis-à-vis de l'Auteur de l'Univers. Que dire alors de ces barrières qui empêchent l'homme et la femme de véritablement se rencontrer, telle la loi du célibat obligatoire ? Oui, cultures et croyances donnent à chaque peuple et à chaque personne une identité propre ; mais cultures et croyances transportent aussi avec elles la vérité comme le mensonge, l'évolution comme la décadence, la laideur comme « la noblesse et la beauté et le bonheur délicieux ainsi que l'horreur et l'indifférence et l'aveuglement[1] », la paix et la violence. Et cette culture du patriarcat, où se situe-t-elle par rapport à la femme qu'elle domine ?

Se conjuguer à l'Amour, ne serait-ce pas refuser la domination et repousser toute répression de l'un par l'autre ? Cette loi de l'Amour, ne faut-il pas la pratiquer au cœur même de la relation homme-femme, au cœur du couple et de nos institutions, surtout religieuses, pour « être » à l'image de Dieu ? Nous aurons beau parler de l'Amour, de ce pouvoir extraordinaire d'aimer dont est capable l'humain, si nous le déformons, ne sachant pas bien nous en servir, comme il peut nous étouffer, nous écraser ! C'est ce que produisent l'amour-égoïsme, l'amour-possession et l'amour désincarné, et cela dans le couple, dans le célibat et partout ailleurs.

Un jeune prédicateur de ma région, marié et père de famille, a très bien imagé ce que doit être l'Amour du couple.

> *Pour que le couple fonctionne, l'un ne doit jamais s'agenouiller devant l'autre ou s'ignorer complètement pour plaire à l'autre. Homme et Femme doivent pouvoir être tous les deux des personnes libres et entières, debout l'une devant l'autre, se retrouvant dans un face-à-face égalitaire, comme lorsqu'on se tend les bras pour se parler au cœur. Les deux côtés humains, le féminin et le masculin, forment ainsi le Grand « **H** » majuscule du mot humanité..., pour* **ÊTRE** *véritablement* « **H** »*umanité.*

Les lois de la Création ont quelque chose de divin en elles. Celle de l'Amour est à la cime de ces lois pour l'Humanité. Et parce que la règle du célibat rattachée à la prêtrise est obligatoire, elle enfreint cette liberté de l'Amour. Tel l'Esprit ou le vent, l'Amour n'avertit pas à l'avance de sa venue. Il s'est présenté à bras de chair ouverts sur une croix de bois, debout

---

1. F. Scott-Maxwell, *Plénitude de l'âge*, p. 75.

comme un Arbre, portant ses fruits d'Amour à un monde trop violent qui crucifie la Vie. Des femmes L'ont compris, suivi..., en pleurant du même chagrin que Lui.

### Un code... à ré-viser dans ses canons...

Dans le Code de droit canonique, il manque donc une partie de cette grandeur et de cette vérité que le Créateur a inscrites dans le couple humain jusque dans ses «microcellules». Aussi, la loi du célibat obligatoire méconnaît cette autre grandeur et vérité: l'Éros, cette divine Puissance de l'Amour et Source de toute vie, autant féminine que masculine, invitant l'Humanité à se rencontrer dans l'homme et la femme... invitant, aussi, autant la femme que l'homme à devenir «un être unifié» dans ce qu'il ou elle porte de masculin et de féminin, d'humain et de divin. Si la matière a été physiquement si bien partagée entre les deux sexes, pourquoi la fécondité spirituelle n'appartiendrait-elle pas tout autant et également à la femme comme à l'homme? Pourquoi la domination de l'une par l'autre?

Pour garder cette exclusivité masculine de la prêtrise, on a souvent invoqué que la femme avait aussi un privilège: celui d'enfanter. Encore cette vieille raison d'Aristote qui refait surface, comme du lait caillé qui remonte sur le café dans une tasse: la **maternité** physique aux femelles, la **maternité** spirituelle (?) aux mâles qui flottent au-dessus du reste. Encore une complication pour surestimer la nature et la valeur des hommes et les éloigner de leur responsabilité de paternité tout court. Lorsqu'on y pense, le sang du clergé, circulant dans des veines viriles seulement, donne tout un coup de pouce au patriarcat en se réservant le «faîte-pouvoir» de la très Sainte «Mère» Église. Dire que l'Église est une mère, quand tous ceux qui la dirigent sont des hommes, devient de moins en moins acceptable pour les femmes. On a déjà trop fait, de l'Église catholique, un corps symbolique spirituel féminin auquel seulement le clergé **physiquement** masculin se marie pour qu'Elle soit féconde spirituellement... Qu'arriverait-il si les femmes décidaient de voir l'Église comme un grand corps symbolique spirituel masculin représentant le Christ, auquel seul un clergé **physiquement** féminin se marierait ? Si on revenait tous et toutes à des propos moins intellectuels, plus proches du vécu, du cœur, de l'âme des personnes, pour ne pas nourrir l'exclusion...

Est-ce que la maternité est plus grande que la paternité ? Faudrait-il cesser de le penser ? Les deux sont indissociablement liées et indispensables à la vie. L'une est très grande. L'autre aussi. Si seulement l'homme pouvait universellement porter sa paternité avec cette notion du sens des responsabilités qui incombe à la femme dans sa maternité ! (Réalité que l'on rencontre de plus en plus, cependant, dans nos pays sensibilisés à la démocratie et à la juste répartition des tâches.)

Mais le fait de prier un Dieu Père aujourd'hui ne suffit plus à ceux qui essaient de se donner bonne conscience en l'invoquant. Des hommes fuient encore leurs responsabilités paternelles ou abusent de leurs pouvoirs masculins, si religieux soient-ils. La mise au monde des enfants et leur éducation, ainsi que les moyens contraceptifs pour contrôler les naissances, ne retombent-ils pas toujours plus lourdement sur les épaules des femmes ? Justement, la paternité responsable n'aurait-elle pas été éclipsée et minimisée par ceux qui ont gonflé et sublimé la valeur de la maternité ? La paternité a quelque chose d'aussi palpable et concret qu'un corps de femme qui se donne pour la vie et pour l'amour.

Toute l'organisation sociale, y compris celle du travail qui commence à se réévaluer quant à ses lacunes flagrantes, n'était-elle pas structurée d'après cette vision masculine ? Le fonctionnement du monde économique profite-t-il encore abusivement du rôle vital, sublimé et important de la femme-mère dans la société ? Le nombre de plus en plus élevé de femmes vivant dans la pauvreté reflète cette image. Pauvreté matérielle, oui, mais aussi pauvreté de femmes dans d'autres champs de la vie. Elles luttent et luttent encore pour y œuvrer, parce que l'organisation masculine leur en rend trop difficile l'accession et l'ascension. Les valeurs féminines proches de la vie concrète et chaude de la famille ne sont-elles pas trop absentes des froides organisations et structures institutionnelles et politiques? Où se situe le clergé là-dedans? **La recherche de l'harmonie, pour la redonner à notre Humanité, commence sûrement par la stabilité et l'équilibre des forces féminines et masculines que la Vie a installées profondément dans l'origine et la continuité de toute la Création!** Cela, d'abord dans chaque être humain.

Et d'ailleurs, si l'on s'habituait à accepter la grandeur du sacerdoce comme étant aussi légitime pour les femmes que pour les hommes? Sans les sublimer ni les rabaisser dans ce qu'elles sont! On entend souvent dire: «À travail égal, salaire égal». Pourrais-je ajouter: «À valeur humaine égale, reconnaissance humaine et spirituelle égale»? Cette reconnaissance ne nuirait sûrement pas à l'établissement de l'harmonie entre les sexes.

J'ose avouer ici, avec une certaine audace, que de me voir dans une classe à part du monde, comme c'est le cas pour le clergé d'aujourd'hui, je ne me sentirais pas très bien. J'espère que cet écart entre le clergé et le laïcat – qui se rétrécit depuis quelques décennies – finira par ne plus exister, comme au temps de l'organisation toute simple de l'Église chrétienne originelle, sans dogmatisme ni faste. Je ne viens pas nier le besoin d'une autorité et d'une structure dans l'Église, mais je les vois organisées avec simplicité en respectant l'image de Dieu qui nous a façonnés, hommes et femmes. Ils et elles décideraient ensemble des grandes missions de l'Église et du choix de leur chef. Un dialogue franc sur les questions profondes des relations humaines et de la sexualité remplirait sûrement ce fossé créé entre eux. Jésus, l'Être sans fioritures, n'a pas fait tout un plat de problèmes avec la sexualité ainsi que l'a fait l'Église au cours de son histoire. L'œcuménisme chrétien est présentement irréalisable à cause de certaines divergences religieuses.

Une question incontournable se pose : comment concilier le mariage des pasteurs protestants d'une part et le célibat obligatoire des prêtres catholiques d'autre part ?

Comme le dit si bien Henri Laborit dans *Dieu ne joue pas aux dés* :

> *N'est-ce pas la propriété individuelle des choses et des êtres, dont il est facile de montrer qu'elle n'est que le résultat d'un apprentissage, d'un automatisme culturel, qui crée en retour l'agressivité contre elle ? Celle-ci va provoquer un sentiment d'insécurité chez ceux qui possèdent, et ils défendront leur propriété en s'abritant derrière la force de la loi, considérée comme juste, équitable, puisqu'elle répond à ce qu'on appelle un « droit légitime ».* [1]

Le Code de droit canonique est-il bien celui que les membres du clergé invoquent comme « leurs » droits légitimes, pour refuser le mariage aux prêtres ou le sacerdoce aux femmes ? Ces règles sont bien le résultat d'un automatisme culturel qui s'est installé au cours des siècles et qui s'est rendu jusqu'à nous aujourd'hui. Des hommes se sont donné des privilèges, jusqu'à s'octroyer la fécondité (paternelle et maternelle ?) spirituelle, exclusive dans la prêtrise. Et n'utilisent-ils pas, dans un sentiment d'insécurité devant les revendications des femmes, la force et l'exclusivité de leurs lois religieuses ?

Tout cela me fait penser aux grands prêtres du temps de Pilate qui ont utilisé l'exclusivité de leurs lois religieuses pour juger et condamner Jésus, la Vie. Ont-ils compris que c'était plutôt l'Homme-Dieu qui les jugeait ? Mais... par peur de perdre leur prestige ou leur poste élitiste... étouffant la Voix de leur conscience pour écouter celle des puissances extérieures, ils ont d'abord tué Dieu au cœur d'eux-mêmes avant de Le crucifier publiquement. Pourtant, c'était le vécu des gens qui intéressait l'Homme-Dieu. Il a dénoncé avec forte autorité les principes moraux tordus et embarrassants, les pouvoirs scabreux et

---

1. H. Laborit, *Dieu ne joue pas aux dés*, p. 221.

hypocrites, osant même traiter de sépulcres blanchis ceux qui s'accrochaient trop à leurs lois religieuses.

Réfléchir sur certains sujets controversés, c'est se poser tellement de questions! C'est parfois découvrir des réponses et, surtout, émettre des opinions. Mais bien des femmes ne veulent plus de réponses évasives... n'acceptent plus les détours polis et encore moins les décisions arbitraires... se considèrent responsables vis-à-vis des lois, des droits, des devoirs et des réalités qui les touchent personnellement et de façon particulière. Elles sont donc capables de décider avec les hommes du contenu des lois. En ce qui touche les questions spirituelles, si Dieu nous créa à sa ressemblance, femme et homme, ce doit être pour qu'ensemble nous décidions et vivions ce qui est bon pour l'Humanité, féminine et masculine. Les religions et leurs lois, forgeant les cœurs, les consciences, influencent les comportements des gens.

## Notre foi religieuse supporte les bases de nos comportements sociaux

J'ai été formée, jusqu'au plus profond de mon être, à penser que les hommes devaient être des décideurs. Mes grands-pères et mon père étaient des «chefs» de famille. Les sermons du dimanche, au temps de ma jeunesse, se sont souvent chargés de me le rappeler.

Encore aujourd'hui, je le répète, flanquées de dirigeants et de décideurs mâles, les religions continuent de nourrir indirectement et très subtilement la prise en charge et l'organisation de toutes les autres institutions mondiales : politiques, militaires, scientifiques, économiques et culturelles. Ainsi des hommes s'octroient, culturellement parlant, la plupart des postes de haut pouvoir en véritables monarques, la chose allant de soi. C'est très difficile, autant pour les hommes que pour les femmes, de changer la conception de ce monde au masculin. Dans leur façon d'élever garçon(s) et fille(s), de bonnes mères de famille mettent aussi le bras à la roue afin que continue à tourner ce lourd patriarcat.

Or, en vivant une relation particulière avec un prêtre, j'ai été encore plus éveillée à toutes ces réalités de vie imprégnées dans nos croyances et supportant les bases de nos comportements sociaux. La démocratie change lentement le paysage. Mais l'Église catholique, du haut de sa hiérarchie romaine, fait piètre figure en ce domaine. Elle ne répond pas à cet appel d'une véritable alliance de la féminité et de la masculinité, dans le monde de la culture et de la nature. Je crois que bien des prêtres des milieux populaires souffrent de cet autoritarisme aliénant de Rome, car ils sont touchés par la lutte des femmes.

À travers leurs Églises structurelles (bouddhiste, islamiste et chrétienne) les grands dirigeants religieux continuent de perpétuer l'autorité masculine. Forgeant cette continuité par les lois de leur ancestral système, ils incrustent – mais plus difficilement qu'autrefois – leur vision des êtres et du monde dans les esprits et les cœurs des jeunes d'aujourd'hui. D'une génération à l'autre, ici et là sur terre, des petites filles apprennent donc encore à accepter comme une évidence infaillible leur rôle de servantes silencieuses, d'après la vision de ces décideurs publiquement sacrés. Mais le féminisme continue de poser son pied sur ce serpent qui blesse et empoisonne parfois l'Humanité...

L'intégrisme de l'Islam endoctrine toujours les femmes à devenir des êtres informes, sans visage, sous la noire prison de leur tchador. Les croyances d'un Coran démoniaquement interprété exigent la soumission à une religion gonflée à l'extrême de pouvoirs mâles. On en est même venu à mutiler des millions de petites filles chaque année en s'attaquant, par l'excision ou l'infibulation, à la nature même de la femme telle que Dieu l'a créée ; ceci afin d'offrir au futur mari l'assurance de la virginité de son épouse, pour qu'elle n'éprouve pas un appétit sexuel trop vorace et qu'elle n'expérimente pas la jouissance physique. Ainsi l'homme peut-il se permettre de collectionner les épouses comme on collectionne les objets ! Inouï ce qu'on peut faire au nom de sa culture et de sa foi! Comme l'Éros divin est malmené en l'humain, par l'humain!

Les religions patriarcales sont présentement les points d'appui d'un engrenage déséquilibré dans les relations hommes-femmes, et par ricochet dans toutes les institutions, y compris le mariage.

L'Esprit d'un temps nouveau réveille des femmes partout dans le monde: catholiques, musulmanes, etc. À titre d'exemple, au dernier Synode diocésain de Québec, 210 voix sur 335 votèrent pour l'ordination des femmes. La résolution exigeait 223 voix, soit les $2/3$, pour être adoptée. Ratée de justesse! On ne l'a pas crié fort. Signe avant-coureur (ce n'était qu'un vote consultatif... et discutable par les clercs décideurs) des changements qui s'imposent. Cependant, la résolution de l'ordination des hommes mariés a été acceptée. Les grands virages historiques demandent donc énormément de patience aux femmes et donnent toujours à l'homme la première place.

En 1995, j'ai suivi quotidiennement, par l'entremise des journaux et surtout par l'émission *La moitié du monde*, le déroulement de *La 4e* Conférence mondiale des Nations Unies sur la condition des femmes à Beijing. La question des pouvoirs religieux patriarcaux influençant la condition des femmes dans le monde a été largement abordée. La gloire du Vatican a dû en prendre un coup. Plusieurs pays, par la voix des femmes présentes à cette conférence, ont voté sur une résolution demandant à l'*Organisation des Nations Unies* qu'on retire au Vatican son siège d'observateur en tant qu'État membre de cette Assemblée. Ce qui prouve que sont très nombreuses les femmes au bout de leur patience féminine légendaire, vis-à-vis de la froideur cassante des hauts pouvoirs religieux du monde..

Profondément touchée par ma décevante expérience personnelle avec un prêtre, c'est après mûre réflexion que j'ai décidé de rester dans l'Église. **J'ai senti que si je voulais être mieux accueillie par elle, je devais d'abord m'accueillir**

**profondément, moi, en tant que femme**. Je devais changer, m'affirmer, même à contre-courant des pouvoirs. Dans ma démarche, j'avais pris conscience de toute la complexité de la liberté offerte à l'humain. Si la fausse liberté peut écraser, la vraie liberté du Christ dissout les entraves.

Cette liberté de m'exprimer, de vouloir être entendue, s'est frayée un passage en moi lors de ce combat. Combat capital de mon existence qui eut des répercussions affectant toute ma personne. Après m'être davantage abandonnée à la Vie, des barrières en moi se sont dissoutes. Les résistances extérieures n'avaient plus la même importance. J'ai alors fixé le but de ma route, ignorant les obstacles qui se présentaient.

Quand ? Lorsque j'ai décidé de ne plus accepter d'être étouffée ni exploitée ni manipulée, mais d'être libre.

Où ? Dans toutes les formes de relations humaines, y compris celles des pouvoirs religieux suceptibles d'exercer une influence cruciale sur les comportements.

Comment ? En perçant les murs de mon silence à la suite de la Parole. En avançant : « Lève-toi ! Prends ton grabat et marche... », dans l'aujourd'hui des temps changés.

Pourquoi ? Intérieurement, je me suis sentie aimée et acceptée par l'Être-Vie dans mon Humanité féminine blessée. Pas seulement la mère, mais la femme. J'ai aussi trouvé du vrai auprès des gens qui ne sont pas bornés par la religion ou la religiosité. Ils et elles m'ont si bien accueillie dans cette période marquante de ma vie, alors que j'apprenais l'Amour, que je luttais pour me sortir de ma crise de foi ! Ils m'ont aidée à dépasser ce rejet légalisé de la femme, si dur à accepter venant de ceux qui parlent au nom du Christ. Ils m'ont consolée d'une peine d'amour un peu exceptionnelle et particulière, pendant que celui qui m'avait tant secouée continuait de prêcher l'amour du prochain. Des prêtres aussi, avec très peu de pouvoir, ont été plus compréhensifs que d'autres à mon égard. Un prêtre ami, en pleurant, m'a demandé pardon... À travers l'accompagnement de toutes ces personnes, j'ai appris à voir à l'œuvre une

Église différente, avec ses faiblesses et ses forces. Et j'ai aussi découvert les miennes.

Pendant ce temps, une autre Église, autoritaire et légaliste, réaffirmait sa fermeture aux femmes. La lettre apostolique *Ordinatio sacerdotalis*, signée par le pape Jean-Paul II le 22 mai 1994, disait un non catégorique à l'ordination sacerdotale des femmes. En 2004, ce refus fait plus que persister, il se braque! C'est une gifle à la face de leur espoir. Je me suis permis de penser que c'est mieux pour elles de ne pas adhérer au présent clergé. Faut-il vraiment forcer des cloisons structurelles et politiques en matière de spiritualité? Engagée dans ce courant féministe qui ouvre d'abord les cœurs, les esprits, les âmes, je me suis sentie tout de même déçue par cette décision. Au début de 1995, Rome répétait aussi son refus au mariage des prêtres. Je cite ici une parole de Mgr Jacques Gaillot, prophète destitué, sans artifice, dérangeant l'image du clergé: «L'affectivité est sans doute le dernier lieu où l'homme[1] sera libre»[2]. Dans la haute chaire du Vatican, on minimise l'évolution de ce grand mouvement des femmes qui travaillent indépendamment des pouvoirs qui les ignorent. Le féminisme a maintenant atteint une vitesse de croisière qui fait son chemin là où quelques-uns ont peur et n'osent pas circuler.

Les hommes de grand pouvoir décideront-ils toujours du sort de leurs sujets en faisant de plusieurs d'entre eux ou d'entre elles des rejetés? Jean-Paul II s'était préparé au rebondissement de la Conférence internationale des femmes à Beijing. Dès juillet 1995, il vantait le génie féminin. Enfin! Mais se faire dire qu'on a du génie ne suffit plus.

Une très grande partie des catholiques que nous sommes ressentent un malaise déchirant dans l'Église sur la question des femmes. Une majorité a déjà pris ses distances (surtout dans la pratique religieuse). La société mutante, qui se construit

---

1.   (...) où l'homme et la femme seront libres, dirions-nous en langage inclusif.

2.   J. Gaillot, *Paroles sans frontières*, p. 83.

sur le partenariat et l'alliance hommes-femmes, rencontre trop d'opposition et de résistance dans les grandes religions monothéistes.

L'exclusion des femmes de certains espaces publics et sacrés les a repoussées hors des lieux décisionnels. Les religions ont plus qu'influencé en ce sens. Ainsi, ne les a-t-on pas traitées avec raillerie dans leur lutte féministe, lorsqu'elles essayaient de se redonner le statut de citoyennes à part entière? (Elles ne pouvaient même pas voter ici au Québec, du temps de nos arrière-grands-mères; les évêques s'y opposaient.) Ne les a-t-on pas exploitées alors qu'elles s'occupaient de la vie des futures générations dans la maison de leur mari? (Elles ne devenaient propriétaires que si elles se retrouvaient veuves.) On les a souvent casées dans tous les postes gratuits de bénévolat possibles et dans ceux d'un travail sous-rémunéré (y compris dans les mouvements ou organismes religieux). Non, les femmes ne veulent plus aujourd'hui se heurter à des discours ou à des lois qui les contraignent à rester des personnes de seconde classe.

Pour ne pas changer les règles, on prétend même que les femmes ont du pouvoir dans leurs maisons. Vraiment? Dans chaque maison vit une famille. Mais cette cellule familiale n'est pas sans subir le monde organisé au masculin. Il est très révélateur sociologiquement parlant de compter de plus en plus de femmes monoparentales, chefs de famille, vivant sous le seuil de la pauvreté. Si la femme s'occupe du domaine de la vie – nourriture, soin des enfants, grosse part de l'éducation de ceux-ci –, elle a tôt compris que ses enfants et elle-même subissent l'influence extérieure de la culture masculine du monde. Parmi les valeurs de vie qu'une famille offre à ses enfants, le monde médiatisé au masculin vient en saper plusieurs en invitant ses enfants à s'enrôler dans la vie militaire au puissant pouvoir masculin, à consommer produits ou drogues du monde économique ou interlope au masculin, à être performants et performantes dans le monde masculin des profits et des marchés boursiers, à se déshumaniser dans un monde masculin accéléré de production robotique qui lui renvoie à charge ses enfants sur le bien-être social (le mal-être comme le dit une amie, ainsi obligée de vivre), à répondre à la vocation de la prêtrise pour hommes seulement, dans un monde religieux dirigé au masculin.

Ce milieu de la petite cellule familiale a peut-être laissé à la femme plusieurs responsabilités bien définies qui touchent l'organisation de la maisonnée. Oui, toutes ces tâches essentielles, les femmes les ont cumulées au fil des siècles comme allant de soi naturellement, surtout gratuitement, sans jamais que cela soit comptabilisé dans le produit national brut de leur pays. «Incomptabilisables», les tâches de la vie! Mais... pourquoi aujourd'hui tant de femmes monoparentales, qui ont tout pouvoir dans la maison, sont-elles contraintes d'aller quêter leur nourriture et celle de leurs enfants quand arrive la fin du mois? Et... que dire de toutes ces femmes du Tiers-Monde? De celles des pays dirigés par des intégristes religieux?

Si les institutions et les systèmes séculaires et millénaires des pouvoirs masculins étaient bons et efficaces, il me semble que bien des maux sociaux auraient dû disparaître avec le temps...

L'organisation fonctionnelle du monde au masculin n'existe-t-elle pas en fonction des pouvoirs de force et de compétition? Beaucoup de femmes, à travers les mouvements féministes mondiaux, ont démontré qu'elles en avaient ras-le-bol d'être les servantes de ces systèmes ou institutions qui sont en train de choisir les robots plutôt que les humains, les profits des financiers plutôt que le partage du pain, la philosophie des multinationales de la mondialisation économique se fichant des personnes et de l'environnement plutôt que le respect de la vie et de la culture spécifique des peuples, les structures plutôt que les personnes, certaines lois déshumanisées plutôt que la dignité humaine. Cette marche mondiale des femmes, convergeant vers l'ONU en ce début du deuxième millénaire, en a dit long sur leur détermination à combattre la pauvreté et la violence. Quand les valeurs humaines sont en jeu...

Que deviennent ces valeurs de vie que la femme se doit de donner gratuitement parce qu'elle est femme ? Le monde qui tourne au rythme trop masculin et continue de tourner ainsi, tourne-t-il tout croche à travers la misère des uns pour l'opulence des autres, à travers la guerre et la pauvreté des uns pour la santé de l'économie et la richesse des autres, à travers l'exploitation des uns pour la surconsommation des autres, à travers l'utilisation des enfants des uns pour la décadence sexuelle des autres, prostitution organisée par des adultes en grande majorité mâles ? Un clergé célibataire catholique strictement masculin continuera-t-il de se mirer dans ce monde typiquement masculin ? Quand l'autorité catholique dit que *la différence sexuelle a du sens pour l'Église et qu'elle défend l'authenticité et l'importance de la différence sexuelle...* » Il faudra s'interroger sur le sens à donner à la pensée et à l'agir religieux patriarcal qui a placé le sexe mâle au-dessus de la mêlée humaine.

Si ce clergé décide d'accueillir ici et pas là, les femmes, il ne laisse surtout pas à ses hommes cette entière liberté de les connaître personnellement et de les rencontrer profondément pour bénéficier de leurs réelles valeurs. Qu'ils sont occultes les points d'appui à cette roue usée d'un monde où s'effondrent les véritables valeurs, parce que trop lourd de privilèges mâles ! Il y a peu d'années, un homme qui s'absentait de son travail était mieux vu par bon nombre de patrons s'il donnait une fausse excuse, celle de devoir se rendre au garage pour son automobile, plutôt que de dire qu'il se rendait chez le dentiste avec son enfant. Ce travail revenait à la dame, qui ne devait pas déranger le monde économique des messieurs !

À ce haut clergé tout en hommes de mon Église – qui semble continuer de se méfier des femmes ou de leur supposée incapacité à décider des orientations des communautés – il fallait que j'exprime tout ça. Car le patriarcat sourd et aveugle, où qu'il soit, touche à tout ça !

Les rôles domestiques et profanes aux femmes, les rôles décisifs des collectivités et les fonctions sacrées aux hommes ? Aux femmes la fécondité physique, aux hommes la fécondité spirituelle ? Non, je ne veux plus croire à cela. Est-ce que les hommes sont plus responsables que les femmes de ces orientations sociales ? Non ! L'histoire porte ses marques et elle ne peut pas être réécrite. Mais la désintégration des rôles stéréotypés est déjà amorcée et elle ne s'arrêtera pas ! Aussi, je tiens à dire que ce livre ne cherche pas des coupables. Je crois plutôt qu'il appartient autant aux femmes qu'aux hommes du présent de faire changer la face du monde. L'urgent, c'est d'en prendre conscience. C'est aussi de se donner les moyens d'agir pour s'engager dans une réelle démarche de changement et de croissance humaine. Quant à moi, l'écriture est l'un des moyens dont je dispose. La difficulté dans cette démarche est de toujours essayer de garder sa dignité, à chaque tournant personnel ou collectif, surtout lorsqu'il faut s'aventurer sur des routes neuves dans le but de découvrir plus loin l'horizon infini du partage qui s'offre à l'Humanité.

Cette Église dont je suis, l'une des premières parmi les institutions responsables du monde et porteuse des valeurs libératrices de l'Évangile, fera-t-elle figure de proue pour conduire cette odyssée de libération humaine ? Osera-t-elle la nécessaire transformation en profondeur des relations hommes-femmes du temps présent ? Ou au contraire sera-t-elle un des derniers bastions masculins du monde à dominer les femmes ?

L'Église en autorité doit entendre toutes ces voix de femmes qui demandent la reconnaissance légale de leur dignité et un accueil concret en tant que véritables partenaires autant dans la vie personnelle que dans la structure décisionnelle de ses membres ordonnés. Ainsi, l'Église montrerait davantage une figure d'Humanité, selon le plan originel de Dieu.

Aussi, la sexualité est à l'individu ce que le partenariat est au social, l'universalité est à la personne humaine ce que la mondialisation est aux institutions. Faut-il en déduire que le clergé masculin institutionnalisé n'entre pas dans la catégorie de genre «personnes universelles», car les femmes, aussi universelles que les hommes, n'y sont pas admises? Le clergé catholique[1] ferait-il plutôt partie de la catégorie de genre «institution de mondialisation religieuse masculine»...? Il vit maintenant un face-à-face historique avec ce corps social et universel féminin que le patriarcat religieux dans l'histoire a toujours dominé. Pourra-t-il continuer, encore longtemps, de se prétendre universel? Le Code de droit canonique devrait alors (et vite!) se refaire une beauté. Féminine... aussi!

---

1.   Du grec *katholikos* qui veut dire universel.

# Chapitre 3

# ROSE

*Et comme le Verbe, en se faisant chair, avait pris sur lui toute la condition humaine, hormis le péché, ainsi la Parole de Dieu a été sujette aux conditions du langage humain, l'erreur exceptée. Elle a été transmise par des auteurs humains chez lesquels l'inspiration divine ne supprimait aucun des traits qui faisaient d'eux des hommes de leur temps, de leur milieu et de leur culture. Ces caractéristiques varient d'un auteur sacré à l'autre, et elles sont différentes des nôtres.*

De Vaux

*Or, il enseignait dans une synagogue le jour du sabbat. Et voici qu'il y avait là une femme ayant depuis dix-huit ans un esprit qui la rendait infirme ; elle était toute courbée et ne pouvait absolument pas se redresser. La voyant, Jésus l'interpella et lui dit : « Femme, te voilà délivrée de ton infirmité » ; puis il lui imposa les mains. Et, à l'instant même, elle se redressa, et elle glorifiait Dieu.*

Apôtre Luc

## L'Évangile : un cadeau vivant

Cette troisième partie de mon livre m'oblige à remonter quelque peu dans le passé puisque l'enfance est un point d'ancrage.

Aînée d'une petite famille de trois enfants et deuxième des petits-enfants, j'ai profité d'un précieux bagage d'affection et d'accueil, autant de mes nombreux oncles et tantes que de mes parents.

Les si doux instants de cette aurore de ma vie ont préparé en moi une réserve d'amour où j'ai pu sans fin retourner puiser à tout moment. Ce fondement de mon être – si je puis le dire ainsi – m'a toujours permis de me réorienter, de me relever après le passage des tourmentes, des souffrances et des échecs relationnels.

Je n'ai pu douter de l'existence de l'amour. S'est même ajoutée à celui-ci l'espérance de toujours le retrouver. Toute jeune, j'ai appris à aimer, à me laisser aimer, à donner et à recevoir.

Je remercie Dieu de m'avoir ainsi favorisée. Et je remercie aussi tous ceux et celles qui ont laissé vivre à travers eux, à travers elles, ces moments de ciel offerts gratuitement dans leurs gestes, leurs paroles et leurs regards de tendresse. Les fêtes, les célébrations, et les réunions familiales, que tant d'occasions favorisaient, ont été quasi hebdomadaires, comme chaque dimanche qui nous conviait à la messe. Les années filant, il y en avait des cousines et des cousins qui naissaient et grandissaient ! Des deux bords ! Quatre-vingt-six ! Qu'on s'amusait ! Que de souvenirs joyeux et heureux je conserve de ma jeunesse – malgré l'inharmonie et l'atmosphère tendue que provoquait la mésentente entre mes parents !

Tous les bons moments, la coulée de bonheur que m'apportaient mes deux familles paternelle et maternelle, rien ne m'empêchait de deviner un mal-être profond. Et ce, en très bas âge. Par contre, je ne pouvais pas identifier cette carence de l'essentiel, ce quelque chose me disant que ça n'allait pas entre eux. Cette réalité a parfois pesé lourd dans ma vie d'enfant.

Aujourd'hui, je comprends mieux. Des cellules familiales dysfonctionnelles continuent à naître et à se perpétuer. Si j'ai quelquefois souffert en secret à travers les lourds silences ou les prises de becs de mes parents, j'oubliais rapidement les atmosphères mornes lorsque leurs bontés singulières me réchauffaient.

Tous les cinq, nous nous sommes beaucoup aimés dans la connaissance des valeurs chrétiennes, mais dans l'ignorance d'une saine psychologie de fonctionnement personnel et social. Dans la petite histoire des gens ordinaires ou connus, du passé ou d'aujourd'hui, bien d'autres familles pourraient en dire tout autant.

Avec cet héritage catholique familial, j'ai aussi mémorisé par cœur les réponses du *Petit Catéchisme* et les épopées de l'Histoire sainte, selon des textes choisis par les autorités religieuses de l'époque, reines et maîtresses du monde de l'éducation. Je m'abreuvais de leurs paroles. Mais arrivée à un certain âge, je cessai de tout avaler.

Mon adolescence s'est éveillée en même temps que les premiers réseaux de télévision, à travers le souffle de la Révolution tranquille. Les années 60 et 70 ont remis en question mes habitudes, mes certitudes, y compris celles de ma catholicité. J'avais reçu, avec si peu d'explications, cette incompréhensible méfiance du sexe opposé! Elle venait de tous mes éducateurs et éducatrices d'une époque contestée et loin derrière, de celle de Duplessis.

Des religieuses dévouées m'ont offert une grande partie de mon éducation. Habillées de longues robes noires comme pour enterrer leurs courbes de femmes, elles avaient un air très digne sous les cornettes empesées qui me faisaient penser à des œillères de chevaux, les empêchant de voir de côté. Elles m'ont légué un riche bagage avec cet ardent désir de toujours apprendre, un goût qui s'est collé à ma chair tel un besoin d'eau. Cette soif d'apprendre nourrit encore aujourd'hui mes aspirations profondes et répond à un appel de croissance de mon être. J'ai admiré et admire toujours plusieurs de ces femmes qui ont su garder une humanité proche de la nôtre malgré leur vécu spécial. Je leur dois beaucoup.

Par contre, quelques-unes m'ont parfois révoltée tant leur compréhension de la vie ordinaire s'était enfuie et dénaturée, comme si la réalisation de leur rêve les avait installées en retrait du monde. Je repense à une religieuse en particulier, femme au bec pincé, que j'ai remplacée dans sa tâche d'enseignante après mon mariage, alors que j'étais enceinte. En furie, elle m'avait traitée d'impure. Pourquoi? Trois ou quatre enfants de cinquième année, plus observateurs que les autres, m'avaient questionnée à propos de mon ventre qui bougeait. J'avais eu une idée: leur donner la permission de passer les mains sur ma robe ample, afin de sentir les mouvements du premier enfant que je portais. Quelques heures plus tard, convocation. «Un scandale pour ces jeunes», avait-elle sermonné lors d'une rencontre privée.

> La chair étant un péché, l'incarnation charnelle devient par définition le signe de la condition déchue de l'être humain. Horvard Bloch, professeur de littérature française médiévale à Berkeley, démontre que cette vision d'une Ève tentatrice provoquant la chute est à l'origine de la misogynie du Moyen Âge et continue à l'inspirer dans les siècles des siècles. C'est le corps féminin tout entier qui deviendra ainsi le point de départ et le lieu d'élection de cette infériorité[1].

J'avais vingt-deux ans lorsque cette femme m'avait choquée avec sa vision corrompue de la sexualité et ce rabaissement de la femme non vierge physiquement. Je me souviens de m'être entouré le ventre avec mes bras et d'avoir tellement

---

1. B. Groult, *Cette mâle assurance*, p. 22.

pleuré, ne sachant que faire pour éviter à l'enfant que je portais ce violent affront à sa vie.

La chose est sûre, je n'aurais jamais pu porter une cornette. Très jeune, et bien que mon audace ait été freinée par une éducation plutôt puritaine, j'aimais trop offrir de doux regards de côté aux garçons, qui eux me relançaient avec des sourires jusqu'au cœur ! Avec mon intelligence d'enfant, je me suis souvent demandé pourquoi il fallait éviter les Juifs et les protestants, alors que nous devions, nous les catholiques et eux les protestants, prier ce même Jésus (Juif) mort en croix pour que nous nous aimions les uns les autres. Ma petite voix intérieure s'acharnait sur de drôles de questions...

Se dressaient ainsi dans nos vies d'enfants, d'adolescents et d'adolescentes, d'épais murs psychologiques. L'influent clergé catholique masculin les avait élevés autour de lui, à cause d'une vilaine peur de la sexualité et pour se préserver des autres confessions religieuses. Il fallait donc, nous aussi, éviter les tentations. Du sexe surtout. Ce fut l'époque des couvents pour couver les filles dans leurs rôles de mères et d'épouses soumises. Et des collèges pour apprendre aux garçons à coller leurs rôles de garçons à celui de chef de famille, de village, de ville, de province, de pays, de communauté, d'une Église avec le pouvoir de diriger les consciences des hommes et, encore plus, celles des femmes. (Il s'agissait d'observer les files de personnes attendant leur tour près des confessionnaux pour le déduire...)

C'est ainsi que j'ai été formée à penser et à agir. Pourtant...

Si je ne me rappelle plus le visage de l'évêque qui me confirma dans ma foi, je n'oublierai jamais celui de certaines éducatrices pleines de bonté que j'ai aimées. Une, en particulier, si attachante, rebaptisée par sa communauté d'un saint nom d'homme. Après plusieurs années, elle reprit son nom de femme. Très exigeante, mais si sincère avec elle-même et les autres, je l'ai vue plus d'une fois pleurer avec nous, étudiantes, lors d'événements tristes, ou rire aux larmes sous sa coiffe de religieuse. J'ai gardé contact avec cette belle grande dame, peut-être irrégulièrement, mais précieusement. Il y a environ quinze ans, elle m'a confié ce qu'elle avait fait avec d'autres religieuses de la communauté du Bon-Pasteur auprès du Conseil supérieur de l'éducation de la belle province pour que nous (ses filles, comme elle nous appelait) puissions apprendre les sciences. Les femmes que nous devenions devaient bénéficier des mêmes possibilités que les garçons afin de pouvoir s'orienter vers des carrières plus libérales et non traditionnelles jusque-là offertes aux hommes seulement. Cette religieuse, très épanouie, nous défendait, en féministe qui s'ignorait. C'est ainsi que des changements insoupçonnés prenaient racine dans l'histoire. Je crois maintenant que l'épopée des congrégations religieuses féminines, à une certaine époque, a signifié un temps et un espace de réalisation de soi pour plusieurs de ces femmes avant-gardistes et cultivées.

À chaque époque, la Vie appelle ses meneurs ou meneuses de bal, ses semeurs ou semeuses de nouveautés. Quelques-unes de ces figures audacieuses sont célèbres ; le plus grand nombre restent anonymes. Ainsi est cette bonne religieuse, dont je n'ai pas oublié le nom, la prestance, la fierté et le visage plein de vie, portrait de l'Église d'un temps déjà révolu. Je me souviens pourtant que je classais cette femme, dans l'échelle hiérarchique de l'institution religieuse, loin derrière les prêtres, les évêques et le pape ! Alors qu'en plus de m'apprendre à aimer la nature, les rudiments de la biologie ainsi que ceux de la physique et de la chimie, l'émerveillement devant l'art, la beauté, le français, la simplicité, les mathématiques, l'honneur, la fierté, elle a été celle qui m'a le mieux offert l'Évangile, cadeau pour le reste de ma vie.

Offrir ce présent vivant à quelqu'un, lui parler de la vie comme d'une précieuse Présence de tout temps qui habite même nos absences d'amour, c'est permettre de réinventer sans cesse l'éclosion et la croissance du sacré dans l'ordinaire et le profane de nos journées. Comme une rose d'une royale beauté qu'on donne à un être aimé, l'Évangile est un héritage d'espérance à laisser à l'humanité. Il permet à ceux d'entre nous qui le veulent de s'abandonner pour refleurir après les gelures de l'existence. Ces Paroles ressuscitent en nous, comme les rhizomes d'une plante vivace ressortant de la terre en pousses nouvelles.

C'est au tamis de ce précieux héritage que j'ai traversé ma crise de foi. Et curieusement, je franchissais les murs de ma religion.

## La communion des cœurs ? On n'en parlait pas

Enfant, je n'avais pas su nommer ce qui avait manqué à mes parents. J'ai aussi senti plus tard un manque dans ma vie de couple. Plus j'avançais dans la vie conjugale, plus cette absence de communion faisait défaut à notre union, au point que cette dernière n'a pu tenir.

Puis, j'ai vécu cette réalité humaine avec un homme autre que celui que j'avais choisi pour partager ma vie. Je crois que la grandeur, la beauté d'une telle relation répond à notre recherche du vrai, du digne, du spirituel, dans notre existence. La communion des cœurs, c'est le langage divin de la liberté entre les êtres, parlant dans chacune de nos histoires d'amour humain.

> On est conçu et on est né pour la communion. On redevient faible et petit pour redécouvrir le sens de notre vie humaine : la communion[1] (...) Le corps est ainsi le fondement et l'instrument de la communion. La communion exige une certaine qualité d'écoute, rendue visible à travers le regard et le toucher[2].

En lisant *Toute personne est une histoire sacrée* de Jean Vanier, j'ai été reconfirmée dans mes intuitions profondes. La communion des cœurs existait bien concrètement. Elle pouvait se vivre

---

1. J. Vanier, *Toute personne est une histoire sacrée*, p. 154.
2. J. Vanier, *Toute personne est une histoire sacrée*, p. 55.

de façon intense, nourrissant non seulement l'instant, mais se prolongeant en tendresse puisque Dieu y est présent.

> *C'est un moment d'éternité dans un monde où s'enchevêtrent l'action, le bruit, l'agressivité, le besoin individuel de se prouver et la recherche de l'efficacité. Des cœurs battant à l'unisson, donnent liberté l'un à l'autre. Deux personnes présentes l'une à l'autre, c'est comme si le temps s'arrêtait. (...) La communion n'est pas seulement un moment de silence béni entre deux personnes; elle est aussi un milieu, une attitude et une façon de vivre et d'être avec d'autres[1].*

Ce livre est riche des expériences relationnelles très profondes vécues avec humilité et sincérité par ce grand homme. Pouvoir parler avec des mots si simples de cette grande richesse qu'est la communion dans la vie humaine n'est pas donné à tous. L'a-t-on expérimentée? Vécue avec son plus proche prochain? Sa femme? Son mari? Ses enfants? Ses amis? J'avais entendu parler de la communion des saints dans le «Je crois en Dieu» catholique; mais elle semblait appartenir seulement au monde des morts. J'en avais si peu entendu parler avec simplicité et réalisme par l'autorité cléricale catholique!

Cette réalité humaine qu'est la communion des âmes a donc été souvent ou totalement absente de l'enseignement religieux reçu. Une certaine ignorance ou pudeur, ou je ne sais quelle crainte, empêchait les gens d'aborder ou d'échanger à propos de cet aspect de la spiritualité qui existe par-delà les religions. Serait-ce parce que cet épanouissement touche aussi celui de la sexualité, étant donné que nous sommes humains? Une partie de nos éducateurs ou de nos éducatrices du passé et même d'aujourd'hui, ayant une vision déformée de la sexualité, auraient-ils faussé ou évacué cette autre belle dimension de l'amour, la communion? Comme on a aussi défiguré l'éros?

---

1.    J. Vanier, *Toute personne est une histoire sacrée*, p. 61.

*(...) l'être humain est divisé à l'intérieur de lui-même : il y a, à la fois, une soif et une peur de la communion, d'une communion permanente[1] ; (...) l'activité sexuelle génitale, coupée d'une vie de communion de cœur et d'esprit permanente est source de division dans l'être humain (...) une vie de communion de cœur et d'esprit permanente et profonde est source d'unité, d'équilibre et d'intégration des désirs et fantasmes sexuels[2].*

Pour vivre la communion réelle, il faut donc ouvrir notre être profond, avoir vaincu nos peurs, surtout demeurer entiers dans ce que nous sommes et dans ce que nous vivons, pour accueillir l'autre dans sa grande «liberté». Souvent, comme l'a exprimé tout au long de son livre Jean Vanier, «c'est en situation de faiblesse, lorsqu'on a besoin des autres, lorsqu'on est fragile comme le petit enfant», qu'on ose s'abandonner à la Vie et à l'accueil des autres. Le pur enfant ou le vieillard sans artifice n'ont pas peur de se montrer tels qu'ils sont. Ils ont les yeux brillants de cette Lumière émanant de leur être dénudé. Et la personne blessée, fatiguée, qui abandonne en cours de vie le poids d'un lourd passé, fait aussi partie de ces gens plus ouverts à la communion.

Bien des humains n'ont pas entendu parler de communion de cette façon ou n'ont pas vécu cette belle expérience de spiritualité, de nuptialité des âmes dans leur vie de couple. Le mariage est-il entier sans cette réalité humaine ? Faut-il d'abord avoir vécu individuellement ses propres noces intérieures ? La loi du célibat **obligatoire** aide-t-elle vraiment à unifier l'être ? Ne peut-elle pas aussi provoquer une division dans l'être ?

*La première loi de croissance essentielle est celle de l'amour et de la communion. Pour vivre, s'épanouir, croître dans la liberté, l'être humain a besoin de trouver une autre personne qui le reconnaisse comme unique, l'encourage à grandir, à devenir lui-même. Sans*

---

1.  J. Vanier, *Toute personne est une histoire sacrée*, p. 223.
2.  J. Vanier, *Toute personne est une histoire sacrée*, p. 221.

*cela, il se ferme, se défend et cherche à se prouver. (...) Ces rencontres de communion et d'amitié qui éveillent le cœur humain se réalisent parfois dans les milieux les plus inattendus*[1].

Et voilà ! Pour moi ce fut en effet dans un milieu des plus inattendus et avec un personnage des plus insoupçonnés que j'ai vécu une communion réelle très intense. C'est si différent de la simple attraction physique ou du désir de possession. Mais...

Vous comprendrez que vivre cette réalité de profonde communion en tant que femme catholique avec un prêtre, ça brasse joliment les assises intérieures de deux êtres. Cette force de communion est plus forte que celle des lois religieuses, des préjugés, des hiérarchies établies, des structures rigoureuses, des puissantes institutions et de bien des rituels religieux. En même temps, pour deux êtres plutôt habitués à se fuir, elle est très difficile à accepter et à poursuivre, car la communion véritable demande la démolition de barrières, parfois très épaisses, construites sur nos âmes. Cette Force de Vie et d'Amour, Annick De Souzenelle nous en parle remarquablement dans son magnifique livre *L'Arc et la flèche*. Cette Loi de fécondité n'est pas seulement celle qui déclenche la pulsion sexuelle éveillant les corps et les invitant à s'unir ; elle est surtout Loi de croissance de l'Amour qui appelle, du-dedans, les êtres à communier avec le Divin en eux, à le reconnaître en l'autre. Elle nous pousse donc à nous dépasser, à briser les obstacles qui nous divisent intérieurement, qui nous séparent les uns d'avec les autres ; elle nous invite même à braver les courants contraires qui sont prêts à engloutir notre être en nous rabaissant. On découvre alors que la personne humaine est toujours plus belle qu'une institution. C'est l'humain qu'il faut d'abord accueillir plutôt que de protéger l'image d'une structure ou l'aspect légaliste d'une institution, même religieuse. D'ailleurs, je l'ai déjà dit, Jésus a toujours agi d'après sa Loi, partant toujours du vécu des gens avec qui Il entrait en relation profonde.

---

1.    J. Vanier, *Toute personne est une histoire sacrée*, p. 170.

Je me suis mise à réfléchir profondément sur cette extra-ordinaire dimension humaine qu'est cette énergie unifiante et créatrice. Dans ma recherche, j'ai été attirée par l'Eucharistie, son sens et son rituel, parce que dans ma religion, on l'appelle aussi communion.

Les gestes de Jésus répétés humainement dans chacune des célébrations eucharistiques sont sublimes par leur significa-tion. Boire et manger sont nécessaires à notre corps. Avec ces gestes humbles, essentiels à la vie, Il nous signifie que Dieu-Amour constitue l'indispensable nourriture. L'Amour étant la nourriture de l'âme, il n'y avait pas de plus beau geste à nous laisser en mémoire de Lui.

L'Eucharistie récapitule tout dans notre foi chrétienne. C'est le centre même de l'Évangile, notre commune union à ce Dieu-Amour nous habitant continuellement, nous et nos rela-tions. L'Eucharistie, cime-offrande du travail humain, retourne ou plutôt rend à Dieu une Action de grâces pour tout ce qu'Il nous donne: du grain de blé au soleil, passant par l'entièreté de ce qui existe, du chant de l'oiseau jusqu'à l'amour délicieux en couple. L'Eucharistie consiste, bien sûr, à se donner à Dieu, car l'humain n'est vraiment humain que s'il est pour l'Amour. Les autres créatures terrestres ne peuvent rien dire de cette prise de conscience d'eux-mêmes et de leur Créateur. L'Eucharistie, par-tage d'un rassemblement, exprime que tous sont bienvenus, qu'aucun ne doit être exclu. Elle n'est pas le couronnement d'une fraternité déjà réalisée, mais l'effort joyeux d'une huma-nité en croissance qui travaille ensemble avec l'Amour[1].

«Faites ceci en mémoire de moi» était donc plus qu'un appel adressé seulement à des hommes célibataires. Lors-qu'une âme saisit la profondeur de ces Paroles, pourquoi lesdits apôtres d'aujourd'hui auraient-ils le droit de lui refuser les

---

1. · Ce paragraphe essaie de vous résumer bien modestement le superbe chapitre «L'Eucharistie récapitule tout» de François Varillon dans son livre *Joie de croire, joie de vivre*, p. 280-294.

gestes et les paroles de Jésus, le Je Suis, qui a demandé de les répéter en mémoire de Lui, Éternelle Présence d'Amour ? Parce que cette personne est de sexe féminin ? Parce que c'est une femme mariée ou un homme marié ? Ou bien un prêtre amoureux d'une femme ?

Aussi, quand nous pensons aux divorcés dans l'Église, il devient difficile d'obéir à une autorité cléricale qui demande à ceux-ci de s'abstenir de communier pendant que plusieurs de ses prêtres continuent de célébrer l'Eucharistie tout en ayant amant(e)s caché(e)s, donc dominé(e)s et non vraiment aimé(e)s... Quelle contrevérité ! Faudrait-il se rappeler que Jésus n'a pas renvoyé Pierre ni même Judas de la Cène, connaissant pourtant leurs intentions ? Il leur a «librement» laissé le choix...

Si l'Eucharistie récapitule tout – donc aussi la grandeur de chaque humain en Dieu – pourquoi l'Église serait-elle en train de remplacer cette célébration de la Vie et de l'Amour par d'autres liturgies sans Eucharistie ? Par manque de prêtres ? Pourquoi mettre de côté le Centre même de la manifestation de sa foi au lieu de réviser les lois disciplinaires de son institution, dont celles qui refusent le mariage des prêtres et l'ordination des femmes ou des gens mariés ?

Le clergé, en s'emprisonnant dans un système légaliste effrayé par la sexualité et les femmes, rétrécit l'espace pour la liberté de l'Évangile. Laisser tomber cette discipline du célibat obligatoire n'enlèverait rien au célibat choisi par ceux ou celles qui le désireraient. **La question ? Ce n'est justement pas le célibat choisi, c'est ce lien sacré établi entre le célibat obligatoire et la prêtrise qui est grave**. À mon avis, l'avenir de l'Église est dans la remise en question d'une perception faussée de l'amour humain, puisque Jésus avait choisi des apôtres mariés, dont Pierre, premier chef de l'Église. Le temps est venu pour l'Église d'abandonner le poids lourd d'un vieux légalisme aux couleurs aussi sombres que la fumée des bûchers qui consumaient les sorcières.

*Beaucoup de personnes (...) ont l'intuition que leur sexualité a quelque chose de sacré et elles ne veulent pas se livrer à n'importe qui. La sexualité implique un lien sacré[1].*

Alors si la sexualité implique un lien sacré, le mariage n'a rien en moins que le célibat.

Le fait de vivre une communion d'âme avec un prêtre m'a forcée à me poser toutes sortes de questions. Même des souvenirs de jeunesse ont refait surface et m'ont rappelé que l'offrande du pain et du vin se célébrait «dos» à l'assistance et en l'absence totale de femmes, dans le chœur de nos églises. Que les femmes devaient obligatoirement être coiffées pour avoir le droit d'entrer dans la nef. Quelle étrange façon ce fut de nous initier, femmes catholiques, à la communion avec la «Vie»!

De l'expérience vécue avec un prêtre émergea d'abord, et ensuite s'installa, une énorme pression, sur lui comme sur moi, destinée à anéantir notre communion de cœurs. Pourtant, cette communion s'était produite innocemment, lors de nos mutuelles confidences, lui un homme prêtre, moi une femme vivant l'échec d'un mariage. Il y avait là une situation dont je ne me suis pas méfiée du tout. Mais je crois que la Vie sait toujours comment nous transporter au-delà de nos barrières. Nos deux faiblesses et nos deux solitudes se sont rencontrées parce que nos deux soifs d'être ont été attirées à la même Source. J'étais vulnérable par rapport à l'abandon de tout un pan de ma vie qui s'écroulait. Je n'ai pas tout de suite senti sa vulnérabilité devant une femme. À ce moment, sa bonté a pourtant été évidente. J'ai perçu chez lui une gauche tentative de briser les murs de l'homme d'Église avec la femme. Il en fut bouleversé. Il me l'a dit. Moi aussi je fus bouleversée par la Présence ressentie à travers ma communion avec lui. Une Présence du divin qui anéantissait le temps, ou plutôt les contraintes de notre temps, nous ramenait en communion d'âmes, comme avant le temps d'une

---

1. J. Vanier, *Toute personne est une histoire sacrée*, p. 118.

loi disciplinaire qui éloigna l'un de l'autre non seulement le prêtre de la femme, mais l'être masculin de l'être féminin du monde.

Pour un prêtre, créer des liens solides et profonds à cause de l'amour qui naît ou peut naître, devient redoutable, menaçant, le plaçant devant un choix douloureux et culpabilisant : quitter son ministère ou vivre un amour caché.

L'Église-institution aurait-elle étouffé, depuis des siècles, la belle communion des cœurs, avec cette loi inhumaine qui interdit la rencontre des corps ? Mon Dieu ! Comme le catholicisme, avec sa peur du corps humain, a faussé le *Cantique des cantiques*, le plus beau des poèmes de la littérature amoureuse de la Bible ![1] Cet écrit biblique enseigne le respect, la majesté, la beauté et la dignité de l'amour humain qui rapproche l'homme et la femme. Le corps y prend sa dimension de temple de l'âme s'harmonisant avec la nature entière, tout autant qu'avec le cœur humain rempli de divinité. Jean Vanier a raison lorsqu'il dit que « Le corps est le fondement et l'instrument de la communion. »[2] Ne peut-on pas rejeter et malmener l'être entier en rejetant et dégradant le corps ? Cette partie de la Bible est si peu enseignée dans l'Église ; on a plutôt cherché à l'éclipser.

> *Lorsqu'on considère que le corps que l'on a, on le chosifie, on en fait un objet extérieur à soi. Prendre conscience du corps que l'on est, c'est le considérer dans la plénitude de ce qu'il est : il est le sanctuaire, l'athanor dans lequel se joue le Grand Œuvre de notre vie, en même temps que la matière première de ce Grand Œuvre[3].*

Quelle expérience ébranlante et questionnante pour une catholique que de vivre une communion d'être avec un prêtre ! Dans ces moments sublimes suspendus dans le temps, ou plutôt qui l'englobent totalement, il nous est possible de

1.  *Le Cantique des cantiques*, Bible de Jérusalem, Éd. du Cerf, 1981, p. 945 à 959.
2.  J. Vanier, *Toute personne est une histoire sacrée*, p. 55.
3.  A. De Souzenelle, *La Parole au cœur du corps*, p. 43.

percevoir, au-delà de nos voiles de chair et de nos barrières psychologiques, des vérités de vie, des cadeaux insoupçonnés de renouveau. En même temps, un grand respect ennoblit le désir de la chair; en tout cas c'est ainsi que je l'ai expérimenté au début. Ma sexualité ne se limitait pas au corps; je l'ai ressentie dans tout mon être. Je ne pourrais d'ailleurs jamais la vivre que physiquement, puisque c'est une dimension de la vie que je reconnais sacrée, intégrée à toutes mes autres composantes. Cela est loin du simple racolage génital ou d'une simple dérogation disciplinaire à l'autorité religieuse de l'Église. Mais cadeau divin, oui!

Ces authentiques rencontres continuent de rejoindre sans bruit notre humanité pour dépasser l'erreur d'un temps, pour s'accrocher à l'essentiel des âmes immortelles. Jamais plus on ne les oublie, même lorsque la réalité nous rappelle brutalement le contraire, nous attire irrésistiblement vers l'extérieur de nous-mêmes, où nos êtres sont en eux divisés et entre eux divisés par tout ce qui domine l'autre: la discrimination, la violence, la performance, la compétition, le racisme, le sexisme, l'abus de pouvoir. Et jusqu'à cette peur de désobéir à des lois religieuses. Cette règle disciplinaire du célibat obligatoire est prétentieuse et inhumaine. Elle contredit la loi naturelle de l'attraction réciproque du masculin et du féminin. Elle viole les droits humains si l'on se réfère à l'article 16 de la Déclaration universelle des droits de l'homme. Elle devient même un obstacle à la grande Loi spirituelle de croissance humaine, l'Amour, quand une communion d'être jaillit entre femme et prêtre... Comment l'Église se sortira-t-elle de ce problème d'abus d'autorité qui touche finalement non seulement ses lois, ses structures et son institution, mais surtout sa mission?

Je pense comprendre davantage... Dans nos libertés, nous pouvons arriver à nous recréer un monde si loin des êtres en communion, une sexualité vidée d'amour, une vie en dehors ou à côté du projet d'origine de la Vie. Pourtant, les écritures bibliques discréditent cette loi du célibat obligatoire à qui le clergé a donné un caractère sacré depuis le douzième siècle : saint Paul, dans ses lettres, est très clair sur le sujet. Dans sa première épître à Timothée, il dit :

*Aussi faut-il que l'épiscope soit irréprochable, mari d'une seule femme, qu'il soit sobre, pondéré, courtois, hospitalier, apte à l'enseignement, ni buveur, ni batailleur, mais bienveillant, ennemi des chicanes, détaché de l'argent, sachant bien gouverner sa propre maison et tenir ses enfants dans la soumission d'une manière parfaitement digne. (Tm, 2, 2-5)*

Dans une autre lettre adressée aux premiers prêtres d'une Église qui s'organisait, Paul s'est répété à son compagnon Tite :

*Si je t'ai laissé en Crète, c'est pour y achever l'organisation et pour établir dans chaque ville des presbytres, conformément à mes instructions. Chaque candidat doit être irréprochable, mari d'une seule femme, avoir des enfants croyants qui ne puissent être accusés d'inconduite et ne soient pas insoumis. (Tt,1, 5-6)*

Alors pourquoi, aujourd'hui, l'autorité catholique de Rome vient-elle en contradiction avec les écrits d'une Église chrétienne qui demandait à ses premiers prêtres d'être de bons époux et de bons pères ?

Se renforçait alors en moi la certitude que la fécondité ou la stérilité ne réside pas seulement dans la naissance ou l'absence des enfants. La stérilité peut aussi provenir d'un légalisme emprisonnant les êtres, allant même jusqu'à piéger ou tuer l'amour, provoquant la sécheresse spirituelle. La fécondité peut aussi s'avérer un espace de communion, redonnant à une personne sa véritable liberté et dignité d'enfant de Dieu à travers les relations humaines. Dans le respect de son «je» unique et particulier, l'humain devient libre de communier à la Vie, là où l'Amour l'appelle. Dans le célibat. Dans la vie de couple. Qu'elle soit femme. Qu'il soit homme. Le prêtre ? Pourquoi faudrait-il donc qu'un homme se passe obligatoirement de femme pour offrir une fécondité spirituelle ? Je n'y crois plus. D'ailleurs : «Ce n'est pas en faisant comme si l'humanité était déjà toute spirituelle que l'on accèdera plus vite ou plus sûrement à cette Terre Nouvelle tant attendue.»[1]

À cette Force tout intérieure de communion, j'avais donc eu le goût de céder, sans trop savoir où cela me conduirait. Après les hésitations du début, nous nous sommes d'abord accueillis très sincèrement, pour un certain temps. Ces moments intenses ont été si bons à vivre! Et ce ne sont pas l'attraction amoureuse mais plutôt les contraintes religieuses entre nous qui ont rendu tellement difficile cet agir de Dieu dans nos vies!

Ici, j'aimerais vous présenter Etty Hillesum[2], morte dans un camp de réfugiés durant la deuxième guerre mondiale. Cette Juive dans la vingtaine, non pratiquante, nous confie, dans son touchant journal personnel, sa découverte de Dieu au cœur d'elle-même, quand un jour elle vécut, après de volages aventures amoureuses, une intense rencontre de cœurs et d'âmes avec Julius Spier, l'homme qui marqua sa vie. Elle chemina avec lui sur le chemin de l'intériorité et de la liberté jusqu'à embrasser l'Amour universel, la dimension christique à travers cet amour particulier. Quelques mois ont suffi à ces deux êtres pour en arriver là. Aucune contrainte ni endoctrinement ni pratique religieuse ne sont venus provoquer, entraver ou empêcher cette démarche de leurs âmes... Ils ont simplement écouté leur conscience profonde, le mystique au cœur d'eux. Comme quoi nous portons tous cette *Parole au cœur du corps*[3] comme ose le dire Annick De Souzenelle dans un de ses livres ainsi titré.

À notre époque, le clergé s'aventure à peine à prendre des risques avec les femmes. Alors j'ai vite perçu nos méfiances, nos

1.   O. Desfonds, *Rivales de Dieu, les femmes de prêtres*, p. 173.
2.   Etty Hillesum, (Journal 1941-1943), *Une vie bouleversée* suivi de *Lettres de Westerbork*, Du Seuil, pp. 258-269.
3.   *Parole au cœur du corps*, Entretiens avec Jean Mouttapa, Annick De Souzenelle, Éd. Albin Michel, 1993.

peurs réciproques et notre insécurité à faire face à ce qui nous arrivait. S'offrir du temps pour apprendre à se connaître et se permettre d'écouter la Vie au cœur de soi avec l'autre, s'accueillir dans l'égalité, parler en profondeur de ce qui nous arrivait, de nos différences, c'était loin d'être évident entre nous. C'était ramer à contre-courant, ce vieux courant légaliste ayant tracé son lit dans un profond canyon de siècles d'histoire de l'Église, où coule même le rejet légalisé de la femme dans les eaux du système clérical. Comment se sortir d'un tel abîme gravé dans les âmes et l'opinion des catholiques?

Étions-nous «des libertés», nous deux, l'un face à l'autre, l'un près de l'autre, pouvant nous faire confiance mutuellement? Après cette expérience si forte de la vie, après avoir touché à mes beautés et pris conscience de mes zones d'ombres, et des siennes aussi, je puis dire que le côté «clergé en lui» et mon petit côté «femme catholique à se tenir loin du prêtre» avaient tout un bout de chemin à faire pour véritablement se rejoindre. Il fallait d'abord faire face aux barrières religieuses. C'était plutôt un précipice. Je nous voyais, nous deux, le portrait tout craché de l'Église catholique en miniature en ce qui concerne ses rapports hommes-femmes! Moi? Je sentais cette vague de domination masculine du pouvoir religieux qui me poursuivait chaque fois que j'essayais de la braver, avec une crainte d'être mal perçue et jugée par les bons et bonnes catholiques. Lui? Je le voyais comme une personne accueillante s'il osait avec audace s'avancer pour me rejoindre; ou comme une structure misogyne qui me repoussait avec crainte et méfiance dans un torrent légaliste nous éloignant l'un de l'autre...

À travers cet imbroglio, je percevais aussi la poussée d'une croissance en moi. La soif du vrai m'habitait davantage. Un courage insoupçonné s'installait, m'encourageant à dénoncer ce qui masque la vie, la trompe, la fausse, l'enlaidit ou la piège, à l'intérieur même d'un lieu qui revendique ses pouvoirs au nom de Dieu.

J'apprenais à mieux m'aimer, à m'affirmer «féminine-ment» dans mes convictions profondes. Je regardais autrement les autres, les respectant davantage dans leurs différences et leur cheminement parfois ardu (le mien n'étant pas de tout repos). Ces instants d'amplitude m'ont dévoilé leur côté mysté-rieux, révélation de réciprocité dans nos espaces inexplorés. Nos cœurs peuvent choisir d'être accueillants, présence déli-cieuse l'un à l'autre ; ils peuvent aussi malheureusement choisir de se refermer.

Que cela fait mal une fermeture ! C'est comme si j'avais été prise dans l'embrasure d'une gigantesque porte. Elle se refer-mait sur ma recherche du vrai, de l'infini, qui va plutôt dans le sens de l'ouverture à l'autre. J'étouffais, le cœur broyé.

Quand cet homme religieux coupa brutalement la rela-tion, un étrange gouffre m'a aspirée. Il s'en allait avec une part de moi-même qu'il avait volée dans son escapade. S'il avait osé s'éloigner de sa structure en s'approchant de moi, il semblait m'engloutir en retournant dans son froid cadre légal fermé à la femme. Comment invoquer ici l'amour et la fidélité à l'Église alors qu'en réalité une telle conduite trahit l'Amour, avec ses perverses retombées sur les femmes ?

*C'est une chose si terrible que d'ouvrir son cœur puis d'être rejeté(e)...*[1]

J'ai ainsi découvert une lourde réalité, opposée à la com-munion des cœurs, dans un monde organisé, institutionnalisé, structuré par et parfois (souvent inconsciemment) pour le pou-voir humain. Et cela dans l'Église, lieu et espace de commu-nion. Comme j'ai pleuré ! Quelle terrible crise je traversais, voulant rejeter ce qui s'y vivait de faux. Le clergé ? Il était loin de pouvoir me venir en aide dans les circonstances. J'avais si mal à l'Église, moi qui en fais partie. Pouvais-je la quitter ? Oui ! Je pouvais quitter ses structures, son institution. Non ! Pas

---

1. J. Vanier, *Toute personne est une histoire sacrée*, p. 39.

l'Église-communion, la vraie du Christ... Elle porte le nom d'universelle, et je fais partie de l'Univers de Dieu! Alors, j'ai décidé d'y rester! D'être même dérangeante! De ne pas demeurer prisonnière, comme nous le sommes parfois, entêtés dans nos comportements idiots qui se répètent sans cesse, tels des cycles fous qui ne pourraient pas s'arrêter.

J'avais été amenée à me questionner sur le sens profond de l'Eucharistie qui récapitule la foi chrétienne. J'en ai déduit que si Dieu s'est fait Homme, par Jésus, ce n'était pas pour supprimer en nous ce qui est humain; c'était plutôt pour intégrer son Amour-Communion à toutes nos histoires de cœur, à tous nos sentiments humains, à tous nos gestes. Pour embellir le «concret» de nos vies et de nos amours.

## Vision nouvelle des rapports hommes-femmes

Était-ce possible de sortir «libre» de tant d'incohérence enracinée dans l'histoire? Cette loi du célibat obligatoire adoptée par une institution patriarcale aurait-elle indirectement transporté des effets néfastes jusque dans nos rapports sociaux?

Je me «requestionnais» aussi profondément, me demandant même: «Qu'est-ce que le mariage chrétien?». Ce que j'en avais appris dans le passé avait été amputé de sa composante la plus importante: la communion qui se réalise spirituellement au niveau des âmes.

Cette communion des cœurs n'implique pas nécessairement le mariage. Elle peut aussi se vivre dans de véritables amitiés entre personnes, du même sexe ou non, entre adulte et enfant, et pourquoi pas entre prêtre et femme. Pour ces raisons, il est important d'en avoir entendu parler afin de pouvoir expérimenter cette réalité humaine intense d'une façon saine et libératrice. Cependant, dans sa plus élémentaire définition, le mariage suppose donc la communion des êtres, cette nuptialité des âmes et il doit à tout le moins y tendre. Le mariage engage deux personnes entières l'une à l'autre : les corps s'unissent, les esprits communiquent, les cœurs communient, pour que les âmes en relation puissent croître dans l'Amour-communion, s'ils sont croyants. Tout ça est bien différent de la génitalité tout court. Au centre d'un projet de couple, l'amour apporte une dimension de spiritualité à la sexualité.

Quand l'une ou l'autre de ces composantes humaines est absente, il n'y a pas entièrement mariage, même si légalement un homme et une femme ont signé un contrat et fait bénir leur mariage lors d'une célébration religieuse : le mariage est plutôt en voie de devenir. Il suppose d'abord l'ouverture dans la rencontre du masculin et du féminin et le « consentement durable » de deux êtres libres intérieurement.

Le mariage serait-il plutôt devenu une institution légale, civile ou religieuse ? Ou union civile et religieuse confondues ? On pourrait souvent le penser avec les débats entourant le sujet. L'homme et la femme ne doivent jamais perdre leur identité singulière et individuelle, comme fondue dans une pâte fusionnelle où l'un s'effacerait dans l'autre. Le mariage chrétien doit plutôt permettre à chacun de se réaliser dans l'Amour-communion ; une route de croissance spirituelle l'accompagne, et ce dans la joie ou la souffrance, selon les attitudes d'ouverture ou de fermeture à l'autre. Point n'est besoin d'enquête (théologique) pour deviner que près de 70 % des couples se pensant vraiment mariés ne le sont que légalement. Qu'est-ce que cette ignorance ou cette absence peut occasionner ou entraîner comme malaises, problèmes humains et sociaux ? Dans ces conditions, consciemment ou inconsciemment, les couples se sentent handicapés d'une dimension difficilement identifiable.

Dans notre monde si matérialiste, bien des personnes aussi hésitent à s'engager profondément jusqu'au niveau des cœurs, des âmes, et cela pour différentes raisons. Elles préfèrent s'en tenir à la consommation des corps et ne vivre que le plaisir des seules jouissances physiques, pourtant si limitées dans le temps. Elles évitent ou évacuent ainsi des responsabilités de maturité. Elles négligent la communication qui crée des liens importants de confiance. Elles ignorent ou refusent – ce qui est grave si on en connaît la dimension – la communion des âmes qui prolonge la tendresse et la complicité, la présence et la joie, tel un avant-goût du divin. D'autres vivent la communion des cœurs à répétition, en recherchant l'intensité qui l'accompagne, et se fichent de la fidélité qui fait partie de cette rencontre avec le divin au cœur des personnes. Comme le dit Jean Vanier, cela ne devient qu'un «désir de communion imaginaire faite de fantasmes»[1].

Alors, des couples se séparent, divorcent. Un conjoint ou les deux fuient-ils la communion des cœurs par crainte de s'engager en profondeur ? Cette fuite les conduit à l'impossibilité de croissance du couple et les dirige vers une vie en parallèle sans qu'ils puissent jamais vraiment se rencontrer. Ce n'est pas ça, un mariage chrétien! Par contre, à certains couples (incluant parfois des prêtres ayant vécu ou vivant une relation amoureuse avec une femme) il ne manque que le contrat civil et la bénédiction devant «les hommes», car devant Dieu, le mariage, dans toutes ses composantes, est déjà consommé.

Quand des prêtres faussent l'amour, et qu'à cause de la loi du célibat obligatoire, ils refusent de chambarder leur vie et de quitter leur ministère, la clandestinité de ces amours les protège même du déshonneur du divorce. Quel manque de transparence! Et quelle «loi du moindre effort»! (Ils n'ont pas à travailler à réussir leur relation de couple. Au contraire, ils ont réintégré les rangs cléricaux autant de fois que le nombre de leurs aventures sexuelles.)

Ouverte à l'Amour, pensant qu'un prêtre s'avance honnêtement vers elle pour oser vivre une sincère communion d'êtres, la femme devient une amante piégée. Quelle souffrance

---

1.   J. Vanier, *Toute personne est une histoire sacrée*, p. 224.

éprouvée par celle qui découvre être entrée dans cet obscur espace de division chez celui qui l'approcha, homme supposément unificateur, libérateur des âmes ! Difficile de faire la part des choses dans une telle situation. La femme doit refuser d'entrer dans cette division. Tout faire pour s'en sortir ! Espérer que l'autre – très compartimenté pour s'adapter à une double vie – s'en sorte...

Je peux comprendre des femmes qui se sont ainsi senties abusées par des prêtres ; j'en ai rencontré dont les dommages à leur être sont aussi pires que le viol.

Je n'avais plus le goût de cautionner ce qui freinait la véritable croissance de la nature humaine. Je me suis donc mise à raconter mon histoire et à voir l'Église davantage dans les personnes et dans les organisations qui dénonçaient les injustices sociales, qui s'organisaient pour dépanner et aider les pauvres, les personnes agressées et violentées, pour protéger l'environnement, la nature, etc. L'Église a-t-elle toujours agi dans ce sens ? Oui. Et non. Nous sommes l'Église. Quant à l'Église de la haute hiérarchie, elle devrait faire aujourd'hui un urgent examen de conscience et mettre de côté quelques « vieux canons ». Malgré l'entêtement et l'inertie de Rome à ce sujet, je vois et je sens l'Église-communion se mouvoir hors de son lourd système et se fondre dans le laïcat, comme Jésus lui-même, laïc parmi le peuple ordinaire.

Une autre question montait et remontait dans mon âme autant que dans mon esprit. Une Église romaine, trop institutionnelle et masculine se mourait-elle en moi ? Je n'en voulais plus de cette structure « tout en Bon Dieu mâle » qui, malgré la diminution de ses membres ordonnés, continuait de dire, du haut de son autorité strictement masculine : « Non au mariage des prêtres ! Non à l'ordination des femmes ! ». Cela signifiait un non tout court pas seulement à certaines femmes, mais à toute la féminité du monde, avec cette espèce de « oui » adressé seulement à leur maternité entretenant le même cycle de domination et de violence d'un système. Car la loi du célibat obligatoire ne bloque pas seulement les relations amoureuses entre femmes et prêtres, elle soutient avec ruse le non-accueil des femmes dans les instances politiques de l'Église. S'élever contre cette bondieuserie d'un système protectionniste qui violente les êtres était-il désobéir à Dieu ?

À qui pouvais-je parler de cette prise de conscience ? À ceux qui décidaient dans l'Église ? Pourtant, était-ce bien avec ceux, mal placés ou très indisposés à entendre mes propos, que j'aurais aimé dialoguer ? Je l'ai déjà mentionné, je me suis risquée à parler à des prêtres. Certains m'ont humblement avoué ressentir les mêmes malaises que moi. D'autres demeuraient sceptiques ou fermés à la question des changements relationnels entre les femmes et les prêtres. J'ai même fait peur à l'un d'eux par mes propos novateurs. C'était plutôt désagréable d'être témoin de cette réaction, comme si j'avais été le diable en personne...

Si nous pouvions, femmes, nous exprimer en ces fiefs mâles bien gardés que sont les religions patriarcales mondiales ! Nos valeurs féminines, celles qui façonnent les cœurs, s'exprimant différemment de celles des hommes, pourraient sûrement apporter beaucoup à ces institutions de haut pouvoir.

## Un tournant dans ma vie

L'influence des femmes agissant surtout à l'horizontale, au ras du sol, accueille et élève aussi, de façon verticale, la Vie qui n'aspire qu'à croître. Le pouvoir qui vient vraiment d'EN HAUT n'écrase jamais ni l'homme ni la femme. Pourtant, le Vatican, dans ses positions radicales, m'étouffait, m'écrasait. Je savais maintenant qu'il étouffait aussi des hommes. Je ne pouvais pas le changer. Alors ? Je changerai. J'ai changé. Pas facilement !

J'ai terriblement douté de moi. J'ai aussi porté une culpabilité : celle de ne pas avoir su comment agir avec ce prêtre, ayant finalement laissé aller ma relation, n'en pouvant plus de fournir des efforts pour tenter de la réussir. C'est là que j'ai touché à mes limites d'amour. J'avais tellement besoin de comprendre mes réactions et les siennes, de savoir pourquoi je vivais ce double échec relationnel : échec personnel et échec religieux.

J'ai échangé avec plusieurs hommes et surtout avec plusieurs femmes sur ces deux points d'échec, vérifiant, avec eux et avec elles, des questions de fond portant sur la religion, les comportements sociaux, la psychologie, la spiritualité. J'ai donc osé entrer en contact avec des psychologues, des théologien(ne)s, des sociologues, des spécialistes combattant la violence sous toutes ses formes (y compris la violence au niveau institutionnel). Je désirais étancher ma soif en discutant de ces points et de ces faits sur lesquels je m'interrogeais, pour me les faire authentifier ou simplement pour me « resituer ». Comme je l'ai déjà dit, j'ai rencontré des femmes ayant vécu la même expérience que moi, et aussi des prêtres maintenant mariés ou amants clandestins encore ministres du culte. J'ai aussi recueilli de nombreux renseignements, opinions, expériences ou connaissances parmi les écrits de plusieurs auteurs masculins et féminins, que j'admire pour leur ouverture d'esprit et pour leur grande chaleur humaine. Après avoir lu le livre de Jean Vanier, *Toute personne est une histoire sacrée*, j'ai pensé que nous sommes toutes et tous un peu des handicapés, les pires handicaps se situant au niveau des cœurs. C'est d'ailleurs sur cette réalité que s'est penché Jésus-Christ, sans qu'Il oublie pour autant les corps et les esprits.

Une profonde remise en question remuait mes fibres et espaces de femme, me transformait.

J'en suis venue à déduire que nos débats de sociétés ressemblent souvent à nos rapports relationnels. Ils sont limités et surtout portés par des rapports de force. Aux plus puissants les grandes théories, les pouvoirs et les décisions. Ce mode de fonctionnement problématique, personnel et social, oriente et contrôle trop de nos relations interpersonnelles et institutionnelles.

Les rapports de force se sont même enracinés dans la relation hommes-femmes, passant par la famille jusqu'à atteindre les plus importantes structures et organisations humaines. Ce mode dicte des relations souvent inégalitaires, donnant les mêmes résultats que les lois de la jungle. (Le monde économique en est un bel exemple.) Lorsqu'elle agit ainsi, l'humanité n'arrive pas à ce lieu spécial qui lui est propre : la dimension des cœurs, des âmes. Aussitôt qu'il y a des relations inégalitaires, il y a domination. Alors des personnes se sentent étouffées, lésées dans leurs **droits** et **devoirs** au plan de l'**être** ou de l'**avoir**. Et si les dominées veulent s'exprimer, revendiquer justice par leurs paroles ou actions, elles semblent tout à coup menacer les personnes en position d'autorité. Ces dernières se raidissent et se «réimposent». Consciemment, et surtout inconsciemment, les personnes de pouvoir finissent par agresser. Leurs paroles et leurs gestes violents, leur fermeture agressent les corps, les esprits et les âmes de ceux et de celles habituellement contrôlés. Ces gestes prennent parfois la forme du silence ou celle du refus du dialogue – et cela pour continuer l'agression. Ainsi les relations humaines trop tendues se déchirent, créant de multiples souffrances.

Ces comportements personnels ou sociaux sont ceux de tout cycle de violence. On les retrouve dans la violence conjugale, dans les confrontations entre les nations et dans les agirs relationnels, peu importe les lieux sociaux concernés. Ils sont bien loin des chemins de la paix de l'Évangile, loin, si loin de la communion des êtres et différents de l'Amour «debout» qui construit l'ÊTRE HUMANITÉ.

Je reconnaissais certains de ces comportements violents à l'intérieur des lois religieuses, de la structure institutionnelle ecclésiale, donc chez les décideurs de mon Église. Dans leur refus d'accueillir entièrement la femme, les femmes, j'identifiais la violence.

Il est admis aujourd'hui, par tous les intervenants sociaux, que les violences autant physiques, sexuelles, verbales que psychologiques, institutionnelles, systémiques, économiques et religieuses sont néfastes pour l'ensemble des humains. N'ont-elles pas toujours blessé et souvent tué des innocents, des pacifistes, des héros et des saints: Jeanne d'Arc, Ghandi, Martin Luther King, Zahra Kasemi, Jésus...?

L'Amour est plus fort que la violence. Oui, les grandes âmes du monde n'ont jamais utilisé cette dernière. Le «JE SUIS», la Voix d'Amour, est toujours là encore à se faire entendre au creux des êtres et des consciences, et nous pouvons y découvrir ou réouvrir des voies de rencontre, de dialogue, de retrouvailles, de paix, d'amitié, d'amour, d'accueil; c'est ça la communion entre nous et avec Dieu dans le concret de nos vies! L'Évangile me le prouvait. Je l'avais expérimenté. Et je me sentais debout, plus droite que jamais en osant le dire.

## Un besoin urgent de créer des liens profonds par la communion des cœurs

*(...) ainsi la guérison du cœur et de nos divisions intérieures se réalise dans la mesure où nous entrons en communion avec tout ce que nous avons rejeté, tout ce qui nous a fait peur: le pauvre, l'ennemi, le faible, l'étranger. C'est le retour vers la terre, la matière, la boue. Car cachée dans cette terre, il y a une lumière. Ce retour a lieu dans l'humilité, mot qui vient de «humus», la terre[1].*

Pour retrouver ma paix intérieure, je devais accepter d'avoir été humiliée et blessée.

En pénétrant le sens de ma déchirure, je comprenais davantage le pourquoi de mes réticences devant les exigences de ma religion. Mais j'arrivais à une croisée de chemins où mon appartenance à l'Église était en pleine crise. Si je n'avais pas l'intention de laisser tomber un lieu de rassemblement chrétien et de solidarité humaine qui se dit universel, j'avais le devoir de dénoncer les comportements dominateurs installés à l'intérieur.

---

1. J. Vanier, *Toute personne est une histoire sacrée*, p. 277.

Loin des grandes discussions théologiques, j'avais le goût d'exprimer, avec les mots du peuple, un malaise au cœur de ce lieu important du monde.

En échangeant avec bien des femmes catholiques, j'ai découvert ce même dilemme profond, et ce même désir d'expression et d'appartenance qui nous tenaillait de l'intérieur.

Aussi, nous étions conscientes qu'une humanité très matérialiste, de plus en plus individualiste (avec pourtant des moyens de communication extrasophistiqués) était en train de se refroidir dans ses relations interpersonnelles et de marginaliser un nombre de plus en plus grand de gens. Une saine spiritualité et la communion des cœurs devenaient donc très importantes dans ce monde envahi par les dieux de la technologie, par une culture de profits, de performance, de compétition, de superconsommation, de pouvoirs dominateurs qui écrasent les faibles, les pauvres et polluent la planète! Cette fois, l'équilibre relationnel humain et environnemental était-il arrivé à un point critique? **Je sentais combien ma nature de femme collée à la chair et à la terre devait se réimposer, là où les systèmes patriarcaux, autant économiques que religieux, en étaient venus à rejeter l'humain**. De différentes façons, mais finalement les résultats se ressemblaient, se soldant tous par l'exclusion.

Je pouvais choisir de continuer à croire en Dieu personnellement, de tourner le dos à cette structure cléricale misogyne qui était venue me brasser si profondément par l'intermédiaire de l'un de ses membres, et de retourner, m'appropriant la tactique du «pas su, pas vu – absolution accordée», dans le néant d'un certain silence. C'était un choix tellement moins exigeant et beaucoup moins dérangeant que celui d'écrire ce livre, auquel j'aurai consacré plusieurs années de ma vie!

Cette seconde voie était bien plus à risque. Je ne savais pas du tout où elle pouvait me conduire. Mais elle m'attirait, telle une fontaine lorsqu'on a soif.

J'ai donc choisi le chemin qui parle. Tout autant au cœur qu'à la raison. C'est à travers une puissante vague de fond, «vague de femmes» dans l'histoire, que j'ajoutais ma goutte à ce mouvement historique de féminitude. À ceux ou celles qui doutent de l'intégrité des mouvements féministes, j'aimerais rappeler que l'Esprit de Dieu y est sûrement aussi présent qu'au Vatican. Pourquoi Le serait-il moins dans un groupe de femmes que dans un groupe d'hommes? Obéir à l'autorité, ne serait-ce pas savoir résister à ce qui écrase la liberté d'être? Cependant, je reconnaissais utiliser les enseignements de l'Église pour lui présenter une sévère critique de son système légaliste misogyne. Et malgré ma blessure, je reconnaissais aussi le bien et le bon en elle.

Avec l'effort particulier que demande toute délivrance, dans un geste féminin qui nous est familier, j'avais le goût de «pousser» avec d'autres femmes pour que cette Église «accouche» d'une Humanité encore plus belle parce que plus libre et plus vraie. Et cela, dans la certitude qu'elle se transforme par la force des mouvements de la vie auxquels, en écrivant mon livre, je participais.

Je sentais donc très fortement cet urgent besoin de créer des liens profonds: entre femmes d'abord, et aussi avec des hommes n'ayant pas peur des femmes... même des prêtres. J'y voyais cependant un danger pour les femmes qui œuvrent dans les hautes sphères: elles doivent être aux aguets et, pour ne pas laisser noyer leur féminité dans cette mer des pouvoirs mâles, refuser d'adopter des comportements masculins.

Au cours des années, il avait été important pour moi de participer à cette solidarité de femmes qui se créait progressivement. Je l'ai déjà mentionné, je m'étais jointe au réseau des Répondantes à la condition des femmes dans l'Église. J'y sentais et voyais enfin un lieu de désir d'une dynamique nouvelle. Les contacts personnels et les pressions des groupes féminins agissaient et ébranlaient les certitudes au sujet des femmes. Partager avec ce groupe m'a énormément apporté, et je pense avoir offert une réelle contribution. Par contre, il fallait toujours agir avec une grande prudence et une extrême diplomatie pour ne se mettre à dos ni les autorités cléricales ni certains laïcs de la base, encore sous l'emprise de l'endoctrinement rigide et austère du passé. N'aimant pas les simagrées, les entourloupettes ou les gants blancs, j'ai dû souvent me servir de ma plus grande qualité en travaillant avec ce groupe : la patience...

Je confie ici quelque chose qui me fut particulièrement pénible à vivre. Ces femmes dans l'Église veillaient, à travers, leurs revendications à éviter la provocation d'un ressac qui aurait pu leur nuire. Le support moral dont j'aurais eu tant besoin n'est donc pas venu, ainsi que je l'aurais souhaité, de la part des répondantes luttant pour l'amélioration de la condition des femmes à l'intérieur de l'Église. Mais, je n'aurais peut-être pas fait mieux qu'elles, dans les circonstances. Nous avons plutôt appris ensemble. Ce que ces femmes combattaient avec moi, la violence sous toutes ses formes, elles me l'ont, pour ainsi dire, inconsciemment fait subir avec cette exigence de mon silence. Un tel silence, fruit de la crainte, de la honte de se montrer vulnérable, entretient le cycle de la violence. Briser ce mur leur faisait peur (j'étais des leurs). La culpabilité était présente, car déranger les comportements, les habitudes de ceux qui contrôlent, peut entraîner des représailles.

Des femmes avec qui j'ai œuvré pendant des années dans le domaine de la lutte contre la violence n'ont appris que beaucoup plus tard ma dure expérience. D'autres l'ont fait lors de la première publication de ce livre. Près du pouvoir, un pied dans le pouvoir, avions-nous si peur de la réaction du clergé et même de celle de certaines femmes, jusqu'à ne pas oser parler d'un vécu ? Quand je sentais ce groupe muselé, je le vivais très mal. Après la première parution de ce livre, d'autres femmes amantes de prêtres ou abusées par ceux-ci m'ont avoué ne pas avoir pu bénéficier de toute la solidarité attendue de la part de ce réseau de femmes catholiques pour vraiment les aider à s'en sortir. Le pouvoir dominateur continuait et continue de peser lourd sur les répondantes, des « défricheuses » pourtant admirables dans l'Église.

Aujourd'hui, je me rends compte que ce silence m'a écrasée, surtout lorsqu'il nous arrivait de discuter ensemble des cas de certains prêtres vivant des relations amoureuses. Il ne fallait pas trop s'y arrêter ; ces événements fondaient comme du beurre dans la poêle, et nous mijotions fémininement tellement d'autres dossiers, dits prioritaires, dans l'Église ! Pourtant... des milliers de femmes au cours de l'histoire avaient vécu des liens semblables ; en gardant le silence, j'avais l'impression d'étouffer leurs cris en moi, avec les miens. J'ai choisi de quitter ce groupe de femmes « piliers » qui œuvrent là où la tâche est colossale... Car, par respect et affection pour des femmes rejetées, je me devais de garder ma libre disponibilité pour les accueillir, les écouter et les comprendre sans avoir à répondre d'un pouvoir les ayant grandement humiliées.

C'est dur, tellement dur de briser le mur du silence ! Cependant, c'est ainsi que se fissureront les barrières d'un légalisme religieux qui draine inutilement trop d'énergies, dans cette lutte de reconnaissance des valeurs féminines auprès des hommes qui s'octroient le domaine du sacré.

*Ces femmes connaissent trop bien l'incroyable fausseté d'un certain discours religieux qui présente le corps comme un obstacle à la rencontre de Dieu[1].*

Des hommes de pouvoir ont élevé leur propre corps au niveau du sacré. Mais pas celui de la femme.

*J'ai prêté le plus intime et le plus personnel de mon être : mon corps. D'autres y ont habité. Ils s'y sont repus. (...) Je connais maintenant le prix à payer pour prononcer en vérité ces mots : « Ceci est mon corps livré pour vous. » À chaque repas du Seigneur, ils ravivent ma conscience d'une alliance mais il m'est interdit de les prononcer à haute voix, ça m'inquiète (...)[2].*

---

1.   L. Baroni, Y. Bergeron, P. Daviau, M. Laguë, *Voix de femmes, voies de passages*, p. 28.
2.   *Ibidem*, p. 28.

Ces mots cités dans *Voix de femmes, voies de passage*, par une mère de quatre enfants après un accouchement très pénible, devraient suffire pour démolir les fausses perceptions du corps de la femme et de l'amour humain. Elles devraient suffire à briser les barrières légalistes qui ont exclu la femme du champ du sacré.

Cette citation d'une maman inconnue, je l'offre comme un baume de compréhension à ces femmes dominées qui se sont retrouvées isolées après l'expérience d'une relation amoureuse avec un prêtre, tandis que monsieur continue d'être adulé et entouré par ses ouailles. Je l'offre aussi à celles qui se sont tues parmi leurs sœurs, incapables de crier publiquement leur joie d'aimer ou leur mal d'être rejetées à cause de leur corps par ceux qui prêchent l'amour, un amour tout en ciel mais si loin de la terre. Je la présente aussi à d'autres femmes qui se sentent appelées à la prêtrise, mais qui ne peuvent réaliser ouvertement cet appel à cause du légalisme religieux qui a emprise sur leur corps.

Provoquer du renouveau au cœur d'une religion, c'est comme vouloir toucher du feu sans se brûler. Il faut se dire que des convictions ancrées dans des siècles d'histoire sont très difficiles à mouvoir. L'Esprit, comme le vent, doit souffler fort, et les mouvements de masse se déclarer favorables, telle une bonne mer à naviguer. Il faut s'approcher de ce qui est déjà gravé dans les mémoires et les traditions, de ce qui est incrusté dans les lois et les consciences, pour redécouvrir la voie de la Vie. Il faut avancer dans l'élan d'un non-retour, à l'image d'un gouvernail de navire fuyant toujours le passé de son sillage.

La barque de saint Pierre? Mon Dieu, que le capitaine et son équipage ont encore peur d'avancer avec des femmes à bord, prêtes à manœuvrer! Cherchent-ils des vents contraires pour revenir à la rive de leurs lois et faire descendre ces femmes? Pourtant, chaque fois que les maîtres à bord s'approchent des anciennes rives, d'autres femmes plus nombreuses sont sur les quais et attendent afin de les recevoir avec leur bagage d'aujourd'hui. Pendant ce temps, à la barre, l'équipage masculin vieillit, diminue... N'est-il pas temps de dépasser ces questions passéistes de fermeture ou d'ouverture, pour rallier les forces vives chrétiennes? Pour les femmes, il est de plus en plus vexant d'entendre, dans les homélies des prêtres, un certain langage à propos de l'accueil des autres, de l'ouverture aux différences, de l'oécuménisme, alors que le clergé lui-même semble oublier d'enlever d'abord la poutre de son œil quand il est question pour lui de la moitié...«e» de l'Humanité. Peut-on encore rêver? Pourrait-il sortir de son glorieux sexisme afin de nous reconnaître aptes, femmes, à devenir tout ce qu'il y a de plus «associées», également et légalement, à la noble mission de garder «humain» un monde en croissance d'amour? Quelque part, l'Église-institution joue-t-elle son rôle d'éducatrice, de missionnaire, si elle persiste encore à repousser les femmes en les excluant de la vie intime de ses prêtres et en leur interdisant des postes clés dans sa structure politique et décisionnelle? Quels urgents liens à créer! Qui reviennent de si loin! D'aussi loin que le premier matin du monde qui ouvrit sur la vie les yeux... et la conscience de la femme et de l'homme.

## Homme et femme il les créa

Dans le premier récit de la Création, les Écritures nous racontent ceci:

*Dieu dit: «Faisons l'homme à notre image, comme notre ressemblance, et qu'ils dominent sur les poissons de la mer, les oiseaux du ciel, les bestiaux, toutes les bêtes sauvages et toutes les bestioles qui rampent sur la terre.» Dieu créa l'homme à son image, à l'image de Dieu il le créa, homme et femme il les créa.* (Genèse 1, 26-27)

L'emploi du pluriel est très significatif dans **ils dominent** du verset 26 du chapitre 1 de la Genèse. Cela implique l'homme et la femme, même avant qu'ils soient nommés, créés énergie masculine et féminine à l'image de Dieu. Et le **les** du dernier verset vient reconfirmer cette humanité féminine et masculine, cette fois nommée. Ne faudrait-il pas aujourd'hui redonner, à cette notion originelle du monde, sa véritable place dans l'organisation de celui-ci?

Le terme hébraïque «*Elohim*» dans la Bible, qui signifie Dieu, n'est-il pas de forme plurielle? Si certaines sectes d'aujourd'hui se permettent de traduire ce terme en «extraterrestres», il exprime plutôt, pour moi, l'immense majesté et la richesse diversifiée d'un Dieu-Vie-Amour habitant chaque être humain dans son unicité et originalité. Je parais peut-être vouloir démontrer philosophiquement une conception de Dieu. En réalité, je veux plutôt éviter qu'on Lui installe des barrières, faisant même de Lui un Dieu strictement mâle!

Ce que la science a découvert, l'intuition ou l'inspiration dans les Écritures l'a souvent révélé dans son langage symbolique. Évidemment! Les trouvailles de la biologie, de la psychologie et de quantité d'autres sciences ont transformé la pensée religieuse. Comme bien d'autres personnes, je ne crois plus à n'importe quoi. Le tralala d'accessoires trop lourds qui encombrent l'essentiel de ma foi, je n'en veux plus. J'ai souffert pour m'en dégager, pour l'apprendre.

Dans le deuxième récit de la création, se profile toute une histoire:

*Yahvé Dieu dit: « Il n'est pas bon que l'homme soit seul. Il faut que je lui fasse une aide qui lui soit assortie. (...) Alors Yahvé Dieu fit tomber une torpeur sur l'homme, qui s'endormit. Il prit une de ses côtes et ferma la chair à sa place. Puis, de la côte qu'il avait tirée de l'homme, Yahvé Dieu façonna une femme et l'amena à l'homme. (...) Or tous deux étaient nus, l'homme et sa femme, et ils n'avaient pas honte l'un devant l'autre. (Genèse 2, 21-22,25)*

Souvent, ce second texte de la création a été drôlement interprété. Comme il est dit que la femme est tirée d'une côte de l'homme, bien des mâles se sont «pété» les bretelles (sur cette fameuse côte...) pensant que la femme leur est ainsi inférieure. Le symbolisme et le sens prophétique de ces paroles cachent peut-être autre chose? Et si les auteurs de ces textes inspirés avaient décrit **l'avenir** en même temps que le début du monde, une deuxième prise de conscience dans l'histoire des femmes et des hommes... Ne dit-on pas que la Parole de Dieu ne porte pas de limites? L'Amour dit universellement tout à la fois! Des hommes d'aujourd'hui ne seraient-ils pas encore sortis de leur torpeur? Sont-ils toujours résistants à cette autre prise de conscience de l'Humanité, parce qu'emprisonnés dans la continuité d'une interprétation patriarcale du monde qui étouffe les femmes? Oui, inconscients, car à chaque fois qu'ils dominent, utilisent et rejettent la femme comme un objet, ils rejettent leur propre côte, leur côté féminité faisant partie de leur propre humanité. C'est ce que le clergé fait quand un prêtre avoue publiquement qu'il aime une femme et veut l'épouser; on le rejette avec sa femme.

*Il prit une de ses côtes et referma la chair à sa place.* (Genèse 2, 21) La chair, c'est le corps entier. C'est aussi le couple dans le mariage, car *Ils ne formeront qu'une seule chair.* Ce sont les liens familiaux. C'est aussi l'humanité féminine et masculine conçue de chair, de cœur et d'esprit – pas seulement mâles – à remettre un jour à sa place, pour qu'hommes et femmes œuvrent ensemble, côte à côte, sans domination des uns ou des unes sur les autres dans leurs relations et dans toutes leurs institutions. «Tous deux étaient nus...» c'est-à-dire transparents dans leur être, non honteux et sans peur l'un devant l'autre... en communion d'âmes avec leur Dieu.

*Puis, de la côte qu'il avait tirée de l'homme, Yahvé Dieu façonna une femme et l'amena à l'homme. Alors celui-ci s'écria: «Pour le coup, c'est l'os de mes os et la chair de ma chair! Celle-ci sera appelée «femme», car elle fut tirée de l'homme, celle-ci!»* (Genèse 2, 22-23)

Et les hommes bons un jour admettront: «On n'aura jamais fait un si bon coup de notre vie en reconnaissant enfin la femme comme un être humain entier! Notre égale, à ne pas dominer! Cette fois-ci? Ce n'est pas seulement Dieu qui le sait! Nous l'avons compris, tiré enfin de nous, ce raisonnement».

Ainsi le second récit de la création nous apparaîtra bien plus clair lorsque nous serons sortis de la torpeur du patriarcat. Il sera l'image de notre temps qui s'éveille dans sa transformation profonde des rapports hommes-femmes! (Dieu savait toute la tournure de l'histoire lorsqu'Il inspira les Écritures. Relisez ce récit... une deuxième fois... (Une parenthèse pour dire que torpeur signifie une espèce d'inconscience qui peut parfois être accompagnée de peur...)

La Bible m'a enseigné que l'Humanité porte en elle son propre rêve de finalité de vie s'ouvrant sur autre chose que les limites de l'histoire. J'ai découvert, dans cette Parole, notre relation au divin, notre chemin de croissance, mon Je suis. Mais, si nos rêves ou l'interprétation qu'on en fait ne débouchent pas sur de plus grands accueils et ouvertures aux autres, c'est que nous n'aurons rien compris de la croissance humaine personnelle et sociale. Elle doit s'ancrer dans le concret et l'ordinaire de la vie, ici et maintenant.

J'ai appris à relire autrement les enseignements religieux de mon enfance. Dans ma pratique religieuse, je désire éviter et dénoncer les élans pseudo-spirituels qui se détacheraient du vécu des hommes et des femmes et de leurs amours. Teilhard de Chardin dans son *Hymne à l'Univers* dit:

> *Établissons-nous dans le Milieu Divin. Nous nous y trouverons au plus intime des âmes, et au plus consistant de la Matière. Nous y découvrirons, avec la confluence de toutes les beautés, le point ultra-vif, le point ultra-sensible, le point ultra-actif de l'Univers. Et en même temps, nous éprouverons que s'ordonne sans effort, au fond de nous-mêmes, la plénitude de nos forces d'action et d'adoration[1].*

Si Teilhard de Chardin, lors de son odyssée terrestre, a pu si bien parler de cette grandeur à découvrir, on peut espérer un jour que toute l'Humanité pourra en faire autant. Si on a peu

---

1.   P. Teilhard de Chardin, *Hymne à l'Univers*, p. 224.

entendu parler de cet anthropologue, c'est qu'il dérangeait trop les certitudes séculaires de l'Église catholique. Il a vu sa chaire supprimée, ses ouvrages condamnés par l'Église ; après sa mort en 1962, le Saint-Office de Rome a même publié un décret afin de protéger les âmes contre les dangers que représentent ses ouvrages. Je ne peux m'empêcher de transcrire ici une partie de cette belle prière du Père de Chardin, que l'on retrouve dans son *Hymne à l'Univers*. Elle a été écrite lors d'une expédition scientifique en plein désert en 1923, dans son chapitre *Sens de l'Effort humain*.

*NON, VOUS NE ME DEMANDEZ RIEN DE FAUX ni d'irréalisable. Mais simplement, par votre Révélation et votre Grâce, vous forcez ce qu'il y a de plus humain en nous à prendre enfin conscience de soi-même. L'Humanité dormait-elle dort encore – assoupie dans les joies étroites de ses petits amours fermés. Une immense puissance spirituelle sommeille au fond de notre multitude, qui n'apparaîtra que lorsque nous saurons forcer les cloisons de nos égoïsmes et nous élever par une refonte fondamentale de nos perspectives, à la vue habituelle et pratique des réalités universelles[1].*

Cette FORCE, l'Éros divin, ne se marie-t-elle pas d'abord à la chair, n'ébranle-t-elle pas ensuite les cloisons de l'esprit, et ne dénude-t-elle pas enfin l'âme pour qu'advienne notre Commune-Union avec la Vie ? Communion dont nous avons soif, mais qui nous fait encore peur. Ne devons-nous pas nous élever toujours davantage au-delà de nos perspectives du passé et accepter partout cette Force présente dans notre Humanité ainsi créée par Dieu ?

Je ne suis ni exégète ni scientifique. Mais j'aime découvrir la pensée et la dimension intérieure de ces belles figures de foi : Teilhard de Chardin, Jean Vanier, Frédéric Marlière, François Varillon, Rita Gagné, Henri Laborit, Kalhil Gilbran, Eugen Drewermann, Monique Hébrard, Yvonne Bergeron, Denise

---

1. P. Teilhard de Chardin, *Hymne à l'Univers*, p. 210.

Veillette, Annick de Souzenelle, Jean-Yves Leloup, l'abbé Pierre, Jacques Gaillot, et aussi les autres de mon milieu avec qui je peux échanger en profondeur. Elles et ils m'apprennent telle-ment et me font découvrir davantage Dieu à travers leur science, leur recherche, leur démarche, surtout leur ouverture du cœur. Ils et elles me permettent de mieux apprécier la valeur, la complexité et la complicité de la Création, invisible autant que visible. Elles et ils me permettent aussi de me dépasser et me poussent davantage à louanger et à connaître ce Dieu-Amour-Vie des Écritures, présent dans notre Humanité. Cela m'aide aussi à avoir un esprit critique plus aiguisé et une plus grande liberté dans l'expression de moi-même afin de franchir les résistances qui veulent parfois figer la Vie ou la rapetisser.

Si le début de la Bible nous révèle que Dieu crée l'homme et la femme à son image, il y a là une référence fondamentale de leur égalité d'être et de la grandeur du couple. Tout au long de l'Ancien Testament, on retrouve cette histoire humaine, celle des liens conjugaux, les nombreux déplacements des diverses tribus et les descendances des figures bibliques marquantes. Descendances basées sur les patriarches, leurs fils, leurs rois que des épouses légitimes, servantes ou concubines, enfan-taient. Testament personnel et social de nos racines de glaise et de cœur, à la recherche et à l'écoute de l'Esprit de Vie, il est autant notre passé que notre devenir, de misère en prospérité, d'infamie en noblesse, de chute en repentir. Ce qui est frappant dans cette partie de la Bible, c'est la façon toujours puissante et fantastique qu'a Yahvé d'intervenir dans la vie de ces anciens. Ils se laissaient guider par leurs rêves et leurs prophètes, en attendant un Sauveur qui mettrait fin à leur errance autant ter-ritoriale, politique, que sociologique. La surprise? Ce Sauveur met plutôt fin à leur errance affective et spirituelle. Il les rend libres, surtout d'aimer au-delà des préjugés et des barrières psy-chologiques, culturelles et religieuses.

## Dieu à reconnaître et à laisser renaître dans l'humain

Au moment où prend naissance le Nouveau Testament, dans cette conjoncture d'un autre temps de l'histoire, l'importance d'une figure féminine s'impose. Joachim et Anne conçoivent une Fille. Celle-ci, Marie, prend sa place dans l'histoire patriarcale du monde.

Plus tard, une figure masculine accepte cette Femme dans toute sa condition, reconnaissant qu'elle porte aussi Dieu dans sa chair. C'est le «Oui» de Joseph, à l'instar du différent «Oui» de Marie. Tous deux, ils forment ce couple ouvert à l'Esprit de Vie, s'accueillant mutuellement, intégralement.

Deux couples, d'humbles citoyens, non admis dans le clergé juif, ont préparé la transformation du cours de l'histoire. Par leur histoire d'Amour en accord avec l'Éros divin, le libre Esprit de la Vie.

Depuis, le couple Joseph et Marie a fait bien jaser. Encore aujourd'hui, on se pose bien des questions les concernant. Une chose est sûre, ils ont certainement éprouvé un très grand amour l'un pour l'autre. Ils ont dû lutter aussi, intérieurement, à contre-courant de leur culture, pour vivre l'authenticité de leur communion d'âmes avec ce Dieu-Amour agissant en eux, en un temps où il était plutôt normal d'échanger une femme contre deux ou trois chameaux. Tous les deux, ils ont écouté la voix de la Vie, dépassant les directives culturelles et religieuses de leur époque (habituellement, les parents choisissaient les conjoint(e)s de leurs enfants). Cette Femme accueillant Dieu en elle, cette fiancée enceinte prête à Le mettre au monde, Joseph ne l'a pas répudiée, ce que la loi juive prescrivait en pareille occasion. C'est l'Amour qui a unis ces deux âmes libres. Les traditions, les conventions, les lois n'avaient pas d'importance devant cet Amour naissant au milieu d'eux. Leur Enfant, Jésus, a fait davantage parler... Le Nouveau Testament nous livre les paroles de sa mère, avant qu'il ne naisse, voici le Magnificat de Marie :

*(...) Il a dispersé les hommes au cœur superbe. Il a renversé les potentats de leurs trônes et élevé les humbles (...)*. (Luc, 1, 51-52)

Elle savait déjà. Avec la Vie qu'elle portait dans ses entrailles, s'exprimait en douceur sa révolte contre l'injustice, contre la tyrannie sociale et religieuse, qui à cette époque aliénaient tellement la femme. Très fermement et avec certitude, son cœur s'élevait déjà contre la violence. Cette femme n'a pas été silencieuse, sachant l'action déjà accomplie dans l'Esprit de Dieu en elle : « Il a dispersé... » Un Dieu-Humain entrait dans le monde par l'humain.

J'aimerais vous raconter ici une petite histoire vraie, rapportée par une amie. Elle s'est déroulée à Montréal, lors de la période des Fêtes 1994-95.

En allant visiter une vieille tante religieuse à l'occasion de Noël, son neveu, devenu un homme dans la quarantaine, ne s'attendait nullement à être ainsi confronté à cette femme ayant passé sa vie à servir le Seigneur. En cette fête d'Amour, il avait fait un détour pour rencontrer cette tante dans l'espoir de bavarder, de s'informer d'elle, de lui donner des nouvelles de la famille.

Toujours est-il que la visite allait pour le mieux quand, tout à coup, en regardant la crèche bien montée et en évidence dans une pièce de la communauté, il fut surpris par l'absence d'un personnage :

— *Eh ! ma tante, avez-vous cassé votre Joseph ?*
— *Non, lui répond la religieuse âgée.*
— *Mais pourquoi n'est-il pas là ?*
— *Joseph n'était qu'un pourvoyeur ! Le mystère de Noël, c'est entre Marie et Jésus que ça s'est passé..., lance-t-elle sèchement.*

Abasourdi par cette réponse, le neveu s'est senti tout à coup visé, pour ne pas dire insulté. Il n'en croyait pas ses oreilles !

Que dire devant ces paroles qui lui rappelaient brutalement le rôle stéréotypé de l'homme d'une autre époque? Un fossé énorme le séparait tout à coup de sa vieille tante. *Je veux bien être pourvoyeur*, raconta-t-il à mon amie, *mais je suis aussi homme de cœur dans cette précieuse tâche du concret de la vie que je partage plus que jamais avec mon épouse qui m'aide à gagner la vie de notre petite famille!*

Quand je raconte cette anecdote, viennent toutes sortes de réactions. Si certaines personnes en ajoutent pour rigoler, d'autres en profitent pour illustrer les changements des mentalités sociales et religieuses en avouant qu'il ne faut pas essayer de changer ceux qui sont d'un âge à ne pas être dérangés. Quand aux «babyboomers», hommes et femmes ont changé. Dans leur rôle masculin, les hommes se sont davantage responsabilisés dans leur paternité, dans le partage des tâches familiales... même s'il reste encore à faire. Et bien des femmes, tout en s'épanouissant dans leur maternité, sont des «pourvoyeuses» de famille.

Aussi, des femmes monoparentales élèvent seules leurs enfants. Pour l'une d'entre elles, dans cette image du Joseph disparu de la sainte famille, elle a vu une drôle de main sociale qui, recherchant à décoller les hommes de leur ancien rôle de pourvoyeur, en a fait gauchement fuir quelques-uns de la crèche familiale. Comme le Joseph de cette bonne tante-sœur remisé dans les «mythes«, est-ce que le rôle de la paternité responsable (en le donnant un peu trop à Dieu le Père) fut parfois occulté par l'exaltation de la seule maternité?

Le cas «Joseph», éclipsé par la conception religieuse d'une autre époque, ressemble comme deux gouttes d'eau aux règlements concernant la place des femmes dans l'Église. Avec le refus de la sexualité normale, le «vierge»Joseph se serait-il éloigné de la Vierge Marie? Quelle forte image du prêtre fuyant la femme! Le neveu? Peut-être s'est-il vu entre deux vierges, celle de plâtre peinte en bleu et blanc et sa tante d'un autre âge qui venait de lui rappeler une évidence de la vie, blessante pour l'homme de cœur ordinaire qui se sent aimé et de Dieu et d'une femme.

Ces conceptions de la vie peuvent rappeler tout l'inconfort ressenti dans l'Église catholique par bien des couples. Ils ont de plus en plus de difficultés à s'identifier à l'autorité de Église en matière conjugale.

Une autre question pourrait se poser : « Pourquoi Dieu aurait-il évité la paternité humaine et non la maternité pour venir au monde, en passant seulement par Marie ? L'Église ne dit-elle pas que Dieu a pris l'entière condition humaine en Jésus ? Alors, pourquoi ce même Dieu aurait-il déshumanisé sa conception, sa Vie ? »

Aujourd'hui, je ne veux même pas m'attarder à cette dernière question si peu importante pour ma foi. La conception de la vie en elle-même est le plus grand des miracles. Et le profond message d'Amour, laissé au monde par ce Fils des Écritures, me suffit. Je dois dire cependant que mon cœur s'est ouvert à la nouveauté. De précieux textes anciens et contemporains (briè-vement cités auparavant et dont les titres sont en bibliogra-phie) m'ont révélé de précieux aspects et des visions éclairantes à propos de mon désir de voir croître nos relations homme/femme. Loin de contredire la foi chrétienne, ces écrits libèrent une Parole cachée qui n'est pas reconnue ni retenue par le patriarcat religieux. Pourtant, elle dévoile une invitante fécon-dité relationnelle et spirituelle à venir au Monde.

Les grandes envolées religieuses (intellectuelles, théologi-ques, surtout canoniques, dogmatiques et légalistes) ont-elles pu enfermer le Divin dans des têtes endoctrinées et dans des institutions de pouvoir ? Cette Parole, aussitôt dite au féminin, veut Le resituer et Le libèrer des lourds encombrements qui n'existent pas dans les cœurs libres.

Notre façon de concevoir ou d'évaluer la femme, l'homme et la famille, dans nos systèmes patriarcaux, a eu un effet inversé sur l'organisation des institutions et des structures du monde. Nous commençons à peine à sortir de cette notion infirme de l'humanité. L'homme n'a-t-il pas occupé tous les postes de pouvoir ? Aurait-il voulu inconsciemment compenser pour un rôle de paternité minimisé par rapport à celui de la maternité ? La femme n'a-t-elle pas été longtemps éclipsée du contexte social, politique, culturel, économique, religieux, parce que son rôle de maternité sublimé et magnifié à l'extrême la confinait au travail domestique, donc à demeurer silencieuse et absente des décisions publiques et sacrées ?

Un patriarcat bien installé, bien hiérarchisé dans nos sociétés est devenu lui-même divisé entre les hommes : hommes de pouvoir dominants et hommes dominés, diminués, humiliés par le chômage, la répression, la guerre, la performance, etc., et même expulsés du clergé masculin lorsque touchés au cœur et à la peau par une femme !

Dans ces systèmes, la femme est encore plus pénalisée. Économiquement, que vaut-elle lorsqu'elle choisit de rester à la maison pour se consacrer aux nobles tâches familiales et éducatives des enfants ? Elle peut bien vouloir partager les rôles, public et sacré !

Par leur grand dévouement, combien de femmes de l'ombre ont permis à des hommes d'être adulés ou de devenir des surhommes dans le monde public, économique, social, politique ? Parlons donc aussi de tout ce temps que plusieurs hommes religieux ont pu consacrer aux autres, et qui ne leur est pas toujours tombé du ciel. Servantes, ménagères, secrétaires, auxiliaires, cuisinières et lavandières, bénévoles et assistantes, le leur ont accordé... avec en plus l'honneur d'être parfois canonisé !

Tant et aussi longtemps que les grands pouvoirs religieux et patriarcaux du monde forgeront les consciences à concevoir la vie avec des valeurs qui gardent les femmes dans le retrait et l'asservissement, il ne faudra pas se surprendre de voir celles-ci de plus en plus nombreuses à revendiquer justice et équilibre, à réclamer tout ce qu'on leur a interdit. Notre conception et notre interprétation de la vie, de l'amour et de Dieu, ont porté, à travers les époques, et portent encore aujourd'hui, les conséquences d'une subjectivité gonflée de masculinité. Il peut paraître dur de parler ainsi; pourtant mon intention n'est pas de blesser des personnes, mais de mûrir avec vous certaines réflexions. Et l'évidence de plusieurs comportements sociaux, dont celui de la violence faite aux femmes, ne peut plus être niée. Elle se doit d'être dite.

Si Dieu a voulu naître et grandir au cœur d'un couple où la femme a pris sa place, cela est très significatif. Ça devrait l'être davantage pour le clergé catholique.

Dans l'Évangile, Jésus ne réalise-t-il pas son premier miracle lors d'un mariage à Cana? Ne voulait-il pas encore une fois enseigner la reconnaissance et la beauté de l'amour humain tel que vu par l'Homme-Dieu? Il était là, en communion avec eux, joie intense et intérieure : ce Divin à reconnaître au cœur de chacun et dans le couple, cellule-base de la vie sociale, pour la transcender en autre chose qu'une domination de l'homme sur la femme soumise. Présent au cœur d'une célébration de l'amour, il montrait que c'est dans la création-faite-couple d'abord qu'il veut être accueilli en plénitude. Le mariage n'est en rien une dépendance affective, et le célibat n'est pas l'auto-suffisance affective. L'équilibre affectif a quelque chose de personnel, que la loi du célibat obligatoire vient encore contredire. Et on doit pouvoir réaliser librement cet équilibre dans le mariage ou dans la vie de célibataire.

Puis, Marie demande à la Vie d'agir. D'agir au cœur de cette extraordinaire rencontre qu'est le mariage, pour le voir se transformer en noces avec le Divin, afin de redonner à la nature humaine réunie, féminine et masculine, sa dimension de communion. Et Jésus répond à Marie : «Que me veux-tu, **Femme**?» (et non Mère) lorsqu'elle remarque : «Ils n'ont pas de vin». (Jean 2, 3-4) Cette façon de la nommer est cruciale. La nature féminine tout entière était reconnue par la Vie en nommant Marie, «**Femme**». Jésus a été plus qu'attentif à cette partie de l'humanité, fatiguée d'être objet et dominée. Quand Jésus lui dit : «Mon heure n'est pas encore arrivée», que fait-elle ? **La «Femme» s'impose dans Marie**. Elle lui répond en prenant sa place ! Elle dit même aux «servants» : «Tout ce qu'il vous dira, faites-le», sachant que tout est déjà accompli dans l'éternité. Il a aimé la repartie de Marie ! Jésus a accompli son premier miracle. Ce dialogue intense est celui d'une commu-nion entre le Créateur incarné dans la nature humaine et toute relation d'amour, en commençant par celle de l'Homme et de la Femme. Du couple humain. Quelle belle occasion choisie que le mariage pour offrir le vin de la réjouissance lié à ces amours !

Marie-Femme voulut que le Fils de l'Homme l'offre à tous les couples du monde. À Cana ? Là aussi Marie est «(...) une femme libre et autonome, réceptive à la Parole de son Dieu et aux attentes des siens, créatrice et active.»[1]

Ces très belles pages des Noces de Cana me sont «Paroles» par leur non-dit. Je sens à travers l'action, le «Je Suis» «Femme» et «Homme» qui transpire de ces écrits précieux. J'y sens aussi un appel puissant de Dieu à accueillir la vision des femmes dans l'organisation humaine. Avec Jésus, la Femme avait pu parler, être écoutée, être exaucée. Tel un grand Souffle de la Vie, la Parole féminine se mariait à la Sienne. Qui a dit que Marie était silencieuse et soumise ?

En relisant les quatre évangélistes, j'ai constaté combien l'accueil réservé aux femmes par Jésus fut particulier. J'ai pris conscience de la pauvreté des femmes des Écritures, pauvreté autre que matérielle, que Jésus soulagea.

La Samaritaine... Il osa s'adresser à elle, même si c'était défendu pour un Juif, et Il l'invita à se transformer, en lui demandant à boire. Cet Évangile me toucha. Les paroles de Jésus «Donne-moi à boire» (Jean 4, 6-30), m'invitaient moi

---

1.    Y. Bergeron, *Partenaires en Église...*, p. 101.

aussi à aller plus loin en suivant sa Voie, à changer en tant que femme, à faire bouger l'histoire de l'Église, en ce temps où le monde a besoin d'entendre la Parole de Vie, par la bouche des femmes aussi.

Cette pauvre femme qui perdait du sang depuis douze ans, au point de ne pouvoir aller prier dans l'espace du temple réservé aux femmes. Le sang des menstruations était considéré comme ce qu'il y a de plus impur par les lois religieuses du temps, parce qu'on ignorait le fonctionnement du corps féminin. Or, Jésus l'a guérie. (Marc 5, 25-34) Aurait-il pu expliquer la chose scientifiquement ou plutôt, biologiquement, à ses contemporains? Personne ne l'aurait cru. Les docteurs et les prêtres de l'époque l'auraient pris pour un fou; ce fut le cas pour le savant Galilée que Rome a dénoncé comme hérétique au seizième siècle. Par la suite, cette femme put aller prier au temple, mais toujours dans un coin retranché, à cause des lois religieuses. En attendant que des hommes comprennent. Et changent... avec les siècles.

La femme courbée du temple... Un esprit malade la rendait infirme. Courbée jusque dans son corps, elle n'en pouvait plus, incapable de se relever, d'être si peu reconnue jusque dans son esprit, son âme. (Luc 13, 10-13) Jésus l'a délivrée, autant psychiquement que physiquement, pendant que les messieurs du temple lui rappelaient qu'il ne pouvait pas intervenir ainsi pour guérir en un jour de sabbat! Quelle réponse leur fit-il? «Hypocrites, le jour du sabbat, chacun de vous ne délie-t-il pas de la crèche son bœuf ou son âne pour le mener à boire?» (Luc 13,5)

La femme adultère...Elle était traitée si différemment des hommes adultères, même polygames. Alors que des hommes voulaient la tuer en la lapidant, Jésus leur dit: «Que celui d'entre vous qui est sans péché lui jette la première pierre!». (Jean 7,7)

Marie-Madeleine... À propos de la pécheresse pardonnée et aimante, que tant d'hommes avaient sans doute traitée comme un objet sexuel à satisfaire les désirs charnels des hommes ou comme un vase de chair à servir aux patriarches pour leur descendance, **Il dit à Simon-Pierre, le premier chef de l'Église, – donc aussi à ses successeurs – en prenant bien la peine de s'adresser particulièrement à lui :**

*(...) j'ai quelque chose à te dire (...).* » (Luc 7,40)

*Et, se tournant vers la femme : «Tu vois cette femme ? dit-il à Simon. Je suis entré dans ta maison, et tu ne m'as pas versé d'eau sur les pieds ; elle, au contraire, m'a arrosé les pieds de ses larmes et les a essuyés avec ses cheveux. Tu ne m'as pas donné de baiser ; elle, au contraire, depuis que je suis entré, n'a cessé de me couvrir les pieds de baisers. (...) À cause de cela, je te le dis, ses péchés, ses nombreux péchés lui sont remis parce qu'elle a montré beaucoup d'amour.* (Luc 7, 44-45, 47)

L'Homme nouveau posa sur elle le Regard divin. Comme il a dû l'aimer, l'accueillant et la sortant de cette position de dominée que l'on trouve dans le soi-disant «plus vieux métier du monde» la prostitution, sûrement pas voulu par Dieu ! Elle fut sa préférée et davantage, même sa première «Femme apôtre» (avec d'autres femmes) après sa Résurrection la désignant pour annoncer sa Bonne Nouvelle aux Hommes apôtres. C'était une mission publique et sacrée, cela ! Venant du Christ... «Mais, à certains apôtres, ces propos leur semblèrent du radotage, et ils ne les[1] crurent pas.» Est-ce changé aujourd'hui ?

*(...) à côté des Évangiles de Matthieu, de Marc, de Luc, de Jean, on peut méditer aujourd'hui ceux de Philippe, de Pierre, de Barthélemy et, plus particulièrement, celui de Thomas (...) (page 11) (...) il en est un qui demeure pratiquement ignoré du public. Il s'agit de l'Évangile de Marie, attribué à Myriam de Magdala, premier témoin de la Résurrection[2].*

---

1. C'étaient Marie la Magdaléenne, Jeanne et Marie, mère de Jacques, et d'autres femmes.
2. J.-Y. Leloup, *L'Évangile de Marie Myriam de Magdala*, pp. 11-12.

*L'Évangile de Marie, Myriam de Magdala,* traduit de la langue copte sahidique et commenté par Jean-Yves Leloup, théologien orthodoxe, serait même antérieur à ceux qu'on dit canoniques dans l'Église. Ces écrits nous révèlent un enseignement parti-culier du Maître (...) *qui nous permettent aujourd'hui (...) d'enrichir notre connaissance de certains aspects jusqu'alors «occultés» ou «pro-fanés» du christianisme. (Jean-Yves Leloup, page 11)* Si mon témoi-gnage m'a enlevé mon masque, j'ai la certitude que ces écrits démasqueront un jour un certain pouvoir religieux.

> *C'est sur cet aspect «particulier» de sa relation avec Myriam de Magdala qu'insistera par exemple l'Évangile de Philippe, (...) «Le Seigneur aimait Marie plus que tous les disciples, et Il l'embrassait souvent sur la bouche.»*[1]

Comment se fait-il qu'aujourd'hui, à Rome, la femme soit ce que le prêtre doit éviter de laisser entrer dans sa vie d'homme, dans son fief clérical, afin de pouvoir annoncer le message du Christ et se donner à sa mission? Ces paroles à propos de Marie-Madeleine transpirent la tendresse et l'affec-tion humaine charnelle et ne font pas obstacle à l'action spiri-tuelle de Jésus. Pourquoi le mariage, si légitime entre un homme et une femme, serait-il défendu pour le prêtre? Contre le légalisme exagéré, Jésus est pourtant si clair.

> *Alors il dit: «À vous aussi, les légalistes, malheur, parce que vous chargez les gens de fardeaux impossibles à porter et vous-mêmes ne touchez pas à ces fardeaux d'un seul de vos doigts! (...) Malheur à vous, parce que vous avez enlevé la clef de la science! Vous-mêmes n'êtes pas entrés, et ceux qui voulaient entrer, vous les en avez empê-chés!» (Luc 11, 46, 52)*

La science de Dieu, celle que l'on essaie d'apprendre tout au long d'une vie pour «être», fut souvent étouffée par le léga-lisme religieux, enfermée à clé derrière les puissantes portes closes flanquées d'écritaux: «Ici, pour mâles seulement!».

---

1. J.-Y. Leloup, *L'Évangile de Philippe*, p. 17-18.

Mais... la vraie Clef de la libération humaine, chacun et chacune l'a reçue du Maître de la Vie? La Clef? C'est le Maître de la Vie Lui-même! Est-Il venu s'offrir à Pierre malgré son reniement? Oui! Et surtout à chaque «pierre» fermée pour la transformer en cœur de chair d'Amour! Ensemble, ne pouvons-nous pas bâtir un monde de communion, laissant derrière nous des institutions trop lourdes de droits canons, éliminant ou excluant le divin en même temps que l'humain?

J'ose terminer ce chapitre par un intellectuel raisonnement pouvant choquer, autant que ceux servis aux femmes par le clergé afin de les éloigner du domaine du sacré et de leur dicter, du haut de leur pouvoir, quelle place elles doivent occuper dans l'organisation du Monde en cheminement... Une femme met au monde l'Homme-Dieu. Des hommes Le font mourir. Des hommes en viennent-ils à immoler leur corps à travers Celui qu'ils ont rejeté, pour inconsciemment se déculpabiliser? Comme Jésus le fut par le clergé de son époque, la femme est-elle rejetée par le clergé catholique? Devons-nous nous rendre jusqu'à ces extrêmes?

J'espère plutôt que la religion catholique, à travers ses membres en autorité, saura se donner des airs de famille: que la Femme près de l'Homme pourra prendre enfin sa place, sans contrainte légale, au siège de la table des Paroles-Gestes de Vie et d'Amour, et qu'ainsi la communion des êtres prendra un nouvel air de fête dans la communauté humaine.

> La grande tentation de l'être humain est d'être séduit par la puissance et de refuser la communion avec sa vulnérabilité et sa petitesse. Mais si nous prenons le chemin du cœur et de la communion avec des personnes réelles, nous pourrons rebâtir la terre ensemble[1].

---

1. J. Vanier, *Toute personne est une histoire sacrée*, p. 277.

Chapitre 4

# ...ET PARDON

*Il faut faire ce que l'on croit être droit même si les autres ne le comprennent pas.*

Angélyne Vallée

*Il est venu chez lui, et les siens ne l'ont pas accueilli.*

Saint Jean

## Nos hivers du cœur

C'est le 15 août 1995... Le goût d'aller vers les autres pour me recueillir avec eux m'attire à l'église de ma paroisse, dédiée à l'Assomption de Marie. La célébration débute. Un cliquetis d'acier me fait sursauter et résonne dans toute l'église. Surprise, je me sens secouée par un fou rire. Des hommes costumés appartenant à l'association des Chevaliers de Colomb dégainent bruyamment leur épée du fourreau. Ensuite, ils forment une arche de gardes d'honneur, armes anciennes à bout de bras pour y laisser passer le célébrant qui monte à l'autel. Ces gestes me déplaisent ; rapidement, je me ressaisis. Qu'est-ce qu'une femme simple comme Marie aurait fait ou dit devant une telle fête protocolaire aux allures masculines et militaires ?

Et l'homélie? L'honneur en revient à un homme, suite de la coutume des femmes silencieuses en Église. Les associations féminines? Elles brillent toutes par leur absence ou se fondent incognito dans la foule. Pour la préparation et le déroulement de cette célébration en l'honneur de la femme la plus honorée de l'histoire, on a omis la participation active des femmes et leur façon de faire.

Mais en quoi sont-ils donc éloquents, tous ces grands honneurs et démonstrations catholiques rendus à Marie, quand tant d'autres femmes encore aujourd'hui sont brimées, dominées dans leur être femme et dans l'expression de leur spiritualité, par leur propre Église institutionnelle?

Des détails accessoires, très mal choisis dans nos pratiques religieuses catholiques déclenchaient, à tout coup, de véritables soubresauts d'hiver dans mon cœur. Ce genre de rituel si loin de la Vie, de la nature féminine et du sens de l'Eucharistie, me devenait de moins en moins acceptable. Une nouvelle croissance avait éveillé ma sensibilité à plein de détails religieux que je ne critiquais pas auparavant. Maintenant, ils m'apparaissent comme d'insupportables aveuglements, une persistante négation de l'approche féminine dans notre manière de rendre hommage au divin. Ne pouvant m'identifier à ces comportements si masculins, mon intelligence et mon cœur en ressortaient de plus en plus irrités au fil des ans!

Anodins et blessants, de tels faits s'ajoutent aux effets outrageants et continuels du rejet légalisé de la femme par le clergé. Mon seuil de tolérance vivait maintenant d'énormes ratés de patience devant l'inconscience de ce groupe d'hommes de pouvoir. Le peu de changements n'aidait surtout pas. Pourtant, pratiquer sa religion devrait pouvoir offrir à l'âme paix et joie! Pour moi? Cela devenait même provocateur: comment vivre une réconciliation avec l'Église? Ma difficulté à rédiger ce chapitre s'expliquait...

Le pardon, le faut-il? Difficile de pardonner des offenses que le présent ramène sans cesse! Mais je ne pouvais amputer mon cœur de l'invitation à une démarche vitale qui lui était adressée. Relisant, dans un livre de Jean Monbourquette, cette citation de Christian Duquoc: «(..) Le pardon n'est pas l'oubli du passé, il est le risque d'un avenir autre que celui imposé par le passé ou la mémoire»[1], je réagissais. Le pardon? Si c'était plutôt une facette de l'amour qui décide de mettre un terme à la souffrance?

Ces événements chambardant ma vie m'instruisaient. Je continuais de prier, demandant que justice soit faite aux femmes, qu'elles agissent en ce sens. La Vie m'a répondu à sa façon à travers les événements quotidiens. Elle m'a offert un temps d'arrêt, hors de cette vitesse bousculante, pour que d'abord je me relève dans la fragilité de mon intérieur blessé.

Je me suis aussi rappelé d'autres passages du livre de Jean Monbourquette, *Comment pardonner?*

*Qu'il suffise de signaler que, tandis que la justice s'occupe de rétablir sur une base objective les droits de la personne lésée, le pardon relève d'abord d'un acte de bienveillance gratuite. Ce qui ne veut pas dire qu'en pardonnant, on renonce à l'application de la justice[2].*

Ne devais-je pas mettre ce conseil en pratique? Le pardon ne recherche-t-il pas une vision différente des rapports humains? Rapports humains inspirés par l'amour et réalisés dans la justice... C'est en plein ce que je désirais à propos des femmes dans l'Église.

*Le pardon qui ne combat pas l'injustice, loin d'être un signe de force et de courage, en est un de faiblesse et de fausse tolérance. Cela encourage la perpétuation du crime. C'est ce que certains évêques*

---

1. Citation de Christian Duquoc dans le livre *Comment pardonner?* de Jean Monbourquette, p. 51.
2. J. Monbourquette, *Comment pardonner?* p. 40.

*n'avaient pas compris lorsque, après avoir été informés d'abus sexuels de la part de l'un ou l'autre membre du clergé, ils ne sont pas intervenus à temps et avec vigueur*[1].

J'apprenais. Pouvais-je pardonner à un paradoxe? Le clergé fonctionne encore avec la logique légaliste d'un système qui se protège des femmes. Il devient impuissant à aider l'âme féminine qu'il piège lui-même. Pouvais-je facilement pardonner, à ce groupe d'aidants universels, le manque de transparence toujours toléré par le clergé au sujet des relations femme-prêtre?

Des réflexions profondes naissaient tout au long de ma démarche. En réalité, je vivais ce que j'avais besoin d'apprendre. Et l'écriture était le moyen thérapeutique m'éclairant, avec ce qu'il demande de précis et de recherché pour bien s'exprimer, en même temps qu'il devenait aussi une évidente plaidoirie en faveur de la femme, des femmes.

Donc, pardonner m'obligeait aussi à sortir du silence. Les effets véritables du «sacrifice de la chair» de certains hommes, accompagnés ou non de mortifications ou de mensonges, ne rebondissent-ils pas sur d'autres qu'eux-mêmes? Si nous, femmes, n'avions plus le goût d'être ainsi sacrifiées pour l'amour d'un Dieu qui ne demande pas ce genre de dons immolant injustement la personne et pas seulement le corps? Quand une institution à laquelle tu appartiens pousse à «agir» différemment de son message, ne faut-il pas réagir? Je n'acceptais plus ce genre de comportements plutôt prisonnier du temps que garant d'avenir!

L'important? Ne jamais nier le passé! Cependant, rien ne doit nous empêcher d'en refuser les bêtises pour ne pas les répéter. Si l'histoire a eu sa raison d'être, la raison a aussi droit à son histoire. Aussi curieux que cela puisse paraître, j'ai eu l'impression de devoir pardonner... même à l'histoire. Des siècles à

---

1. J. Monbourquette, *Comment pardonner?*, p. 41.

rattraper, cela demande de la bravoure. Comment sera celle du clergé ? Celle des femmes ? Quand de nouveaux rapports seront établis entre les femmes et le clergé, le mystère du pardon aura alors fait son œuvre et changera une certaine histoire.

Mes propres espaces intérieurs se libérant, ils m'invitaient à œuvrer pour le rétablissement de ces univers sacrés de liberté. Je comprenais mieux les aspects souffrants d'une rupture, d'une fermeture à l'autre. Pouvais-je me réaliser en tant que personne si je n'essayais pas de créer davantage d'ouverture aux autres ? L'heureuse et véritable mystique humaine ne peut pas faire abstraction de cette recherche. Les femmes oubliées dans le sacré et le passé ont leur mot à dire concernant cette dimension et ce qui s'y rattache. Si j'avais accepté de faire le deuil d'une relation affective, j'avais bien compris qu'il est impossible de le faire à propos de la communion des êtres.

Oui, j'avais beaucoup changé. Toutefois, je restais réaliste. Le pardon m'amènerait à me transformer encore et encore, en attendant l'Ultime Renaissance. Ma victoire ? Celle d'avoir gagné du pouvoir sur moi sans prétendre en avoir plus sur les autres. **Cependant, pourquoi les appelés à la moisson de l'Amour devraient-ils obligatoirement laisser se glisser entre l'homme et la femme – tel un serpent qui déjoue les Forces de la Vie – un pouvoir qui divise l'Humanité en passant même par sa sexualité, en piégeant même sa spiritualité ?** Diviser l'Humain et la Nature dans leur divine et même Source, remanier la Création pour essayer de mieux l'arranger à la façon des hommes seulement, cela instaure des systèmes se retournant contre l'Humain et la Nature.

Le pouvoir patriarcal, loin d'être négligeable dans le monde religieux, a voulu dominer, dompter la Nature. Qu'est-il arrivé à la femme toute rattachée et toute apparentée à cette Nature par sa fécondité cyclique qui ressemble aux saisons et aux moissons ? Serait-ce la « femmeuse » raison pour laquelle on l'a si longtemps confondue et la confond encore avec l'avoir ?

Dans leurs recherches et à travers leurs expériences, beaucoup de femmes et de plus en plus d'hommes sont conscients des changements importants à effectuer dans leurs rapports. La présence d'hommes et d'associations d'hommes à l'université féministe d'été 2004 à l'Université Laval de Québec, montre cette volonté d'améliorer les conditions et les relations humaines des sexes et des genres, selon les contextes.

En ce temps où la Nature est polluée, où la Femme est fatiguée d'être dominée, l'Humanité, pour sa survie et son harmonie, doit s'orienter vers un équilibre entre Humains et Nature, Femmes et Hommes, Avoir et Être, Matière et Spiritualité. Pourquoi cette harmonie ne se manifesterait-elle pas dans l'expression d'une saine spiritualité pouvant se concilier avec celle des grandes religions qui influencent tant les comportements humains ? La vivacité future et même l'existence de ces institutions finiront par en dépendre.

C'est dans cette optique du respect de la Création que maintenant je saisissais toute la vérité du message du Christ, aussi Humain que Divin et si amoureux de l'Humanité.

La personne humaine qui s'habille des multiples visages de la Vie, apprend tout au long de son existence à devenir libre. Cependant, la liberté a le pouvoir d'enlaidir comme d'embellir. Et la sexualité, ce côté Nature de l'humain, reste ce qu'il y a de plus saccagé par la liberté. Certains continuent de la déformer monstrueusement, d'en avoir peur ; d'autres la rejettent, l'exploitent, la violent, la bafouent, la dégradent, la dépossèdent de sa spiritualité, la tuent par certains abus. **Ce que la sexualité subit, c'est la personne humaine qui le vit**. Cette réalité, l'Éros, collée au renouvellement de la vie et à l'apprentissage de l'amour, est partie intégrante d'une étonnante beauté trop souvent incomprise dans sa grandeur. C'est un lien Humain-Nature rattaché au Grand Corps mystique du Monde, dans la Paternité et la Maternité, dans l'Homme et la Femme, dans la masculinité et la féminité au cœur de chaque être.

En ce temps d'éclatement de la science, qui génétiquement s'apprête à «manipulo-produire» des similicopies humaines perdant leur originalité propre, je n'avais plus le goût d'entendre qu'il faut dompter ou dominer la Nature. En le faisant, on s'attaque à l'Éros. On saccage, défigure et même tue ce Dieu-Amour! Aujourd'hui, le clônage humain est une profanation de cette relation-communion de Dieu avec le couple. Un clône humain, engendré à l'aide de durs et froids outils dans des laboratoires sans âme, ne pourra pas trouver dans sa mémoire consciente ou inconsciente, l'image d'une rencontre toute vibrante de la musique des corps chauds en danse, des cœurs en extase, des esprits en symbiose, des âmes en communion d'un père et d'une mère! Les racines fécondes pour l'humain sont dans le don des êtres s'ouvrant l'un à l'autre dans la gratuité de l'amour, et non dans l'orgueil et l'égoïsme se refermant sur lui-même. En tant que chrétienne **de mon époque**, je veux interpeller prêtres et laïcs catholiques accrochés aux temps anciens. Pourquoi? Parce que, comme le clônage, la loi du célibat obligatoire malmène l'Éros. Le temps est venu de redonner aux prêtres et à ces femmes qui en sont amoureuses, leur droit si légitime de se rencontrer à nouveau et de vivre en conformité avec ce Dieu-Amour, droit qui leur fut enlevé en 1139. L'Église a maintenant besoin de couples «debout» pour justement porter le sacré de la Vie et de l'Amour dans un monde qui s'est éloigné et s'éloigne encore de l'Essence du Vivant. Nous faisons corps avec ce Vivant autant par la matière ou la chair que par l'esprit et l'âme.

Jésus n'utilise-t-il pas la boue avec son Esprit d'Amour pour guérir un aveugle de corps et de cœur? Dans ses paraboles, son vocabulaire se marie à la Terre: le lys des champs, le grain de sénevé, le blé, l'eau, la vigne... En écrivant sur la poussière, Il choisit l'entière Nature comme support d'écriture de sa Parole de Vie, La mêlant à toute la matière animée du Cosmos. Son Nom est aussi inscrit en moi, femme!

À la suite de mon expérience, j'admire maintenant, avec des yeux très différents, cette Humanité en marche et la Nature en mouvance... et leur majestueuse interdépendance ! C'est pourquoi je désavoue l'existence d'une loi déshumanisante pouvant entrer en contradiction avec la Création, car j'ai appris et continue d'apprendre que la Vie, Elle, par le Christ, choisit de l'habiter et d'en être quotidiennement et à chaque instant, l'Alliée.

*Un Homme a refusé cet ignoble enfer en brisant les idoles du temple et du palais.*
*Cet Homme n'était rien dans le grand empire romain.*
*Il a jeté une nouvelle semence en terre.*
*Et puis ce petit quelque chose : un grain de sel, une mèche, un dessein pour corroder, faire sauter ou soulever le vieux monde des portes closes.*
*Je tiens de Lui cet amour doux et violent de la liberté[1].*

L'Église-institution porte et oriente l'Humanité. Elle ne peut plus utiliser sa politique discriminatoire d'exclusion des femmes, donc de sélection **non naturelle** occasionnée par la loi du célibat obligatoire des prêtres.

La présente obstruction au changement entretenue par la haute hiérarchie catholique romaine occasionne donc des déchirures à l'intérieur de la chrétienté, et de plus en plus au sein des catholiques eux-mêmes. Cette obstruction devient aussi un empêchement grave à l'éclosion d'une saine théologie de la sexualité **intégrale**. La théologie de la sexualité commence à peine à sortir du niveau des actes, des gestes seuls, alors qu'elle doit dorénavant et avant tout se situer au niveau de la personne, du développement global de celle-ci et de ses relations humaines, responsables et matures. Pardonner ? Pour moi, c'était dénoncer une vieille «culture du secret» ayant protégé la déviance sexuelle. C'était donc une question de communication,

---

1.    J. Grand-Maison, *Au mitan de ma vie*, p. 122.

de travail pour la reconnaissance et la dignité de la personne, «temple de chair» marchant dans l'azur avec son Dieu au cœur. Que ce «temple» soit de chair d'homme, de chair de femme, surtout de chair d'enfant.

Tous savent maintenant que ce n'est surtout pas Dieu qui a légalisé le rejet de la femme. L'image un peu trop masculine que l'on a construite de Dieu en est coupable! Le nombre de prêtres a diminué dramatiquement devant ce choix de sacrifier la femme et l'amour conjugal. Et c'était difficile, dans ma démarche de pardon, de faire abstraction d'une donnée qui dit que plus de 50 % des prêtres manquent à la fameuse règle. En 1992, il y avait environ 1500 cas dévoilés de relations amoureuses (et combien de non dévoilés?) aux États-Unis seulement[1]. Si on faisait une enquête sérieuse dans tous les pays catholiques du monde...

Je saisissais davantage le pourquoi de la désobéissance à ce règlement par tant de membres du clergé. Le Grand Langage de la Vie ne sera jamais surpassé par une loi religieuse qui combat une forme d'amour humain. Décider un jour, en célibataire libre, de s'engager à la cause Jésus, c'est un point de vue que je respecte profondément. Mais promettre de ne jamais se marier n'est quand même pas l'assurance de ne jamais devenir amoureux... Fort de tout l'Amour qu'il porte en lui, ce Langage continue justement de poursuivre des prêtres, parce qu'il ne peut ni se contredire ni être contrarié. Lorsque certains de ces célibataires découvrent en cours de route un autre chemin de croissance dans lequel une personne libre est elle aussi engagée, il ne faut plus que le sacrifice de l'un entraîne l'autre à se faire crucifier l'âme par une règle canonique.

En pardonnant, je souhaitais la disparition à jamais de cette fausse perception de l'amour humain qu'on associe à la tentation de la chair et du mal, puis surtout à une régression par rapport au choix du célibat pour le prêtre. En pardonnant,

---

1. Source puisée dans le documenaire *Les prêtres amants*.

je voulais que s'efface cette loi, obsédante supériorité masculine sur la femme, et véritable «coup bas» à celle-ci qu'on intègre à la sexualité de la laideur et de la peur. Je désirais que cette loi ne serve plus d'excuse au prêtre pour se disculper ou contourner ses responsabilités d'homme envers la femme, de père envers son (ses) enfant(s). Ou même qu'elle ne bénéficie plus à ces hommes, trouvant, dans l'institution catholique, le lieu idéal pour cacher leur homosexualité[1].

Pardonner? C'était aussi appuyer ce Langage de la Vie qui ne se mêle pas aux répressions humaines. Et le dire.

J'apprenais... Mais où se situait le véritable sens du pardon à travers les violents piétinements du clergé? Une ancienne vision du pardon, qui décharge complètement l'offenseur ou l'offensé(e) de ses responsabilités morales, est encore beaucoup trop courante de nos jours. Me rappeler ces exigences m'aidait dans la pénible rédaction de ce chapitre où j'étais confrontée à ma petitesse dans l'Église. Cette prise de conscience touchait bien sûr le passé (l'abandonner), le futur (le voir autrement) et le présent (agir). Être placée au bas de cette pyramide de ma religion m'empêchait de décider de l'orientation de son système. Par contre, à l'extérieur du clergé, je sentais que c'était plus facile pour moi de protester contre cette loi que pour eux qui l'avaient endossée.

Ma prise de parole est robuste. Ainsi je la veux. Étant Église, je peux m'autocritiquer, l'autocritiquer. En femme éduquée à l'ancienne, j'ai trouvé dur de mettre mes vieux schèmes de côté. Ce fut difficile de faire un tri, au moment de ma souffrance, afin de ne pas jeter, avec le superflu, toutes ces belles valeurs de vie, d'amour, de justice et de paix que l'Évangile m'avait léguées par l'Église pour mieux traverser l'héritage historique des imperfections humaines, donc de mes propres imperfections. Tout en prenant conscience de ses manquements, je découvrais aussi la grande valeur de l'Église. Le temps

---

1. *Le Devoir*, le mercredi 12 juillet 2000, Stéphane Baillargeon, «Un pape et son péché».

serait-il arrivé de s'offrir des pardons, de se permettre d'en recevoir?

> *Pour s'engager dans la voie du pardon, il est donc important de rêver un monde meilleur où la justice et la compassion régneraient.« Utopie ! », dira-t-on. Rien de moins sûr. Toute création d'un monde nouveau ne commence-t-elle pas par les fantaisies les plus extravagantes ?*[1]

J'avais le goût de pardonner tout en désirant que justice soit faite aux femmes et qu'elles soient mieux accueillies par le clergé. Les clés de nos renaissances personnelles et collectives ne sont-elles pas toujours apparues d'abord dans les audaces, «...les fantaisies les plus extravagantes»? Elles ont forcé les cloisons du monde pour le changer. Et pour essayer d'améliorer son devenir, elles ont toujours dû rompre d'abord des chaînes au cœur des personnes.

## Qu'avais-je perdu pour avoir si mal... et vouloir renaître?

Renaître? Comme il m'a fallu profondément mourir à moi-même! Ce qui me ramena à un autre niveau de conscience. Aurais-je pu faire autrement? Sentir une relation se miner petit à petit m'orienta vers des choix ardus, à cause de mon étouffement. Ils m'ont conduite vers des ruptures me paraissant insensées. Je dus d'abord me dépouiller d'une irritante partie de moi, blessée par l'aimé: ce côté opprimé de ma féminité que je m'étais habituée à porter inconsciemment, à accepter comme allant de soi. On me l'avait inculqué dans ma culture religieuse, de la même façon qu'on a fini par persuader les femmes dans la religion islamique de se cacher sous la burka.

Cette relation si belle au début était devenue platonique, sans lendemain; même l'amitié dans la distance n'était plus

---

1.   J. Monbourquette, *Comment pardonner*, p. 51.

qu'absence. Notre complicité ainsi que la réciprocité de nos échanges ont fini par céder la place à une impersonnelle rigidité cléricale.

Dans l'atmosphère de plus en plus froide de nos rencontres, il contrôlait la conversation et évitait la communication profonde. Ces présences l'un à l'autre, si transparentes au début, entraient dans une opacité de moins en moins supportable pour moi. Était réapparu entre nous un monde chimérique et malsain de clivage, le contraire de ces espaces de communion qui pourtant ici-bas sont déjà en eux-mêmes des instants de ciel.

Un jour arriva où je n'ai pu continuer à supporter cette scission entre nos corps et nos âmes ; elle était provoquée par une lutte contre notre propre nature et contre une forme d'amour. L'amour d'un Dieu dont on m'avait pourtant appris dans l'Église qu'Il est aussi humain que divin, et dont on annihilait encore aujourd'hui le côté humain... En son nom. Mettant fin à cette relation «yo-yo» (pour ne pas se sentir coupable de la briser, il l'entretenait tout en voulant la couper), je lui épargnai l'odieux de la responsabilité d'une rupture.

J'avais senti, dans cette expérience de communion, qu'un interdit de l'amour humain était combattu par ce prêtre et moi, à travers nos élans permissifs, supposément faute grave envers notre religion. La faute grave ? N'est-ce pas plutôt un système obstruant un des libres passages à la vie communionnelle ? Maintenant, je continuais mon combat, seule, autrement, comme tant de femmes le font, pour conserver les valeurs naturelles, simples et fondamentales de la vie hors des encombrements légalistes. Pour continuer d'avancer vers une plus grande Plénitude d'Amour

Laisser aller une personne aimée avec une partie de soi qui était ancrée jusqu'à l'âme, occasionne un deuil pire que la mort. Les peines et souffrances intérieures y sont atroces, car toute rupture relationnelle est en elle-même absurde. Celle de la communion des êtres ? Pire ! Ne voulant pas mourir, elle est freinée dans le temps, inachevée... Loin d'ouvrir la porte directement sur Dieu, comme la mort sait le faire, sans rompre avec la communion des êtres, cette coupure me replaçait dans le cycle des violences humaines et, cette fois, de la violence religieuse. Je devais me soustraire à cette dernière faite aux âmes.

Bien sûr, les deuils font partie de la vie. Mais je crois qu'il faut éviter tous ceux contre lesquels nous avons la capacité d'intervenir ! Accepter du « sur place » aurait ressemblé à un recul dans ma démarche spirituelle. Il me fallait transcender cette mort vivante pour me dépasser et me retrouver hors de mes propres murs, des siens et de ceux de ma religion. Ce cheminement faisait partie de ma quête du sens à donner à ma vie. Je l'écrivais pour m'en absorber... « Ma vérité », comme le dit la chanson, c'était maintenant l'Amour.

J'apprenais. **La relation s'ouvrant sur la communion et se nourrissant d'Amour est toujours celle qui se réalise et demeure hors des emprises, hors des violences et hors des dominations humaines.** Une grande confiance mutuelle doit s'installer entre les personnes. Entre une femme et un prêtre ? Doublement ! Car il est si peu évident de pouvoir vivre et conserver cette intimité qui se crée entre eux ; lui n'est-il pas dans un système qui domine la femme ? Comment se rejoindre dans une invitation de la Vie quand on a appris à tant s'éviter, même à se fuir ? À travers ce non-sens, existait-il un autre côté à l'amour ? Pouvais-je le découvrir dans ces circonstances ? Se trouvait-il au-delà du don ? Le pardon ?

En voulant vivre une démarche de pardon, je luttais péniblement pour ne pas laisser tout en moi se déchirer. Refusant cette vision d'une vie humaine en compétition, en rupture avec l'amour de Dieu, ou vice-versa, j'aurais tant désiré poursuivre et nourrir cette relation, fruit d'un bel amour fidèle, jusqu'au grand Départ, avant-goût d'arrivée à l'Infini de l'Amour et de la Communion, comme un défi aux « canons d'Église » qui s'attaquent à cet amour...

J'apprenais. Je traversais la stupidité de certaines limites d'amour. C'était épuisant et pénible. Étaient-ce mes propres limites? Celles d'un autre? Celles d'un espace restreint pour les femmes dans le clergé de mon Église ainsi que dans trop de lieux du monde encore? Je ressentais cette traversée comme un triple combat pour retrouver l'espoir et renaître autrement, encore plus libre qu'avant. Cette lutte me ramenait toujours à la difficile et essentielle marche vers l'Amour. Je comprenais donc qu'amour et pardon marchent de front. Néanmoins, le mot «pardon» m'intriguait. Pardonner suppose porter un jugement, parce que je juge que quelqu'un fait mal. Et je me suis dit: «Qui suis-je pour juger des intentions d'un autre?». Mes questionnements me ramenaient à moi-même.

Toujours, j'apprenais. J'ai d'abord compris que je devais m'aimer à travers mes propres limites d'amour, ne pouvant plus accepter d'être mal aimée, ou d'aimer à moitié (n'est-on pas divisée de l'intérieur si on accepte d'être dominée?). Je m'étais moi-même prise en mésestime après la dernière discussion qui avait sonné le glas de ma relation avec ce prêtre. Je me culpabilisais de ne pas avoir su comment mieux dire ou faire pour éviter le chemin si tortueux de notre relation. Tortueux pour moi et pour lui, à cause de nos réflexes de défense dictés par des balises encombrantes et pleines de religiosité.

J'avais l'impression de le voir assis sur deux chaises entre lesquelles je me promenais: celle de l'homme tout court, celle du clergé. Après le lui avoir exprimé, il échappa une singulière excuse cléricale: «...*une faiblesse dans ma vie*». Ces paroles contenaient «une» vérité. Elles englobaient nos faiblesses, celles qui ont germé sur le terrain de nos orgueils, de nos ignorances et surtout de nos pouvoirs mal assumés et parfois si mal partagés entre hommes et femmes. Je sentais l'obligation de devoir quitter cette espèce de sein devenu trop étroit pour moi. Il fallait que je m'en sorte, car je me serais écroulée de l'intérieur, anéantie personnellement.

J'ai abandonné là tout un passé. J'ai tourné le dos à une « ancienne » Angélyne, naïve dans son ignorance d'avoir accepté, pour un temps, la domination. N'existait plus la silencieuse.

Comme cette Église des mariages « arrangés » de rois et de reines, unissant puissance et territoires, richesses et pouvoir, celle des célibats « arrangés » est aussi appelée à disparaître... en même temps que la loi du célibat obligatoire.

Quand de bons fidèles « économes » affirment qu'accepter le mariage des prêtres coûterait plus cher aux paroisses, j'ai de la difficulté à comprendre le sens si peu catholique d'un tel raisonnement. Dans les presbytères, il a été plutôt rare de voir un curé sans cuisinière, sans ménagère, sans secrétaire. On a toujours payé logement et aide au chef des communautés catholiques. **Des prêtres mariés?** Ils pourraient prêcher en toute connaissance de cause au sujet de la grandeur et des défis du couple et de la famille. Le message serait très différent de celui de bien des prêtres d'aujourd'hui qui pratiquent leurs hypocrites « passe-droits » tout en prêchant la droiture aux fidèles... Fidèles qui, eux, savent, perdent confiance et s'éloignent de l'Église devant de tels agissements. Aussi, une femme pourrait, mieux que bien des collaboratrices, travailler avec son mari. Et les risques d'une famille? Dans d'autres religions chrétiennes, cette question ne se pose même pas. L'Église peut très bien organiser sa politique de fonctionnement autrement. La valeur et l'importance du couple et de la famille, tant vantées par l'Église de Rome, seraient plus « concrètement » supportées dans et par les communautés locales catholiques. Les diverses tâches pastorales et administratives de l'Église, assumées « ministériellement » autant par des femmes que par des hommes, aideraient aujourd'hui à mieux passer le message chrétien. Quant à l'expression « servante du curé », elle irait se ranger à tout jamais dans le tiroir du folklore avec les soutanes noires d'autrefois.

C'est dur de changer, de se changer. Mais à mesure que je me transformais, j'apprenais à voir l'autre côté de mon expérience. Je comprenais davantage les autres dans leurs propres efforts de changement ou leurs refus de sortir de leurs modes de fonctionnement culturels, traditionnels, surtout religieux. Je devenais plus tolérante. Par contre, je restais ferme et convaincue.

Au cours de mon cheminement, pourquoi ne pas être allée expliquer tout cela directement aux autorités religieuses du diocèse ? Eh bien ! Tous ces mois et ces années consacrés à gérer blessures, émotions, chagrins, avec remises en question à propos de ma foi, et tous ces questionnements et recherches... est-ce vraiment possible de les formuler dans une rencontre d'environ une heure avec un évêque ? Des femmes avant moi avaient déjà essayé ! À trop vouloir dire dans le si peu de temps que les autorités leur ont consacré, ces femmes blessées, à travers leurs pleurs, leur souffle coupé par les émotions refoulées, leur besoin de crier douleur et espoirs, ont souvent passé pour des déséquilibrées. Ces femmes ont aussi été reçues froidement et avec méfiance. Pour mieux s'en débarrasser. Rejetées avec un mépris bien visible, et surtout très blessant, n'ont-elles pas toujours été classées comme des menaces pour les prêtres et pour le clergé ? J'ai préféré sortir du silence. Cette façon de faire m'a semblé plus équitable pour moi et plus juste pour une véritable démarche de réconciliation. Si Jésus, la Tête de l'Église, avait drôlement bravé certaines lois très incrustées dans les mœurs de son temps, pourquoi serait-ce défendu de le faire aujourd'hui ?

Deux ans après ma première publication, j'avais pris suffisamment d'assurance. Le 23 janvier 2003, par la généreuse démarche d'un prêtre, j'ai rencontré un évêque pour inviter les autorités épiscopales à recevoir des femmes prêtes à s'exprimer **en groupe** sur ce sujet des relations amoureuses vécues avec des prêtres. Le 20 septembre de la même année, j'ai aussi eu l'occasion d'exprimer brièvement la même requête au cardinal de Québec, lors du vingtième anniversaire du réseau des Répondantes à la condition des femmes dans l'Église. À la fin de la même année, ce réseau adoptait enfin en priorité le dossier de la sexualité qui dormait depuis douze ans sur les tablettes. Les porte-parole du réseau sont d'avis... *qu'une réflexion s'impose sur l'engagement au célibat.* Mais elles ajoutent que... *le célibat des prêtres n'est pas la première préoccupation*[1]. Cette discipline étroitement liée au sacerdoce ordonné est non seulement un appui de taille nourrissant le système clérical catholique, mais elle semble être une question à contourner pour ne pas déplaire aux autorités! Les femmes présentement touchées par l'amour ou par l'abus des hommes d'Église comprennent mal ce «minimisme» à leur sujet. Les Répondantes à la condition des femmes dans l'Église sont donc toujours dans une position délicate. Si, à l'intérieur de la Conférence des Évêques du Québec, il existe un groupe de travail sur la question de l'Église et des abus sexuels (aspect négatif de la sexualité), il n'existe pas encore de groupe pour aborder les aspects positifs qu'apporteraient à l'Église les amours entre des femmes et des prêtres.

Après tous ces efforts et démarches, malgré les lenteurs face au changement, malgré les échecs, je refuse une «réduction» de moi-même et de l'amour. Je m'invite, encore et encore, à reconstruire autrement les brisures «chrétiennes» d'un certain passé catholique.

D'abord, j'ai le goût de dire que la chasteté comporte une prise de position à l'égard de la sexualité: la relation sexuelle d'un couple amoureux est chaste dans le plan divin. Si le mariage biologique de l'ovule et du spermatozoïde est inconscient et innocent, le mariage de l'homme et de la femme peut, lui, rayonner d'une affection particulière et mutuelle des personnes. Cette affection donne alors aux deux partenaires un

---

1. *Le Soleil*, le 27 janvier 2004, cahier A, p. 6. Anne-Marie Voisard, *Dans l'Église, des femmes s'affirment... discrètement.*

profond sentiment de dignité humaine à travers leur tendresse joyeusement consentie. S'ils sont entiers l'un et l'autre, ils se rencontrent ainsi profondément, bien au-delà de leurs corps physiques. **Homme et Femme peuvent même reconnaître en eux un Infini mystérieusement captif, que l'amour véritable et libre s'applique à délivrer.** (Cette dernière phrase est en partie le souvenir d'une lecture dont je ne retrouve pas la source.)

Aussi, je reconnaissais que ma douloureuse réaction à cette expérience n'était pas étrangère à ma condition d'appartenance à l'Église. Cette religion m'ayant formée, ne m'avait-elle pas aussi diminuée et dominée? J'avais jusqu'à frôlé l'égarement dans ma grande crise de foi. Si des épaisseurs de peau arrachées dans des blessures peuvent laisser la chair à vif et brûler comme du feu, ces raclages sur mon être avaient laissé mon âme vulnérable et mon esprit assoiffé de comprendre le pourquoi de ma souffrance. Ces parties de moi, et cet homme qui avait pris une place de choix dans mon cœur, qui avait fait corps avec ma personne, j'avais dû les laisser se détacher. J'avais aussi dû cesser d'assister aux célébrations religieuses pour un temps; le simple fait d'entrer dans une église me demandait un très grand effort, tellement que j'en tremblais. Aujourd'hui, j'y retourne occasionnellement, même si mon âme, dans sa démarche, ne veut plus concevoir ou accepter de vivre la «foi» comme avant. En fait, ma croyance au Christ ne s'arrête plus aux seuls parvis des églises catholiques romaines...

J'en avais mis du temps à identifier, à mesurer, à comprendre mes pertes réelles, pour essayer d'en re-naître. Mes accouchements m'avaient déjà fait d'autres cadeaux à aimer: un fils, une fille, et par eux, trois mignonnes petites-filles. (Des filles! Je ne peux m'empêcher de penser à leur avenir...) Dans ma réflexion, j'ai aussi réalisé qu'avec ce vécu, c'était moi qui m'accouchais, m'accueillais... tachée de rejet. Fragile, j'avais eu besoin d'être reconfirmée et réchauffée par les autres. Habituellement si peu dépendante, je l'étais devenue soudainement.

J'ai dû m'aimer ainsi pour un temps afin de me consoler et de me relever. Je comprends mieux aujourd'hui ma sortie du cycle de violence systémique: je laissais naître mon âme hors des contraintes religieuses patriarcales.

## J'avais trouvé un sens à mes pertes, à mes souffrances

En ramassant tout doucement les brisures de mon propre tremblement de terre de femme, je me suis refaite autrement. Différente, à la suite de l'évacuation de vieilles conceptions religieuses, et transformée dans ma nouvelle compréhension des Écritures. Je crois toujours que l'Humain-Dieu est entré dans la chair de notre humanité... mais peut-être pas de façon si exclusive que ça dans le clergé célibataire mâle.

Penser ainsi ne me rend pas moins chrétienne qu'avant, mais davantage universelle que «catholique romaine». Penser ainsi ne se veut pas un affront au clergé. Butant sur ses faiblesses et ses imperfections, comptant sur sa puissance et ses élans de cœur, celui-ci a porté une mission de croissance de notre «ÊTRE HUMANITÉ». Malgré tout, il est impératif pour lui de se poser des questions sur les mille et une courbettes et les patients détours utilisés par les femmes pour l'approcher, détours fatiguants mais combien nécessaires afin d'unir les forces vives de l'amour dans la marche du monde. Parlant de courbettes, j'ai déjà eu un jour l'impression d'être un petit drapeau blanc que jamais on ne hisse fièrement sur un mât. C'est à bout de bras, avec hésitation et peur, qu'on s'en sert pauvrement en le sortant d'une tranchée...

Maintenant, le Langage de la Vie veut davantage s'actualiser dans mon vécu de laïque. Je désire que la Parole ne soit plus séquestrée ou ramenée à une époque de patriarcat historique. Elle m'oriente doucement vers un autre temps, vers une nouvelle alliance hommes-femmes, vers une culture d'égalité des sexes, s'installant à mesure que la féminité exprime et apporte ses valeurs respectueuses de la nature au monde public et sacré.

**Jésus a été un laïc, et ses Apôtres aussi**. C'est dommage aujourd'hui dans l'Église que le laïcat, comme les femmes, ait encore quelque chose d'inférieur. N'a-t-on pas dit et répété des prêtres qui quittent le clergé, qu'ils sont «réduits» à l'état laïc? Réduire veut bien dire diminuer?

*La réduction à l'état laïc nous oblige donc à nous confronter au véritable problème : l'incapacité de l'Église institutionnelle à reconnaître que les formes de croissance et de maturation humaines sont plus diverses et riches que ses schémas objectivistes étroits. À l'écouter, on ne saurait penser ce qui est pourtant l'expérience indubitable de tant de prêtres qui ont accroché leur soutane à un clou : qu'ils ne sont pas moins prêtres pour être passés par l'école de l'amour et par les mains d'une femme ; que bien au contraire, ils le sont plus que jamais, du simple fait qu'ils sont devenus plus libres, plus ouverts, meilleurs, plus compréhensifs, bref, plus humains qu'ils n'avaient jamais eu le droit de l'être leur vie durant[1].*

Lutter pour aller plus loin, là où se trouve la Voie d'amour, voilà la voie chrétienne. Elle m'apprend à me diviniser à chaque fois qu'elle m'humanise.

*(...) l'Église devrait se réjouir de ce que certains de ses prêtres aient trouvé dans leur condition sacerdotale une attitude humaine naturelle leur permettant de parler personnellement de Dieu de façon plus crédible, pastoralement plus efficace et religieusement plus juste. Elle devrait apprendre de ceux qui l'ont appris par l'amour qu'il n'y a pas deux royaumes : l'un sur terre et l'autre au Ciel, mais un unique Royaume des âmes, plein de rêves d'une poésie céleste faite de miséricorde et de bonté[2].*

Une Église à dimension encore plus humaine est appelée à se lever. Je veux être de ce levain.

*... Les prêtres mariés sont ceux qui pourraient introduire dans l'Église une forme de vie dépassant enfin les funestes clivages entre*

1. E. Drewermann, *Les fonctionnaires de Dieu*, p. 535.
2. *Ibidem.*

*l'homme et la femme, corps et âme, sensualité et sensibilité, réalité et promesse, nature et grâce, piété et expérience. Plus encore: ce sont eux, justement eux, qui par leur exemple, pourraient frayer un chemin menant de l'angoisse humaine à la foi, en rappelant que le particulier est plus important que le général, qu'il conduit même à oser briser certaines lois sacrées plutôt que le cœur d'un humain[1].*

Comme j'adhère à cette vision de l'Église! J'y crois encore plus fort à cause de mon vécu. Des femmes ont concrétisé, dans un mariage civil ou religieux, leur amour avec un prêtre: elles ont souffert et souffrent peut-être toujours de cette incompréhensible répudiation de leur couple. D'autres femmes, comme moi, se sont retrouvées seules, vivant ainsi la souffrance d'être doublement rejetées. Ces rejets entrent trop en contradiction avec tout le reste de l'enseignement chrétien pour continuer. Surtout quand ces rejets sont pratiqués à répétition par un même prêtre qui s'est assujetti à la volonté d'un système.

Tout au long de ma démarche, je cherchais à désaltérer une soif du vrai. J'ai surtout compris combien les difficultés à surmonter et les efforts à fournir doivent être grands pour accepter le neuf en soi. Pour transformer mes schémas de pensée, mes mouvements d'être, j'ai par la suite senti le besoin de me retrouver seule en me re-cueillant, «me cueillant à nouveau», avec mon Dieu au cœur.

Librement, j'ai même abandonné ce qui fait vivre pour me délester de certaines entraves: une partie de mes sentiments, de mes repères, voire une partie de mon éducation religieuse. Cet abandon se fit, étrangement, lutte entre ma spiritualité et ma religion. Me libérer des faux bagages de vie, y compris religieux, pour assumer davange l'Amour et ses multiples formes relationnelles, fait maintenant partie de ma croissance spirituelle. L'Amour, c'est plus que l'observance d'une religion! C'est l'Essence même de la spiritualité qui surclasse toutes les religions. Sur la route du pardon, l'Amour m'obligea à m'affirmer dans mes forces de femme.

---

1.    E. Drewermann, *Les fonctionnaires de Dieu*, p. 535.

J'avais connu de délicieux sentiments et états d'âme lors de cette expérience de communion. Mais la froidure de la rupture avait aussi provoqué en moi toute une panoplie de sentiments négatifs. En les reconnaissant, j'ai pu recouvrer courage, fierté, et accueillir jusqu'à mon côté rebelle, celui qui se soulevait contre des pouvoirs religieux effrontés, sexistes, un peu inhumains. J'ai aussi dépassé l'isolement. La solidarité féminine tissée au cours des ans, je l'ai renouée différemment, souvent ailleurs qu'en des groupes reconnus pour la valoriser. En me confiant, je me suis sortie d'un puits de soumission, vide de tous ces silences de femme. Une Parole de Vie se chargeait de remplir à nouveau mon cœur. Sa Source de justice, d'amour, de réconciliation me disait : « Parle ! Lance ma liberté ! Comme une Bouée ! ».

Si je m'étais sentie projetée au fond d'un puits, cela dépendait aussi de ma propre réaction. Il n'en tenait donc qu'à moi de m'en sortir, de transformer mon puits en étang, avec cette Éternelle Source intérieure qui m'habitait...

Tombée dans puits noir comme deuil
Je refusais de sombrer
J'attrapais humaines aspérités
Dans l'évidence d'un accueil raté

Me sentant glisser tomber je luttais
Relevais la tête et voyais
Toujours un cercle lumineux
Tout en haut de mon puits visqueux

Courbée dans ce « gouffre-cœur » sans fond
Mon âme ne voulait pas mourir
Décision... Mon puits était à remplir
De larmes en Eau Vive, en Bouée-Source à saisir

Avec tous restes d'amour réunis
En gigantesques efforts réussis
J'agrippai enfin le bord de mon trou
Et pus m'y retirer presque à bout

Bleu du ciel s'est re-miré dedans
Aussi les oiseaux, le soleil éclatant
Assise devant mon puits-étang
M'y suis reposée cœur au grand vent

L'extrait du poème « Puits-étang », écrit durant cette période, image bien la démarche libératrice s'effectuant en moi. J'avoue bien humblement, et cela pour l'avoir vécu, que tout amour clandestin ne devrait jamais exister. S'il faut nous cacher pour nous aimer, c'est qu'il faut régler nos problèmes personnels, sociaux, religieux, dont cette violence cléricale de la religion catholique qui détruit des amours, torture psychologiquement les personnes concernées, et en déçoit beaucoup d'autres autour, ceux-ci n'étant pas dupes des jeux de la tromperie.

Mes rencontres avec plusieurs femmes ayant traversé une expérience semblable à la mienne m'ont aussi appris. Cette même peur de parler, ce pareil affaissement devant la structure des pouvoirs masculins, cette identique lassitude avec la capitulation devant le clergé, nous les partageons maintenant entre nous pour vaincre un jour nos limites, celles imposées. Nous accompagnons l'espoir chaque fois que nous bravons les inutiles interdits qui empêchent la rencontre des âmes avec la Vie. La présence des femmes n'a-t-elle pas déjà été interdite sur les navires ? Aujourd'hui, hommes et femmes ne partent-ils pas ensemble dans l'étroitesse des vaisseaux spatiaux, à la découverte de l'immensité ?

L'heure est venue de s'ouvrir aux véritables espaces. Espaces où laisser vivre nos relations profondes de communion. Espaces qui doivent s'imposer, en cette époque de communications de haute technologie si souvent vidée de chaleureux et sincères contacts humains particuliers, si privée de cette luminosité de l'âme que l'on retrouve dans un vrai regard. Les froids rubans des boîtes vocales, les écrans d'ordinateur sans yeux et sans cœur ne peuvent pas et ne pourront jamais capter, ressentir et exprimer entièrement la Présence et la Lumière vivante du Divin que l'on retrouve dans l'humain. En notre temps, on a bien besoin de se rencontrer, de se toucher, de se regarder, de s'enlacer pour véritablement bien se connaître et s'apprécier, compensant ces nouvelles technologies qui prennent tant de place! Ceci est dorénavant très clair pour moi!

Et puis, au fil des mois, des ans, je comprenais, voyais et sentais davantage toutes les luttes «sororales» de ces femmes d'Église qui, bardées de maîtrises et de doctorats en pastorale et en théologie, essaient de se faire accepter dans des ministères réservés aux prêtres et aux évêques. Laïques et religieuses, elles ne cessent de fournir patience et efforts, et cela, avec un débonnaire respect des membres du clergé et du changement des mentalités du peuple catholique. Ne veulent-elles pas se joindre aux pouvoirs décisionnels de l'institution catholique qui déplore pourtant si fort la diminution des prêtres? Comme c'est frustrant pour elles! Ce qu'elles finissent par gagner n'est cependant jamais assuré. Légalement parlant, l'autorité catholique romaine, en brandissant son Droit canon, peut à tout moment les renvoyer à leurs «chaudrons» s'il y a recrudescence de vocations masculines. Qui sait? Ne voit-on pas, présentement, un grand parti politique américain courtiser la droite fondamentaliste catholique qui refuse le mariage des prêtres, l'ordination des femmes qui veut même rétablir la peine de mort, marginaliser les divorcés, les homosexuels, les sidéens, etc... qui va jusqu'à scinder le Monde en deux axes, s'identifiant à l'axe du «Bien»... du mal-être des hommes qui «s'en vont-en-guerre»? À Rome, n'a-t-on pas mis sur pied la formation «améliorée» d'une élite encore strictement masculine pour le clergé catholique de demain[1]?

> *À ce moment de l'histoire, l'Église se trouve dans une situation cocasse où elle applaudit à l'émancipation légale, professionnelle et politique des femmes dans la société séculière tout en confinant celles-ci dans les soubassements de son propre édifice[2].*

---

1. Dans la revue *Actualité* d'octobre 1995, Michel Arsenault a mené une enquête à propos du clergé, p. 71-75.

2. Mary Daly, citée dans D. Veillette, *Femmes et religion*, Les Presses de l'Université Laval, p. 274.

Sortie des limites d'une certaine histoire, j'observe maintenant ce que des hommes religieux ne veulent pas voir. Libérée d'un piège religieux me confrontant à ma condition féminine, je peux même me réaffirmer en Église. Et malgré tout, continuer de l'aimer car je la comprends mieux. Mais, impossible de rester silencieuse. Il est très important de lui dire avec autorité mes espoirs, mon espérance. Ma lutte? Elle continue et continuera de dénoncer des comportements de pouvoir abusif voulant jusqu'à contrôler l'affectivité humaine.

L'âme féminine ne doit plus être diminuée, écrasée à l'intérieur des grandes religions du monde qui dictent la marche spirituelle des personnes et des peuples. C'est maintenant inconciliable avec ma foi qui veut rester fidèle à la «liberté du Cœur» offerte par le Christ.

J'ai maintenant un désir: mettre fin à ce cycle de violence, s'immisçant là où le pouvoir religieux catholique a le premier et le dernier mot. Par contre, je sais aussi que les lois religieuses ne sont amendables que par des hommes ordonnés. Il faudra donc des prêtres, des évêques et des cardinaux audacieux, drôlement amoureux de la justice et des vraies femmes, pour les approcher sans peur, sans détour et surtout sans masque. Quant à nous, femmes, il nous faudra parler sur la place publique pour que cette liberté d'aimer ne soit plus vue telle une cause de condamnation, quasi d'excommunication.

Depuis quelques années, la femme dans l'Église avançait-elle à petits pas de pantoufles de tricot sur un épais tapis? Presque sans bruit?... Aujourd'hui, mes mots du cœur se veulent percutants comme des souliers à claquette qui dansent tapageusement sur le plancher tout résonnant d'une vaste Église de Pierre... Est-ce si mal de laisser sortir tous ces cris de femmes blessées dans leur dignité, que des siècles de domination religieuse ont rejetées ou retenues dans l'ombre? *Il arrive qu'on doive se mettre sérieusement en colère et l'exprimer (...) pour se faire bien entendre (...) des décideurs. Des fois, il faut le faire.*[1] Puis... le Christ a fait sa sainte colère dans le temple!

---

1. Françoise David, citée dans le quotidien *Le Soleil* du 15 mars 1997, p. A23.

Les oppositions grincheuses, les méchantes arrogances rencontrées sur ma route? Je les ignorais. Les difficultés et les accusations rattachées au dévoilement de cette relation secrète? Une audace les surmontait, avec ma peur d'être mal jugée. Trop d'autres femmes ont douloureusement gardé leur secret, à cause de la honte de se montrer vulnérables envers les autres catholiques, et à cause de leur impuissance vis-à-vis du pouvoir religieux dominant.

Oui! J'ai aimé cet homme du clergé... Je ne le regrette pas. On ne peut pas regretter avoir aimé. D'ailleurs, cette expérience m'a tellement enseigné! Mais cette relation m'a tenue dans une position où, aussi paradoxalement que cela puisse paraître, je me suis sentie aimée tout autant que rejetée, et secouée entre ces deux extrêmes. Je me suis re-centrée sur cette Présence vitale en moi pour me re-stabiliser. Et le silence souffrant de milliers de femmes criant en moi a pris parole, portant un certain enseignement chrétien à n'être dit que par une femme.

> (...) quiconque s'efforce de penser vrai, fort et bien, aide le monde à accueillir la vérité; et qui en vit passionnément est un libérateur en ce qu'il purifie de ses erreurs et mensonges, le climat où respire le cœur des hommes[1] (...)[2]

## Une véritable place aux femmes n'est possible qu'en passant par le cœur

Qu'elle se pose dans la vie personnelle du prêtre ou à propos des différents postes ministériels dans l'Église, la question de l'acceptation de la femme par le clergé renvoie simplement celui-ci à cette capacité d'accueillir et de vivre une réelle communication avec les femmes.

Donc, toute cette question d'une véritable place faite aux femmes dans l'Église comporte un double volet qui ne dépend pourtant que d'une seule disposition: **l'ouverture du cœur**. C'est aussi la seule réponse. Quand le clergé aura permis à ses

---

1. Des personnes, dirions-nous en langage inclusif.
2. F. Marlière, *Et leurs yeux s'ouvrirent*, p. 5.

hommes d'accueillir ouvertement et librement le féminin en eux, la femme dans leur vie personnelle s'ils le désirent, il saura aussi mieux recevoir dans sa structure institutionnelle toutes les autres femmes prêtes et prêtresses dans l'âme, tenues derrière les portes closes. Leurs dons spécifiques, leurs particularités propres et leur charisme respectif profiteront davantage aux communautés. D'ailleurs, dans certaines paroisses, quelques-unes d'entre elles sont déjà des curé ...«es» sans titre, des prêtres sans droit de reconnaissance. Pourtant, les premières communautés chrétiennes ne s'organisaient-elles pas d'après la reconnaissance et les charismes personnels plutôt que d'après la valorisation d'un sexe?

> *Parce que la personne est riche de tout un éventail des possibilités humaines, ses choix reposent sur les dons, les intérêts et les attraits plutôt que sur les stéréotypes de classe, de sexe ou autres. Cela permet de libérer la sexualité d'une fausse valorisation sociale ou religieuse et de transformer les dualismes traditionalistes au profit d'une pluralité qui n'a rien à voir avec la réalité anatomique.(...) Oui, la communion en Église dépend du sens humain que les femmes et les hommes sont en train de fabriquer[1].*

La précédente citation ainsi que celle qui suit traduisent bien ma propre réflexion qui veut toucher l'avenir et le cœur du monde religieux.

> *D'après elles (les femmes en instance de rompre avec l'Église[2]) l'institution manque à sa mission prophétique en s'opposant à la liberté de pensée des théologiens et théologiennes qui réfléchissent autrement et proposent des solutions renouvelées. (...) elles demandent que l'Église fasse son autocritique, surmonte sa peur de parler des vrais problèmes, dépasse son hésitation à se compromettre dans les dossiers chauds concernant, la plupart du temps, la sexualité ou la place des femmes. Elles quittent parce qu'elles n'ont pas réussi à*

---

1. L. Baroni, Y. Bergeron, P. Daviau et M. Laguë, *Voix de femmes, Voies de passage* pp. 194-195.

2. Hors texte, mais cité précédemment dans la même page du livre *Voix de femmes, Voies de passage* de Baroni Bergeron, Daviau, Laguë.

*être témoins d'une Église qui annonce la liberté évangélique dans notre culture*[1].

En vivant une relation intime avec un prêtre, avec tout ce qu'elle a comporté de joies, de contradictions et de souffrances, je m'étais éveillée, presque de force, à des questions et à des réalités que je n'aurais peut-être jamais saisies autrement. Je ne peux plus aujourd'hui essayer de les contourner ou de les ignorer. Ce sont aussi des problèmes précis qui attendent des changements profonds; des réalités injustes qui exigent des transformations équitables pour les femmes; des bouleversements culturels qui doivent s'adapter aux mouvements particuliers et irréversibles de notre présente HUMANITÉ. L'avenir du monde est dans l'équilibre et l'harmonie des forces masculines et féminines. Certaines autorités religieuses sont très conscientes de ce virage historique. D'ailleurs voici une phrase très juste de l'évêque du diocèse de Québec, Mgr Maurice Couture: *On a dit que la place de la femme dans l'Église constituait pour Celle-ci, en cette fin du vingtième siècle, un défi aussi important que l'a été la question ouvrière à la fin du dix-neuvième siècle*[2].

Autre réflexion: y a-t-il quelque chose de plus violent que la guerre? Oui! C'est l'idée que «tout passe», et qu'il suffit d'attendre... pour ne rien changer. J'espère qu'aucun vrai chrétien catholique, clerc ou laïc, n'ose penser que le mouvement des femmes passera (ce mouvement est trop associé aux forces vivantes du monde). Cette subtile tactique de l'usure est souvent utilisée par les grands pouvoirs, surtout militaires; ils mettent à profit l'idée qu'un changement de génération peut contrôler les humains, les ramenant sans cesse en arrière à la case «départ». Écraser ainsi l'humain est d'une extrême violence et d'une cruelle et subtile manipulation. Cette tactique se conjugue souvent aux famines alimentaires, désastreuses pour la santé

---

1. L. Baroni, Y. Bergeron, P. Daviau et M. Laguë, *Voix de femmes, voies de passage*, pp. 129-130.

2. Sur le feuillet des Répondants à la condition des femmes, première parution, 1991.

physique et même mentale des gens qu'on veut écarter ou éliminer. Cette tactique pourrait-elle aussi créer des famines spirituelles et vocationnelles pour l'Église ?

Je suis loin d'être la seule à avoir ressenti et vécu cet inconfort si difficile à nommer dans notre spiritualité féminine, lorsque celle-ci est confrontée au légalisme religieux et au difficile combat intérieur à mener à cause de nos croyances. Maintenant, pour moi, la vraie Église est Celle qui s'échappe des «faux cadres» trop rigides. Je le sais. Je l'ai vécu. Je le sens. Et surtout, je le partage déjà avec d'autres.

Mes dires sont peut-être différents de ceux des théologiennes ou des agentes de pastorale. Mais quelque part, je les rejoins foncièrement dans leur désir d'être mieux acceptées par l'autorité catholique. Pour partager cette autorité. Il doit donc s'achever ce temps où le clergé a mis de côté ou «utilisé la féminité humaine que pour s'autoengendrer du haut d'une pyramide.»[1]

À chaque époque, la Vie nous invite à vaincre tout mal social qui exagère les différences et les dresse les unes contre les autres comme autant de prohibitions et d'armures s'élevant entre les humains pour les diviser. Et l'intolérance n'est-elle pas le pire mal social? Seule la – difficile – voie du cœur pourrait y remédier.

Voie du cœur! Si pleine de risques! Imprévisible, comme le temps se dorant de soleil ou s'assombrissant dans la violence d'une tempête, dans la pénombre de la nuit. Pénombre... Destinée de femmes que la généalogie lointaine a anéanties, que des institutions humaines ont ignorées. Tant de lieux nous avaient été interdits: le chœur des églises comme la porte des tavernes, la nef des mosquées comme le siège des juges, les chaires académiques comme la reconnaissance artistique. Tant de lieux publics ou sacrés, dont il allait de soi qu'on nous

---

1. D'après une répondante citée dans *Voix des femmes, Voies de passage*, de Baroni, Bergeron, Daviau et Laguë, p. 125.

expulse parce que nous étions femmes. **Mais de m'être frappée un jour à un interdit placardé sur l'être des humains, ça ébranle! Et réveille la conscience!** Aujourd'hui, je refuse de mêler Dieu à ces directives hors d'une saine spiritualité. Et...je ne comprends toujours pas l'autorité de l'Église refusant d'amender une vieille décision «anti-divine, anti-humaine».

L'Église hésite. Se trompe. Se relève. Souffre. Jubile. Avance. Comme une personne, elle s'habille de ses protections craintives parfois superflues, parfois légitimes, pour ne pas être envahie par d'autres trop différents d'elle. Elle s'enlise dans ses habitudes. Elle résiste aux changements. Comme une personne, elle vit des peurs maladives qu'elle essaie de surmonter pour rejoindre les autres dans leurs différences. Elle est en marche. Je ne suis pas différente d'elle. Je suis elle! Mais les hommes de Dieu qui la dirigent ont peut-être un peu trop endossé, avec leur aube, ma féminité. Je m'amuse parfois à penser que le grand peintre Michel-Ange a dû rire dans sa barbe quand il a laissé, au bon endroit, le plus subtil message à être compris un jour par le clergé. Sur ses fresques commandées par les grands maîtres du Vatican, il n'a peint, au lieu de femmes, que des seins maternels. Seins de femmes plantés robustement sur des corps d'hommes musclés, pour éclipser, voler ou ignorer tout le reste de la féminité du «corps du monde» non intégralement accueillie en ce haut lieu. Pas bête, ce grand artiste... Un véritable génie visionnaire! J'aimerais un jour aller marcher là où il a travaillé, pour observer ses œuvres de plus près, croiser les regards de ceux qui se protègent encore des femmes sous l'immense coupole de leurs lois, et invoquer l'Esprit de Vie et d'Amour avec eux, au milieu d'eux.

### Par-donner, serait-ce simplement aimer?

Mes durs orages émotifs, que par moments j'aurais voulu laisser tonner aux visages de ceux qui s'étaient emmurés dans leur forteresse de mâles, je les ai surmontés, apaisés.

J'ai prié pour mater ces tempêtes secouant mon âme. Quand je n'ai plus été capable de prier, je me suis tue. Je crois au silence. Le vrai! Celui qui laisse parler l'Autre en soi. Dieu. Parole au cœur, Écho de vie en moi, s'amplifiant dans l'expansion de mes propres espaces intérieurs, à mesure que l'Amour re-germait autrement, comme l'appel d'une évolution à ne jamais laisser se figer.

Le pardon m'a beaucoup fait réfléchir, me questionner. J'ai alors décidé d'explorer hors de ma religion ce mouvement de l'âme nommé «pardon». Celui qui ne sert qu'à donner bonne conscience est une démarche limitative. Alors, nous faut-il parler de culpabilité et de responsabilité? Celles que je porte ou celles que je rejette sur les autres? Et faudrait-il chercher des coupables? Chercher des coupables, c'est aussi chercher un juge pour se juger ou pour juger les autres et leurs intentions. Ce qui peut attirer des sentences. Un tel pardon est-il nécessaire? C'est la division en soi seul ou de soi avec les autres qui nous fait parler du pardon. Et de l'amour... Amour à rattraper ailleurs qu'en des lieux où les liens trahis ne peuvent plus vivre ou grandir. Ailleurs pour continuer de vivre et d'aimer avec la Vie et l'Amour!

Alors, un matin, je suis partie avec une photo. Dans une démarche bien concrète, je voulais vivre mon pardon. Je me suis rendue à un endroit que j'aime beaucoup, au pont de Notre-Dame-des-Pins, vieux pont couvert enjambant la belle rivière Chaudière. J'ai stationné ma voiture dans le parc. J'ai marché, puis j'ai pénétré sous l'ancien pont devenu lieu historique comme dans une vieille église désafectée. J'ai fermé mon parapluie. En avançant, chacun de mes pas résonnait sur le tablier des épaisses planches de bois et rompait le silence d'une autre époque... Je me suis arrêtée au milieu. J'ai sorti la photo de l'aimé. Je l'ai bénite. Embrassée. Et par une des ouvertures laissant passer la lumière du jour, en aval de la rivière, je l'ai lancée dans le vent. Elle alla se déposer doucement sur le courant. Je l'ai vu, lui. Vu s'en aller. Je lui ai dit «Que la Vie te conduise là où Elle te veut.» Légère, je suis repartie. Je suis sortie comme d'un passage s'ouvrant sur la lumière, toujours accompagnée par le bruit de mes pas faisant écho sur les murs témoins du passé. Il ne pleuvait plus. Alors j'ai décidé d'emprunter le nouveau pont construit juste à côté pour remplacer le désuet. Un autre geste symbolique pour moi, car c'est en PLEIN JOUR, aux yeux et au su de tous que je circulais.

Ce petit rituel intégrait mon physique, mon mental, mon émotionnel et mon spirituel à cette démarche. Intégralement, mon être y participait. Le cœur en joie, je tournais la page, je continuais ma route...mais sans tourner le dos à l'Amour. Par la suite, j'ai reconnu des signes de guérison intérieure ; donc je recommande à toutes les personnes de matérialiser leur pardon par un rituel libérateur...

Car notre Dieu au cœur, Lui, ne culpabilise personne, ne juge personne, ne donne aucune sentence. Dieu Aime, tout simplement. Il nous regarde avancer à travers nos expériences heureuses et malheureuses, portés par des vagues de liberté, qui nous enseignent autant dans le flux que dans le reflux de nos marées. La Vie nous accueille de cette façon pour que nous apprenions l'Amour. Le Pardon devrait-il donc s'appeler simplement «Aimer»? En empruntant ce chemin, j'ai appris qu'Amour et Liberté marchent aussi de front. Puis, j'ai découvert l'importance d'identifier la relation humaine comme étant une entité vivante...«*Ce qui est à l'image de Dieu, ce n'est ni l'homme ni la femme, c'est leur relation.*»... comme l'exprime Jean-Yves Leloup à la page 44 dans sa présentation de *L'Évangile de Philippe*.

Je me suis alors rappelée cette célébration religieuse historique, tenue en la Basilique de Québec en 1990 à l'occasion du cinquantième anniversaire du droit de vote des femmes québécoises et à laquelle j'ai assisté. Des évêques du Québec et des femmes avaient décidé de célébrer une réconciliation. Ensemble, nous avions fêté la disparition d'une pensée et d'un temps révolus. Pourtant, des évêques avaient déjà eu du mal à

accepter ce changement et s'étaient même opposés farouche-
ment à ce droit que réclamaient les femmes québécoises des
années quarante : être des citoyennes à part entière.

Donc, je porte un autre espoir, celui qui accompagne la
force des mouvements de la Vie, car je sais qu'il arrivera cet
autre jour. Un jour où des femmes accueilleront un geste semblable posé par l'ensemble du clergé catholique romain, admet-
tant avoir dominé et oppressé celles-ci dans l'expression de leur
humanité et de leur spiritualité au cours de l'histoire. Comme
ce sera un grand jour ! Quel Passage nous franchirons !

Auras-tu grandi de moi
Aurai-je grandi de toi

Si nous nous sommes mutuellement soulevés
sur l'humain horizon de nos murs
pour mieux suivre avec les yeux de nos cœurs
la Lumière
c'est que nous aurons essayé d'aimer
à même l'Amour[1].

---

1.  Angélyne Vallée, juillet 1996.

# APRÈS DIRE

Dégagée du passé, j'espère apporter plus de transparence dans le parcours de nos amours humains. La souvenance de mes sources profondes vient dénoncer une perfide amnésie de l'histoire catholique, gardée bien secrète. Je choisis d'être le porte-voix vivant de femmes encore plus silencieuses ou anonymes que les autres. En leur mémoire. Mémoire à déposer aujourd'hui sur la table des discussions religieuses et sociales, comme pour demander au temps et au pouvoir de la Vie de ne plus jamais enterrer leur existence. Il ne faut plus rester aveugles et muets devant la souffrance ensevelie avec ses éclats de lumière.

Si ma voix peut paraître marginale et sans intérêt pour des gens loin des questions religieuses, elle sera signifiante pour ceux et celles qui ont soif d'une saine spiritualité dans leur sexualité.

Portant cette même marginalité que moi, deux femmes parmi plusieurs autres m'ont plus spécialement touchée. Acceptant de se joindre à mon projet, elles ajoutent leur parole à la mienne; leurs textes suivent en annexe. Dans une circonstance très inattendue, et surtout non recherchée, j'ai d'abord été mise en contact avec Margaret par une tierce personne, mutuelle confidente. Ainsi nous nous sommes connues et tout de suite elle m'a confié ce «secret à ne pas être dévoilé»: son expérience d'une relation particulière avec un prêtre. Infirmière de profession, elle résume, dans une touchante poésie, «Si tu savais comme Dieu est bon», une page de sa vie qu'elle partagea – ô surprise – avec le même prêtre que moi. Nos échanges, loin de brasser des sentiments négatifs, nous ont plutôt apporté dégagement et paix.

Puis j'ai rencontré Marie alors que nous participions toutes deux à une soirée de poésie. Dans l'expression de ses textes, j'ai trouvé cette connivence capable de faire se rejoindre des êtres au vécu semblable. Je ne me suis pas trompée. Docteure en psychologie, licenciée en philosophie, ex-intervenante dans un C.L.S.C., elle livre ses pensées qui ont la dimension spirituelle de son âme, dans son texte «Une indispensable remontée des femmes».

Ces croisements de nos routes, et tout ce que j'ai appris depuis quatre ans sur le sujet, me reconfirment dans mon élan à republier. C'est aussi une invitation à me joindre à d'autres femmes et à d'autres hommes voulant dénoncer et soulager les pauvretés de nos relations personnelles et collectives. Il est donc urgent de ne plus traiter les amours, les aventures ou les abus sexuels clandestins des prêtres tels des faits anodins de peu d'importance. **À cause de son autorité morale, c'est justement un devoir social de l'Église que de rayonner de ses authentiques amours, que de reconnaître aussi ses manquements d'amour.**

Je me sens fière d'essayer de donner sa place à la chaleur humaine et à la liberté d'aimer, par une prise de parole qui m'offre un véritable dépassement dans ma condition de femme.

Je pense aujourd'hui que la soit disant marginalité peut souvent ressembler à un côté caché de la généralité. La déroute des sexes[1], l'amour en guerre[2], sur le terrain du couple humain,

---

1. Emprunt au titre du livre de Denise Bombardier, Éd. du Seuil, 1993.
2. Emprunt au titre du livre de Guy Comeau, Éd. de l'Homme, 1996.

l'éclatement des familles, sont si semblables à la difficile rencontre, sans fard de camouflage, d'un prêtre et d'une femme. Toutes ces brutales déchirures relationnelles occasionnées par de nouveaux comportements sociaux n'annonceraient-elles pas, dans leur inévitable éclatement, une historique transformation des anciens rapports hommes-femmes? Aucune institution humaine n'est épargnée, de la plus petite, le mariage, jusqu'aux plus puissantes, les institutions religieuses patriarcales au pouvoir mondial.

Ma propre histoire et toutes celles dont j'ai été témoin ou qui m'ont été racontées depuis quelques années m'ont éclairée. Elles ont toutes quelque chose en commun : le célibat OBLIGATOIRE, un piège. **Qu'elles s'en libèrent ou qu'elles le supportent, les femmes prises dans ce piège sont toujours rabaissées et blessées... Quant aux prêtres? L'ensemble des bénéfices rattachés à leur célibat ressemble-t-il à un beau «package» offert aux hommes ordonnés?** Sécurité à vie, responsabilités individuelles minimisées car endossées par l'ensemble du clergé ou d'une communauté religieuse, situation gratifiante du sacerdoce dont sont exclues les femmes, image honorifique d'une position de pouvoir,... et même l'acceptation profiteuse car silencieuse de leurs relations intimes avec une ou des femme(s) dont les autorités catholiques connaissent très bien l'existence depuis toujours tout en refusant d'en assumer l'ampleur et les répercussions négatives.

À l'origine de ce livre, je ne pensais pas tant découvrir, surtout sur moi-même, sur ma manière de me comporter face aux événements de la vie. Si j'ai pris aussi conscience de mes propres violences ou tolérances, et de celles des autres, j'ai surtout changé ma façon de gérer ma destinée. Emportée dans ce torrent de dénonciation de la violence, je n'ai pas laissé s'engloutir ma personne ; je me suis transportée ailleurs, dans un aller sans retour, vers cette nouvelle alliance hommes-femmes en train d'arracher, à même nos assises personnelles, les bases du vieux patriarcat. Je crois très fort à cette mutation profonde et intense de l'humanité depuis qu'elle a provoqué de si retentissants échos dans ma vie. Ma «ROSE SOUS LES CANONS» aurait pu tout aussi bien se titrer «L'Amour écrasé par la loi canonique». Obéir à un pouvoir légal plutôt que d'écouter la voix profonde de la conscience, n'est-ce pas une absurdité en spiritualité? Il n'y a pas incompatibilité entre le sacerdoce et l'amour, entre la prêtrise et le mariage. D'ailleurs, je ne suis pas la seule à le dire. Le pape Jean XXIII l'a déjà dit: «Il suffirait que j'appose ma signature et la règle du célibat n'existerait plus.»

Je tiens donc à terminer ce livre par un conte rempli de mon espérance. Voici «Jardin mitoyen», inspiré d'un enseignement spirituel plein de sagesse, que j'ai réadapté, bien sûr, pour les besoins de la cause...

# JARDIN MITOYEN

*Il y a très très longtemps, Homera et Haramu convenaient d'habiter l'un près de l'autre dans un magnifique jardin mitoyen.*

*Chacun apportait à ce lieu des soins spécifiques, une beauté particulière selon sa propre nature. Croyant en eux et en Dieu, ils apprenaient à mieux se connaître.*

*Un jour, Haramu décida de dresser une clôture en travers du jardin, entre sa maison et celle de sa voisine. Son intention était d'y faire grimper une vigne pour cultiver des fruits afin de fabriquer un véritable délice des dieux, pensait-il, et de partager ce vin avec elle.*

*Homera, ignorant pourquoi, le vit élever une clôture toute blanche de bonnes intentions, sans vraiment pouvoir s'y opposer. Dans le jardin, chacun n'avait-il pas la liberté de faire ce qu'il voulait ? Cependant, ce jour-là, elle éprouva des sentiments inconnus qui la rendirent triste et mécontente. Cette belle clôture blanche avait sur la femme un effet d'impuissance, comme si elle-même devenait inutile à une partie du jardin, pourtant mitoyen. Surprise par ce comportement de Haramu, elle fut incapable de lui exprimer sa déception. En fait, elle ignorait comment intervenir sans risquer de briser le rêve de son voisin.*

*Du temps, beaucoup de temps, s'écoula. La clôture blanche devant servir une bonne cause avait malheureusement aussi bâti une distance entre lui et elle. À mesure que vieillissait ce mur, le jardin de chaque côté manquait de soins spécifiques et perdait de sa beauté particulière. Étrange, mais le jardin ressemblait de plus en plus à la clôture...*

Un jour, Homera trouva la clôture si embarrassante et laide qu'elle se fâcha. Dans un élan de colère, elle sortit de sa maison et s'écria : « Haramu, je t'ordonne d'enlever cette clôture ! ».

Comme elle s'apprêtait à la démolir, celui-ci, entendant les bruits et les hurlements, osa, par un coin de clôture en lambeaux, se glisser dans le côté jardin de Homera.

Lorsqu'elle le revit après cette si longue absence, elle se calma, pensant qu'il venait l'aider à démolir la sacrée clôture. Mais une fois l'un près de l'autre, ils virent resurgir de si doux et lointains souvenirs... Un temps de liberté, de brises chaudes et caressantes se promenant dans le jardin, fit tout à coup briller leurs regards comme s'ils réapprenaient à se voir. Ils en oublièrent la clôture, et leurs cœurs goûtèrent à la liberté du vent des retrouvailles.

Puis sur le jardin revint la nuit. Le temps se rafraîchissant, des frissons parcoururent leur chair en recherche de chaleur. Alors ? Bien sûr ! Ils se bercèrent, s'enlacèrent, s'embrassèrent, se cajolèrent, se réchauffèrent !

Mais quand réapparut le petit matin, Haramu, ouvrant l'œil, revit subitement sa clôture. Son rêve le harcela à nouveau. Sur-le-champ, son regard se refroidit. La lumière en disparut. Une tristesse envahit alors Homera et éclipsa la grâce de ses yeux. Haramu, observant le regard brumeux de sa voisine, prit peur d'elle autant que de lui. Il s'enfuit derrière son côté de clôture, laissant Homera avec plein de points d'interrogation au sujet des agissements de son voisin.

L'homme continua de cultiver en solitaire sa vigne, tout en rafistolant avec de vielles planches la clôture... de moins en moins blanche.

Peu de temps coula dans le sablier du jardin. Homera s'approcha à nouveau de la clôture : « Haramu, enlève-moi cette maudite clôture ! » Il ne répondit pas. Elle l'appela encore. Pas de réponse ! Elle perdit patience. Elle se mit à crier si fort et à frapper si vigoureusement sur les vieilles planches qu'Haramu décida de se montrer, souriant, à travers les lambris du vieux mur pourri. Mais la crise de sa voisine ne s'arrêta pas. Sa fureur fit même paniquer Haramu. Il coupa net sa visite du côté de sa voisine et courut s'enfermer dans sa maison. Muet de stupéfaction, il observait celle-ci briser la clôture. Elle la lançait avec détermination et rage jusque sur le portique de la maison de son voisin. Puis, Homera retourna chez elle et se calma.

Cette fois-là, Haramu sortit de chez lui et ramassa les restes de sa vieille barrière. Il en fit un tas de vieux morceaux de bois avec l'intention d'y mettre un jour le feu. Puis, il entra chez lui.

Après plusieurs jours, la voisine avait eu le loisir de réfléchir... Elle se dit : « Ai-je été trop dure avec mon voisin ? »

Alors, un bon matin, prenant son courage à deux mains, elle partit et alla frapper chez Haramu. Lorsqu'il ouvrit, elle s'empressa de dire :

— J'ai réfléchi et j'aimerais bien te parler.

— Mais, entre donc ! Tu es la bienvenue ! Viens t'asseoir à ma table.

Homera était plutôt intimidée.

— Ma colère a démoli ta clôture, Haramu. Je voudrais que tu me pardonnes. J'ai été effrontée. Tu peux la rebâtir si tu veux. Ne me suis-je pas attaquée à ta liberté ?

Haramu la fixa longuement. La voisine ne sachant plus quoi dire ni que faire se leva. Puis, se retournant pour partir, elle l'entendit pouffer de rire. « Tiens, c'est à son tour d'agir en polisson », pensa-t-elle. Il riait tellement qu'elle se décida :

— Pourquoi ris-tu de moi ?

— Je ne ris pas de toi, Homera. Je ne peux pas te pardonner, continua-t-il en riant...

221

— *Ah... ? Bien ça alors ! s'exclama-t-elle en haussant le ton et les bras.*

— *Homera, ne te mets pas en colère ! Je m'amuse de la situation. La première fois que tu t'es fâchée, j'ai essayé de comprendre. Mais la nuit, la clôture, toi, ton sourire, la lumière dans nos yeux, je n'y voyais plus clair. Alors, je me suis dit : « Si je me replaçais dans la même situation ? » J'ai recommencé l'expérience, et j'ai rafistolé et ma clôture et mes rêves. Voilà ! Avec la clôture démolie... Cette fois-là, j'ai compris. Donc, je ne peux pas te pardonner de m'avoir... rendu un si fier service !*

— *Service ?*

— *Vois-tu, ta grande colère a permis de pousser plus loin ma réflexion. Je me suis alors demandé pourquoi je me créais une telle situation. Je voulais faire grimper une vigne sur ma clôture pour fabriquer un bon vin et le partager avec toi. Dire que je ne t'ai même pas consultée pour savoir si tu avais le goût de boire mon vin, et encore moins de subir cette satanée clôture !*

— *Haramu, les créants que nous sommes ont le droit de voter des lois pour élever des murs, même pour servir leurs rêves...*

— *Oh oui, Homera, je sais ! Mais doivent-ils servir des rêves de clôture plutôt que de laisser danser des cœurs ?*

*Ils éclatèrent à nouveau de rire ! En courant, les deux créants sortirent dans le jardin du Créateur. Ils allumèrent un grand feu de joie avec vous savez quoi... Quand arriva le printemps d'un autre millénaire, Haramu et Homera se réchauffèrent et se mirent à danser parmi les premiers perce-neige, jusqu'à l'été des roses et des fruits du jardin mitoyen qu'ils re-cultivaient ensemble.*

*Du côté du soleil, sur un treillis très ajouré et invitant comme l'Amour, une vigne magnifique, gorgée de raisins, mûrissait...*

# Appendice

## SI TU SAVAIS COMME DIEU EST BON

Dans mon ancienne vie, je fus une enfant
Timide, naïve, rêveuse, émotive, crédule
Comme tout enfant !

Dans cette vie, j'adorais les contes de fée,
Les histoires fantastiques, les dessins animés.
J'avais encore le pouvoir de rêver, de vibrer,
En croyant à tous ces personnages colorés.
Ces petits bonhommes étaient mes amis.
Que d'émotions j'ai ressenties
Au gré de leurs prouesses, de leurs fantaisies !

Oui, j'avais foi en eux. Je les aimais !
Dans mon ancienne vie, j'ai découvert
Qu'ils n'étaient que dessins, que papier...
Quelle déception ! Quel chagrin ! Quelle colère !
Ils me trompaient !

Mes chers amis n'étaient que papier.
Mon plaisir s'est transformé
En froide observation.
Puis je les ai redécouverts.
Je les ai aimés à nouveau.

J'ai appris à y voir la beauté, la simplicité.
J'ai réappris à m'amuser dans les dessins animés,
J'ai réappris à ressentir les émotions véhiculées
Par leur musique, leurs gestes, leurs histoires.
J'ai réappris à croire en eux.

Dans mon ancienne vie, j'ai commencé à souffrir.
Cette souffrance me consumait de l'intérieur, de l'exté-
rieur.
J'avais peine à réussir à survivre.
Mon souffrir devenait mon mourir...

Dans ma détresse, j'ai appelé, j'ai crié.
Dans ma détresse, j'ai cherché
J'ai retrouvé du réconfort dans ma foi.
Je me suis tournée vers Dieu.
Que de fois je lui ai parlé!
J'ai retrouvé le réconfort de mon Église.
Une célébration m'apportait un peu de sérénité.

    Dans mon souffrir, quoi de plus naturel
    Que de crier. D'appeler l'homme de Dieu.

L'homme de Dieu de mon enfance,
Celui qui est pur, vrai, serein, paisible.
Celui qui est honnête, responsable.
Celui sur qui on peut se fier
En toute simplicité, en toute naïveté.

    Toutes gardes baissées, je me suis confiée.
    Toutes gardes baissées, je me suis livrée.
    Toutes gardes baissées, je l'ai écouté.
    Toutes gardes baissées, j'ai été piégée...
    Toutes gardes baissées, j'ai été abusée...

«Si tu savais comme Dieu est bon.
Sa bonté est tellement grande qu'il n'est que compréhension.
Il n'y a pas de mal à se faire du bien.
On ne blesse personne à se faire du bien.»

Que de belles paroles!
Cet homme de Dieu a profité de ma vulnérabilité
Pour satisfaire son besoin de la femme,
Se cachant dans sa robe pour fuir ses responsabilités
Et jouir du corps d'une femme.

Mon esprit, il a rejeté.
En objet, il m'a traitée.
De mon corps, comme chose, il a profité.
Et, profondément, c'est moi qui fus blessée.

Homme de Dieu, où est passée ton intégrité?
Homme de Dieu, où est passée ta pureté?
Homme de Dieu, où est passée ton honnêteté?
Homme de Dieu, n'es-tu qu'un profiteur sacré?

Depuis, j'ai perdu mon Église.
Depuis, j'ai perdu ma foi en l'homme d'Église.
Même la messe, les rites de l'Église
Ne sont devenus qu'un «spectacle» de l'Église
Dont les principaux acteurs sont «les hommes de Dieu».

Grâce à Dieu, à mon ange gardien,
Cette aventure fut de courte durée,
L'amour n'ayant pas eu le temps
D'y faire sa place, son entrée.
De ce cauchemar, je me suis libérée à temps.

Maintenant, je crois en Dieu fermement
En un Dieu bon, en un Dieu grand.
Maintenant, je crois en mon ange gardien.
Toujours, il est là, près de moi.
Maintenant, je crois davantage en moi!

Angélyne, tu es bonne et généreuse dans tes écrits.
Tu pardonnes, tu excuses, tu oublies.
Ton homme de Dieu était le même que le mien!
Comment croire à un moment d'égarement?
Comment croire en sa bonté?
Comment croire en ses gestes sacrés?
Comment croire en son innocence?

Pour moi, maintenant, ce n'est qu'un homme
Qui fait un travail pour lequel il est formé, payé
Et qui abuse de sa situation de prêtre.

Qu'un prêtre ait droit de se marier ou pas,
Franchement, ça ne me dérange pas.
Ce qui me dérange, c'est la fuite des responsabilités,
C'est la malhonnêteté, la fausseté,
C'est l'abus de pouvoir.

> Je souhaite que l'Église
> Assume enfin ses responsabilités.
> Qu'elle n'accepte plus de faux-fuyants,
> Qu'elle n'accepte plus le paraître,
> Qu'elle ne cache plus la faute de ses pairs.
> Mais au contraire, qu'elle s'en responsabilise,
> Et surtout, par ses hommes,
> Qu'elle respecte enfin la femme.

Je me souhaite de retrouver
Ma candeur, ma naïveté d'enfant,
Ma foi, ma confiance d'antan,
Face à mon Église, face à ses gens.
Car je crois en la Vie. Et pour moi, l'espoir, c'est la Vie.

Margaret Mathieu
Infirmière en milieu hospitalier
Août 1997

# UNE INDISPENSABLE REMONTÉE DES FEMMES

Marie T. Gérin-Lajoie
Ph.D. en psychologie et L.Ph. en philosophie

En lisant le livre émouvant d'Angélyne Vallée, je fus étonnée de réaliser à quel point son cheminement est une histoire actuelle. À l'heure où j'écris, j'atteins la soixantaine. Avec plusieurs de mes contemporaines, j'ai pu observer de près, dans les années soixante, soixante-dix et plus tard, la poussée d'émancipation et d'expérimentation qui transforma la vie de bien des prêtres, religieux et religieuses au Québec. Là où le célibat religieux avait été transgressé secrètement dans le passé, il devint ouvertement mis de côté par un nombre grandissant de personnes durant l'exode des vocations. Un de mes amis religieux m'avoua, dans les années soixante, qu'à l'intérieur des communautés, certaines conversations étaient devenues très franches ; les «initiés» à la sexualité se sentaient fiers plutôt que coupables, de faire allusion à la fréquentation d'une femme! Comme quoi beaucoup de religieux, durant ce 20e siècle, ont senti personnellement un vent de changement qui les poussa à vouloir concilier le corps avec l'esprit, et l'homme avec la femme.

Comme plusieurs de mes contemporaines, je vécus une histoire marquante avec un religieux. Ce fut un lien d'amour sur lequel j'aurais aimé bâtir un long engagement. Lorsqu'il devint clair que mon ami resterait en religion, je dus mettre fin à notre lien et assumer seule le deuil qu'il provoqua.

Je me sens donc rejointe lorsque Angélyne Vallée fait part de son vécu, car elle ose dénoncer le silence qui entoure les liens amoureux survenant entre des femmes et des prêtres ou des religieux. Ce silence est double. Durant une fréquentation de ce genre, il faut le plus souvent éviter les restaurants et les cinémas, planifier soigneusement au loin les promenades en auto et les petits bouts de vacances. Il est rare de pouvoir socialiser avec des amis durant une telle liaison. La relation se vit dans l'intimité, en vase clos, ce qui contribue à épuiser le lien à la longue, même si cette intimité permet aussi à l'amour d'atteindre une authenticité et une intensité particulières. Bien sûr, nous savons maintenant que des mariages féconds et spirituels ont été ainsi initiés, au Québec et ailleurs. Certains couples ont fait le choix d'actualiser les affinités de leurs âmes, de cesser le secret et de s'assumer ensemble sur le plan social et sur le plan familial, comme on s'y attend dans la perspective d'une maturation naturelle et d'une continuité qui approfondit l'amour.

L'obligation du célibat impose une distorsion par le secret aux liens d'amour que les prêtres vivent. Ces liens sont assez fréquents, selon ce qu'en dit l'Association Claire Voie Internationale venant en aide aux amantes et aux enfants de prêtres. Pourtant, cette clandestinité ne représente que la moitié du poids du secret. La rupture doit elle aussi être assumée dans le secret. Cela constitue une double mesure de douleur, là où il faudrait plutôt chercher des allègements à la peine, celle du prêtre ou celle de sa partenaire. Madame Vallée l'exprime ainsi :

> «Ces raclages sur mon être avaient laissé pour un temps mon âme vulnérable et mon esprit assoiffé de comprendre le pourquoi de ma grande souffrance. Ces parties de moi, et cet homme qui avait pris une place de choix dans mon cœur, qui avait fait corps avec ma personne, j'avais dû les laisser se détacher...» (Vallée)

La douleur d'une rupture assumée dans le silence constitue pour l'âme une épreuve qui ne devrait pas exister, car l'Église elle-même est censée constituer pour les âmes un refuge, une entraide inconditionnelle. Il est clair que le maintien de son interdit rend l'Église inapte à secourir de façon adéquate ceux qui transgressent. Comment l'Église peut-elle développer une expertise sur l'amour et sur les peines d'amour, si elle défend à ses membres d'accéder à l'amour conjugal? L'Église demeure observatrice en matière d'amour conjugal, tout en prétendant qu'elle est en position d'agir comme conseillère auprès des couples. Quel paradoxe et quel défi au bon sens!

En refusant de changer l'interdit du mariage des prêtres, l'Église refoule, vers le silence et vers le secret, la sexualité normale des prêtres et des religieux. Le refoulement est une stratégie dangereuse qui crée souvent un contrecoup qu'on appelle «le retour du refoulé». Le refoulement augmente les probabilités que des formes déviées fassent leur apparition. Tout comme Mme Vallée, il m'apparaît qu'une sexualité vécue avec équilibre, sous la bannière d'un choix consenti et assumé librement par chaque individu, assainirait toute la dimension de la croissance psychosexuelle des prêtres. Un climat d'épanouissement psychosexuel dans l'Église rendrait beaucoup plus difficile le fait que des hommes à risque de déviance sexuelle majeure se réfugient dans la prêtrise pour y camoufler leur détresse tout en évitant les exigences d'une thérapie.

Un apport important du livre d'Angélyne est de nous apprendre que le célibat des prêtres est devenu obligatoire seulement en l'an 1139; la loi est donc en vigueur depuis 865 ans (en 2004), moins longtemps en application que la plupart des chrétiens le croyaient! Une tradition, mais pas aussi ancienne que l'on avait cru; si elle n'est pas aussi ancienne, elle n'est peut être pas aussi immuable non plus! Ce qui donne à penser qu'il sera plus facile pour l'Église de changer sa loi canonique pour réadmettre le mariage des prêtres que d'admettre les

femmes à la prêtrise ! Selon la logique de l'infériorisation géné-
ralisée des femmes, ce sera pour l'Église une concession moins
grande que de revenir en arrière et d'admettre les femmes sur le
terrain même du privilège exclusif qu'ont les hommes : celui
d'exercer la prêtrise. Selon ce privilège, seul un homme est
capable et digne de canaliser l'énergie divine et d'exercer les
fonctions sacerdocales ! Il faut se demander si l'Église ne
commet pas là l'erreur qui la conduit à être si désertée ? Un jour,
cependant, l'Église n'aura d'autre choix que celui de changer,
lorsqu'elle réalisera que l'exclusion des femmes à la prêtrise
n'est pas une idée divine mais une idée humaine, et donc sus-
ceptible d'être améliorée et changée !

Les deux options qui sont fermées aux femmes peuvent
être débattues séparément, car chacune possède des caractéristiques distinctes. Quoi qu'il en soit, ces deux options fermées
sont deux manières pour l'Église de méconnaître l'importance
et la valeur de l'énergie féminine, de méconnaître aussi l'indispensable nécessité que l'énergie féminine accompagne et équilibre l'énergie masculine dans l'Église, comme dans toutes les
autres sphères de la vie. Les hommes d'Église croient-ils qu'il
existera un niveau du paradis pour hommes prêtres seulement ? Y aura-t-il un jubé réservé aux seuls membres de ce club
exclusif ? Dans ce cas, les femmes doivent-elles commencer à
rêver qu'il existera au paradis un palier, une niche pour femmes
seulement ? Croyez-vous qu'autour de Jésus Christ il y aura une
séparation, ou pire encore, une hiérarchie selon le sexe ? Il me
semble que ça ne ressemblerait pas à Jésus-Christ, ce scénario
loufoque !

> « L'avenir du monde est dans l'équilibre et l'har-
> monie desforces masculines et féminines. »
> (Vallée)

La méconnaissance du féminin n'est pas une caractéris-
tique exclusive à l'Église catholique. Celle-ci continue de
refléter, à sa façon, le contexte global de la civilisation patriarcale dans laquelle nous baignons encore. Selon plusieurs

anthropologues et historiens, cela fait 6,000 à 10,000 années que la montée du patriarcat a fait son apparition et a envahi peu à peu les institutions, les systèmes et presque toutes les religions de la planète. On peut dire aussi que le catholicisme est patriarcal comme le sont le judaïsme, l'islamisme, ou à divers degrés, les autres religions. Les religions ne sont pas les seules institutions en cause. Les systèmes politiques et économiques sont aussi sous la gouverne masculine. Au plan psychologique, c'est à peine si l'on commence à reconnaître que la femme a la faculté de penser par elle-même. Au plan social, la femme du Québec ne vote que depuis 1945. (Ma grand-mère, Marie Lacoste Gérin-Lajoie, y a travaillé avec ardeur!)

Madame Vallée a bien souligné tous ces aspects, dont chaque femme doit prendre conscience un jour ou l'autre. Je les redis à mon tour, car ajouter sa voix demeure utile tant qu'une cause n'est pas gagnée. Ainsi, malgré un éveil qui se fait sentir, les avancées de la pensée des femmes n'ont pas réussi encore à ébranler l'emprise du matérialisme scientifique, qui établit les critères de ce qu'on peut considérer comme réel et de tout ce qui ne serait qu'imaginaire. Dans chaque domaine de la pensée, l'arrogance du matérialisme scientifique amène les experts à croire en leur propre infaillibilité, à laisser dans l'oubli des facteurs essentiels à l'équilibre de la vie, à nier l'action des forces subtiles et des forces de l'esprit, à négliger, dans les visions d'ensemble, le respect envers les plus petits facteur, qui jouent des rôles essentiels à l'harmonie générale. En conséquence, des déséquilibres de toutes sortes se produisent. Des industries basées sur des connaissances scientifiques polluent les systèmes vivants dont nous dépendons tous. Les corporations médicales combattent les praticiens de la santé naturelle au nom de la science, mais demeurent incapables d'empêcher le taux de cancer de passer de 1 sur 10 à 1 sur 3 dans la population. Les systèmes juridiques défendent parfois mieux les criminels que les victimes. Et les systèmes économiques maintiennent un nombre grandissant de personnes dans la pauvreté. Ces maux expriment l'agonie de notre façon patriarcale de vivre sur terre, et cette façon doit être rééquilibrée dans l'Église comme ailleurs.

L'enjeu de notre temps est de taille, car il s'agit d'une course contre la montre qui fixe notre survie. La terre va-t-elle tenir bon et survivre aux habitudes d'un mode de pensée incomplet ? Ou bien la pensée patriarcale restera-t-elle si victorieuse dans toutes les sphères de vie que la liste des espèces menacées va s'allonger jusqu'à nous, et nous inclure ? Je ne souhaite pas que cette dernière alternative survienne ; je souhaite que nous sortions des impasses catastrophiques dans lesquelles tous nos systèmes sont acculés. Cependant, je ne vois pas comment ce passage pourra s'accomplir sans l'indispensable remontée des femmes, sans les contributions explicites de plus en plus nombreuses des femmes dans tous les domaines. Je ne vois pas comment se fera un passage vers une survie de l'espèce, vers plus de justice et moins de pauvreté, vers plus de santé et moins d'empoisonnement planétaire, sans qu'intervienne un renouvellement spirituel en profondeur, et spécialement sans la contribution des cheminements spirituels des femmes et des mystiques féminines.

Les femmes doivent trouver leurs voies originales, sortir du long silence où les a cantonnées leur rôle subalterne sur le plan spirituel. L'exclusion des femmes, par l'Église catholique, de tout rôle de leadership spirituel, a nui à l'Église en lui procurant une spécialisation outrée du côté du leadership spirituel masculin. Cette exclusion a nui aux femmes aussi ; elles n'ont pas reçu une éducation favorisant chez elles un idéal de leadership ; habituées de longue date à se percevoir comme satellites des prêtres, elles n'ont pas appris à faire confiance à leurs perceptions et à leurs dons ; elles ont bien plutôt appris à se méfier de leurs dons et à les cacher. À cause de la phobie cultivée par l'Église envers l'originalité spirituelle des femmes, l'âme féminine ne trouve pas ses propres modèles. Chaque femme se débat comme elle peut dans un cadre de pensée étouffant, dans lequel bien des manifestations possibles de l'Esprit-Saint sont confondues avec des symptômes de maladies mentales. L'infantilisme spirituel où l'on enferme les femmes, et le gaspillage du potentiel spirituel des femmes, sont aussi des signes de la décadence de notre époque.

J'entretiens l'espoir que les temps changent, l'espoir d'une remontée significative des femmes dans tout ce qui concerne leur développement et leur maturation spirituelle. Cependant, je n'espère pas pour autant un renversement des rôles ni une hiérarchie inversée entre les femmes et les hommes, les unes régnant sur les autres. Pas du tout. Je pense que ce ne serait pas un progrès, mais un recul à un stade antérieur. Dans des temps très anciens, plusieurs sociétés matriarcales vénéraient Dieu sous le visage maternel et féminin de la Grande Déesse; elle a porté plusieurs noms : Mari, Astarte, Isis, Kwan Yin, etc. D'abondantes recherches archéologiques témoignent de la Grande Déesse. Depuis 6,000 ans environ, la forme féminine de Dieu a été supplantée par la forme masculine; Dieu est le Père, le Créateur, et surtout l'Unique, ne l'oublions pas. Le moins qu'on puisse dire, c'est que Dieu dans son aspect masculin est singulièrement monopolisateur. Sous son règne, le modèle et prototype de l'amour a pris la forme de l'amour père-fils. Les grandes histoires de la Bible ainsi que l'histoire de Jésus-Christ en sont des illustrations. La relation mère-fille ne fait, hélas, pas partie de l'archétype du divin. Il est certain que la façon dont le divin se profile dans nos esprits influence beaucoup l'organisation de la société humaine, et qu'en retour, la société elle aussi influence et modélise le concept du Divin.

L'intérêt de réaliser que le matriarcat a pu exister, puis disparaître, est que cela nous aide à mettre le patriarcat en perspective; même si celui-ci prévaut encore, il peut disparaître lui aussi. La préférence pour le matriarcat est une option, mais elle n'est pas la seule ni la meilleure. On parle de plus en plus du «réveil de la Déesse» pour signifier cet éveil spirituel des femmes qui se manifeste un peu partout sur terre. Cet éveil peut paraître menaçant et bien trop féministe pour certaines et pour certains. Peut-être préférons-nous penser que Dieu ne saurait tolérer une compagne? Peut-être aimons-nous mieux revenir à la notion théologique qui situe Dieu au-delà et en dehors du masculin et du féminin?

Pour ma part je pense que l'éveil de la Déesse constitue, pour la conscience de notre temps, une merveilleuse opportunité d'approfondir et de réviser créativement notre façon de voir Dieu. Il n'y a aucun bienfait à opposer la Déesse à Dieu, ni Dieu à la Déesse, même si cela a le mérite de nous familiariser avec une notion extensionnée, renouvelée et dynamisée du divin. L'opposition, la rivalité, l'intolérance et la suppression sont des manières d'être que nous avons déjà suffisamment explorées sous le règne du patriarcat; le résultat fut l'absence quasi totale du principe féminin. Pensons plutôt à une dyade créatrice vouée à la coopération, à la concordance, à l'interaction dynamique et au respect des différences. Une vision renouvelée de Dieu, pour nous, Occidentaux, serait de découvrir la polarité Père/Mère du Divin, la polarité Dieu/Déesse du Divin. Ceci correspondrait, en termes de société, à l'établissement d'une ère égalitaire entre les hommes et les femmes. Ceci féconderait, en termes religieux, une refonte en profondeur de notre sens spirituel, et favoriserait une recherche de l'équilibre dans toutes les sphères de la vie. Nos âmes ont intensément soif d'équilibre en présence de l'état chaotique de la période d'histoire que nous vivons, en ces années troublées et troublantes.

> *« Un nouveau cycle de Dieu va commencer.*
> *Dieu ne sera pas Dieu ni Déesse non plus mais*
> *amalgame des deux : Dieu-Déesse réunis »*

Marie Gérin-Lajoie, 1997

C'est dans l'optique de la complémentarité invoquée plus haut que je considère la remontée spirituelle des femmes comme la clé de voûte du renouvellement du sens du sacré. Je vois cette remontée spirituelle comme source d'une dynamique stimulante et équilibrante pour les rapports des humains entre eux ; de quoi dévictimiser les femmes qui se sentent victimes, de quoi réveiller de leur torpeur les hommes qui ne voient qu'eux-mêmes comme représentants autorisés de la Divinité.

J'ai voulu ajouter ma voix à celle d'Angélyne Vallée, parce que je vibre sympathiquement à ce qu'elle décrit comme son éveil à une autre façon de voir les choses. Comme elle, je ressens l'éveil d'une pensée critique qui nous permet, ainsi qu'à bien d'autres femmes, de chercher des sentiers de transformations positives qui renforceront le lien profond et vital entre les femmes et l'Esprit.

Puissent nos rêves de plénitude trouver leurs voies de réalisation et nous conduire, femmes et hommes, vers l'Équilibre.

Rêvons, rêvons, et retrouvons-nous dans les nouvelles réalités à venir !

Octobre 1998

# BIBLIOGRAPHIE

ABBÉ, Pierre, *Testament*, Paris, Bayard Éditions, 1994.

BARONI, Lise, Yvonne BERGERON, Pierrette DAVIAU, Micheline LAGUË, *Voix de femmes*, Voies de passage, Montréal, Éd. Paulines, 1995

BERGERON, Yvonne, *Partenaires en Église, femmes et hommes à part égale*, Montréal, Éd. Paulines, 1991.

BERGERON, Yvonne, Simon DUFOUR, Jean-Marc GAUTHIER, André MYRE, Rémi PARENT, Gilles RAYMOND, *Des ministères nouveaux?*, Montréal, Éd. Paulines et Médiaspault, 1985.

BESRET, Bernard, *Libération de l'homme*, Paris, Éd. Desclée de Brouwer, 1969.

BLAIS, Gérard, *Un cri dans le désert*, Québec, Éd. Le Griffon d'argile, 1987.

BOFF, Léonardo, «La vision inachevée de Vatican ll: Ekklesia, hiérarchie ou peuple de Dieu», dans la revue internationale de théologie *Concilium* 281, Beauchesne Éditeur, Paris,1999.

CENTRALE DE L'ENSEIGNEMENT DU QUÉBEC, *OPTIONS C E Q, La violence, ça s'arrête ici!*, printemps 2000, numéro 19.

COMITÉ DES AFFAIRES SOCIALES DE L'ASSEMBLÉE DES ÉVÊQUES DU QUÉBEC, *Violence en héritage*, 1989. (Réflexion pastorale sur la violence conjugale réalisée avec un comité de travail sur la violence conjugale ainsi qu'avec des collaborateurs et collaboratrices, des personnes-ressources, et une équipe de travail pour la réalisation d'un outil pédagogique.)

COMMELIN, P., *Mythologie grecque et romaine*, Paris, Éd. Garnier, 1960.

CONFÉRENCE DES ÉVÊQUES CATHOLIQUES DU CANADA, Code de droit canonique,traduction française, Éd. Centurion-Cerf-Tardy, 1984.

DÉCLARATION UNIVERSELLE DES DROITS DE L'HOMME, 1948.

DESFONDS, Odette, *Rivales de Dieu, les femmes de prêtres*, Paris, Éd. Albin Michel, 1993.

DE SOUZENELLE, Annick, *L'Arc et la flèche*, Entretiens avec Jean Mouttapa, France, Éd. Le Relié, dans la collection Ose savoir, 2001.

DE SOUZENELLE, Annick, *La Parole au cœur du corps*, Paris. Éd. Albin Michel,1993.

DE SOUZENELLE, Annick, *Le féminin de l'être Pour en finir avec la côted'Adam*, Paris, Éd. Albin Michel, coll. Spiritualités vivantes, 1997

DREWERMANN, Eugen, *Les fonctionnaires de Dieu*, Paris, Éd. Albin Michel,1993.

GAILLOT, Jacques, *Paroles sans frontières*, Paris, Éd. Desclée de Bouwer, 1993.

GOSSELIN, Pauline, *Évangélisation par la personnalisation*, Montréal, Éd. Paulines, 1982.

GRAND-MAISON, Jacques, *Au mitan de la vie*, Montréal, Éd. Leméac, 1976.

GROULT, Benoîte, *Cette mâle assurance*, Paris, Éd. Albin Michel, 1993.

HARRINGTON, Wilfrid, *Nouvelle Introduction à la Bible*, Paris, Éd. du Seuil, 1971.

HÉBRARD, Monique, *Féminité dans un nouvel âge de l'humanité, Féminin et masculin, L'âge de l'alliance*, Paris, Éd. Droguet et Ardant, 1993.

HsILLESUM, Etty, *Une vie bouleversée* suivi de *Lettres de Westerbork*, Éd. du Seuil, 1995. (Éd. du Seuil, février 1985, pour la traduction d'*Une vie bouleversée*; octobre 1988, pour la traduction des *Lettres de Westerbork*.)

INFORMATEUR CATHOLIQUE, Éd. Spirimédia Inc., journal du 21 février au 6 mars 1993, p. 7.

KÜHNER, Hans, *Dictionnaire des papes*, Paris, Éd. Buchet-Chastel, traduit de l'allemand par Marguerite Di, 1958.

KUNTZMANN, Raymond (Texte établi et présenté par), *Le livre de Thomas*,

BIBLIOTHÈQUE COPTE DE NAG HAMMADI, section texte – 16-, Québec, Canada,Presses de l'Université Laval, 1986.

LA BIBLE DE JÉRUSALEM, Paris, Éd. Cerf, 1981.

LABORIT, Henri, *Dieu ne joue pas aux dés*, Montréal, Les éditions de l'Homme, Division de Sogides Ltée, 1987.

LELOUP, Jean-Yves, *L'Évangile de Marie Myriam de Magdala*, Éd. Albin Michel,Paris, 1997.

LELOUP, Jean-Yves, *L'Évangile de Philippe*, Paris, Éd. Albin Michel, coll.Spiritualités vivantes, 2003.

MARLIÈRE, Frédéric, *Et leurs yeux s'ouvrirent*, Québec, Éd. Anne Sigier/Declée, 1988.

MONBOURQUETTE, Jean, *Comment pardonner*, Ottawa, Éd. Novalis et Paris, Éd. du Centurion, 1992.

PASQUIER, Anne, (Texte établi et présenté par), *L'Évangile selon Marie*,Bibliothèque copte de Nag Hammadi, section texte – 10 –,Québec, Canada, Pressesde l'Université Laval, 1983

RAUSCH, Rudolf, dans la revue Options CEQ, *La violence, ça s'arrête ici*, numéro 19, publiée par la Centrale de l'enseignement du Québec, printemps 2000.

QUÉRÉ, France, *Les femmes de l'Évangile*, Paris, Éd. du Seuil, 1982.

RICHARD, Andréa, *Femme après le cloître*, Montréal, Éd. Méridien, 1995.

ROPS, Daniel, *La vie quotidienne en Palestine au temps de Jésus*, Paris, Éd. Hachette, 1961.

SCOTT MAXWELL, Florida, *Plénitude de l'âge*, Montréal, Éd. Libre Expression, 1994. Titre original: *The Measure of my days*, traduit de l'anglais par Solange Chaput-Rolland et Elsa J. Foster.

SCHÜSSLER FIORENZA, E. & H. HÄRING, «Le refus d'ordonner des femmes et la politique de pouvoir», *Concilium*, revue internationale de théologie, Beauchesne, Paris, 1999 – 281.

TEILHARD DE CHARDIN, Pierre, *Hymne à l'Univers*, Paris, Éd. du Seuil, 1961.

THERRIEN, Yves, *Dossier sur le célibat des prêtres*, quotidien *Le Soleil*, 1994.

VADEBONCŒUR, Pierre, *Les deux Royaumes*, Montréal, Éd. de l'Hexagone, 1978.

VANIER, Jean, *Toute personne est une histoire sacrée*, Paris, Éd. Plon, 1994.

VARILLON, François, *Joie de vivre, joie de croire*, Paris, Éd. du Centurion, 1981.

VEILLETTE, Denise (sous la direction de), *Femmes et religions*, Québec, Les Presses de l'Université Laval en collaboration avec la Corporation canadienne des sciences religieuses / Canadian Corporation for Studies in Religion, XVIII – 468 p. coll. «Études sur les femmes et la religion / Studies in Women and religion», n° 1, 1995.

# Émissions télévisées, documentaires, reportages

### Émission «L'Hebdo» à RTBF, France

Sujet : Un amour de prêtre
Décembre 1993

### Match de la vie à TVA, la 100ᵉ émission

Sujet :   a) Célibat des prêtres
          b) La place des femmes dans l'Église
          c) Les prêtres du tiers-monde
          1991

### Rédacteur en chef

Sujet : trois prêtres ayant quitté
Titre : Je ne suis plus prêtre
1993

### Parler pour parler à Radio-Québec

Sujet : cinq ex-prêtres mariés
22 février 1991

### Parler pour parler à Radio-Québec

Sujet : Maîtresses de prêtres
15 janvier 1994

### Point de vue

Sujet : Les prêtres-amants
17 mars 1994

### Première ligne

Non aux femmes prêtres : réactions-impressions à la décision de Rome
31 mai 1994

**Le Point avec Jean-François Lépine**
Sujet : Les femmes de prêtres
8 mars 1995

**Le Point avec Jean-François Lépine**
Sujet : Réplique de Mgr Jean-Claude Turcotte à l'émission du 8 mars
1995
9 mars 1995

**La série d'émissions quotidiennes sur la 4e Conférence des Femmes, à Pékin** «La moitié du Monde»
Du 4 au 15 septembre 1995
Animées par Michaëlle Jean et Françoise Gallipeau.

# TABLE DES MATIÈRES

L'auteure est disponible pour des conférences. Vous pouvez communiquer avec elle à l'adresse suivante :
*angeva@globetrotter.net*

ou en écrivant à la maison d'édition à l'adresse figurant au début du livre.

Vous pouvez également visiter le site internet de l'association PLEIN JOUR : *http://plein.jour.free.fr*

MEMBRE DE SCABRINI MEDIA

Québec, Canada
2004